사주문답 1

四柱問答 ①

글쓴이
낭월 박주현

동학사

■ 들어가는 말

　『왕초보 사주학』과 『알기 쉬운 음양오행』 등의 교재를 작성하고 나니까 이제는 다시 문답 원고가 쌓여서 낭월을 또 즐겁게 합니다. 그 동안 인터넷 홈페이지 등 사이버 공간에서 회원들이나 명리 애호가들이 주신 질문과 그에 대해 낭월이 드렸던 답변이 조금씩 쌓여가면서, 이 자료들이 공부하는 벗님들에게 작으마나 도움이 되지 않을까 하는 생각으로 이렇게 모아보았습니다.

　독학을 하는 경우에는 질문할 곳이 없어서 늘 아쉽게 마련입니다. 다양한 질문들이 나날이 쌓여가고 또 그에 대한 답변을 드리면서, 이 내용을 어떻게 하면 많은 벗님들과 함께 공유할 수 있을까 고민했었는데, 이렇게 기회가 닿아 교재의 부속 자료로 출판하게 되었습니다.

　지금도 회원들의 질문은 쌓여가고 있고 또 앞으로도 그럴 것이라고 생각됩니다. 따라서 제2, 제3의 『사주문답』 발간도 계속 준비해나갈 생각입니다.

　어쨌든 이 자료들이 외롭게 독학하시는 벗님들의 가려운 곳을 긁어주는 작은 도움이라도 되기를 기원드립니다.

庚辰년 元旦에 계룡산 자락에서
낭월 두손 모음

일러두기

1 이 책의 내용은 인터넷 홈페이지(www. gamlo. com) 〈낭월명리학당〉의 여러 문답게시판에서 모은 자료로 구성되었다. 내용 중에서 일부는 수정을 가했으나 대부분은 거의 원본 상태이다. 그러다 보니 통일감이 부족하고 중복되는 부분도 있어서 한 권의 책으로서는 부족한 감이 없지 않지만, 성격이 판이하게 다른 질문들을 현장에서 직접 접하고 논의하는 난상토론의 분위기를 느낄 수 있다면 공부하는 데에는 오히려 도움이 되지 않을까 기대해본다.

2 질문해주신 회원들의 이름은 삭제하는 것을 원칙으로 했다. 개인적인 자료를 공개함으로 인해 입장이 곤란해질 수도 있지 않을까 하는 우려 때문이다.

3 〈낭월명리학당〉에 질문을 함으로써 좋은 데이터가 이렇게 모아질 수 있도록 해주신 회원들께 이 자리를 통해 깊은 감사를 드린다. 이 자료들이 앞으로 공부하는 벗님들의 참고 자료로서 잘 활용된다면 더욱 가치 있는 일이 될 것이라고 믿는다.

4 이 책의 모든 답변은 낭월이 드린 것이다. 다른 벗님들이 주신 답변도 다수 있었지만, 책의 일관성을 위해 다른 벗님의 답변 내용은 게재하지 않았다.

5 앞으로도 〈낭월명리학당〉의 회원문답실 자료가 계속 쌓여나간다면 분량이 되는 대로, 비정기적으로나마 계속 출판할 예정이다.

6 이 책을 보면서 자신이 했던 질문임을 알아보는 독자가 있다면 색다른 느낌이 들지 않을까 생각한다. '그때에는 이런 것을 몰라서 질문을 했었구나……' 하는 식으로 말이다. 앞으로도 좀더 구체적인 궁금증에 대해 그냥 넘어가지 말고 질문해주기 바란다. 그 자체가 또 하나의 훌륭한 시작이 될 것이기 때문이다.

7 이 책의 기본 자료들을 일일이 저장하고 편집해서 이렇게 다듬어준 현송(玄松) 남주현 벗님께 깊은 감사를 드린다.

차례

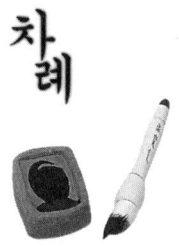

1 왕초보가 용기 백배하여 스님께 글 올립니다 19
2 종격이라면 일간도 변하는 것으로 봐야 하나요? 20
3 이사와 관련된 삼재살에 대해서 21
4 자수를 용신으로 삼고 싶은데…… 22
5 독학 중에 질문드립니다 23
6 희용기구한과 용신이 궁금합니다 25
7 공통 문제를 푸는 비방이 있는지요? 28
8 정각에 낳은 아이의 사주는 어떻게 하나요? 30
9 미국에서 태어난 분들을 위한 시간 정보 32
10 자시의 기준에 대해서 알고 싶습니다 33
11 암합에 대해 알고 싶습니다 33
12 곡직격이 맞는지요? 34
13 뭔가 심상치 않은 일이…… 36
14 이 사주는 건강이 어떤가요? 36
15 물의 뜻이 궁금합니다 38
16 제 사주로 토론을 하고 싶습니다 38
17 태어난 시를 추측할 수 있는 방법을 알고 싶습니다 40
18 희신이 궁금합니다 41
19 결혼할 수 있을까요? 44
20 병신수화격으로 보았습니다만…… 46
21 비겁이 많으면 돈복이 없다? 48
22 남편복이 어떤지요? 51
23 이 사주는 木이 용신인가요? 52
24 갑진대운 중 辰의 영향은? 53
25 남편이 없는 사주입니까? 54
26 원국상의 합충의 경중 및 영향에 대해 알고 싶습니다 55
27 무진대운의 설기 여부는? 56
28 용신 대비 대운과 세운의 적용방법을 알고 싶습니다 57
29 경금을 용신으로 보았는데…… 59
30 신약용인인가요 종살인가요? 60
31 종격인지 알고 싶습니다 61
32 축대운의 영향이 궁금합니다 61
33 용신이 기토가 맞습니까? 62
34 임인대운의 인신충 여부를 알고 싶습니다 63
35 정사대운에서 사축준삼합의 영향은? 64
36 행운이 부성에 미치는 영향이 궁금합니다 65
37 용신의 힘이 궁금합니다 66
38 용신의 행방이 어떤가요? 67
39 오행에 따른 십성의 차이를 알고 싶습니다 68

40 용신이 합해 일간과 같은 오행이 될
경우의 작용은? 69
41 사주상 결혼 적령기는 어떻게
판단하는지요? 70
42 남녀간 상호 희·기 판단이
궁금합니다 71
43 金이 사주에 없을 때도 용신으로
잡을 수 있나요? 73
44 사유합금이 되더라도 巳를
용신으로 쓸 수 있습니까? 74
45 이 사주의 용신은 火인가요? 75
46 용신은 자수, 희신은
을목인가요? 76
47 일간의 합과 용신의 합이 있는
명식의 풀이는? 77
48 여명과 남명에서 정·편교잡의
기준은 무엇입니까? 78
49 가족(부모·배우자·자녀)에 대한
풀이는? 78
50 이 사주의 등급은? 80
51 신강으로 보는 이유가
궁금합니다 81
52 천간의 합충변화는? 83
53 투합으로 볼 수 있나요? 84
54 신약한 사주에서 관성의 희·기
여부 85
55 사해충에 대해 알고 싶습니다 86
56 원국에서 정임합목의 작용은? 87
57 재중용겁격에서 기신이 일간과
합될 때의 희·기는? 88
58 관살혼잡이란? 90
59 이렇게 통변해도 될까요? 91

60 이 사주를 종격으로 볼 수
있을까요? 93
61 신·경대운의 영향이
궁금합니다 94
62 용신을 木·火로 봐도 될까요? 95
63 갑목이 신강하니 신금이 정관의
역할을 할까요? 96
64 신약이 맞는지요? 97
65 7급으로 봤는데 어떤가요? 98
66 너무 혼란스럽습니다 98
67 운은 일의 원인과 결과 중
무엇입니까? 99
68 사주의 등급이 궁금합니다 100
69 세운의 희·기를 보는 법 101
70 용신격 간 격국의 고저와 특색이
궁금합니다 102
71 월운의 희·기 보는 법을 알고
싶습니다 104
72 용신의 합충에 대해 알고
싶습니다 105
73 60점짜리 궁합으로
보이는데요? 106
74 이 사주의 용신과 등급은
어떤지요? 107
75 충이 좋은 경우란 어떤
때입니까? 107
76 궁합은 용신보다 일간이 더
중요한가요? 108
77 식상과 재성만 있는
사주입니다 109
78 일진(일운) 보는 법을 알고
싶습니다 110

79 용신이 발할 수 있는 시기는? 111
80 충이 되어도 용신으로 쓸 수
있나요? 112
81 火가 용신으로 보이는데요? 113
82 신약이라고 판단하신 이유는? 113
83 신미대운에서의 운은 어떻게
될까요? 115
84 시간을 모르는 사주에 대해 알고
싶습니다 116
85 술토를 용신으로 볼 수
있나요? 117
86 두 사람의 궁합은
몇 점입니까? 118
87 지지의 未의 작용은
어떻습니까? 119
88 남녀 일간이 서로 상생이 되면
속궁합이 좋다? 120
89 인사신삼형의 희・기에 대해 알고
싶습니다 121
90 합충의 원리에 대한 궁리 122
91 기운을 유통시키는 水가 용신? 123
92 다음 사주의 용신이
궁금합니다 124
93 용・희신이 궁금합니다 126
94 운세 설명에 대해 의문이
있습니다 127
95 이 사주는 어떻게 해석해야
하는지요? 128
96 용신기반인가요? 139
97 개두가 된 대운의 운은
어떤지요? 130
98 공부 잘하는 사주가 있나요? 131

99 점점 미궁 속으로…… 131
100 금수상관의 용신은? 133
101 신약하지 않은 것
같은데…… 134
102 방합의 기운에 관해 알고
싶습니다 135
103 야자시와 조자시에 대해서 136
104 갑오대운의 운은? 137
105 식상으로 관을 제할 수
있나요? 138
106 용신을 충하면 어떻게
되는지요? 139
107 시험의 합격 여부를 알 수
있는지요? 140
108 이 사주의 관운은
어떻습니까? 141
109 합화하지 않나요? 142
110 무계합의 역할은 무엇인지요? 143
111 용신을 결정하는 주요
기준은? 145
112 연지의 묘목이 용신입니까? 146
113 신약하다고 판단했습니다 147
114 신약용겁격이 맞습니까? 148
115 점점 혼란스럽습니다 148
116 격의 이름은 무엇인지요? 149
117 종격으로 보면 어떨까요? 150
118 강왕격의 희용기구한은? 151
119 길흉이 달라지는지
궁금합니다 152
120 식신생재와 관성운에 대해서
질문드립니다 153
121 편관격이 맞는지요? 154

122 충의 역할은? 155
123 궁성이론과 용신의 운세 적용법에 대해 알려주십시오 155
124 자오충일 경우 심리적 영향이 궁금합니다 156
125 오행 중 木과 火에 관한 질문입니다 158
126 용신의 품질이 궁금합니다 158
127 신약용인격에서의 희신은? 160
128 신약과 신강의 구별을 도와주세요 162
129 신약한 갑목에 火가 용신이 될 수 있습니까? 163
130 관살이 희신인가요? 164
131 몸이 아픈 운이 있습니까? 165
132 신강하므로 재성을 용신으로 삼고 싶은데…… 166
133 신약하다고 판단했는데 어떤지요? 168
134 木 용신과 土 희신이 맞는지요? 169
135 용신의 합에 관한 질문입니다 170
136 신강에 金 용신으로 판단했습니다 170
137 청적부자격의 의미는? 172
138 용신의 합에 관한 두 번째 질문입니다 172
139 목화통명격이 맞나요? 173
140 같은 사주를 다르게 설명하고 있는데…… 174
141 火운에 재기할 수 있을까요? 175
142 木운의 희·기는? 176

143 사주의 용신을 찾아라…… 177
144 火 용신에 중격은 되어 보이는데요? 178
145 용신과 신강·신약의 판단을 부탁드립니다 179
146 병화 용신에 土를 희신으로 보았는데요? 180
147 정재격인가요? 181
148 용접격인지 용인격인지 궁금합니다 182
149 신약용인격인지 종재격인지 모호합니다 183
150 金 용신에 土 희신이 맞는지요? 184
151 대운에서의 합충을 알고 싶습니다 184
152 살중용인격이 맞나요? 186
153 재관이 맞나요? 187
154 행운상 남방운의 영향이 궁금합니다 188
155 상관생재로 보이는데 등급은 어떤가요? 189
156 용신과 희신이 잘 안 보입니다 190
157 원국에 없는데 희신으로 삼아도 될까요? 191
158 사대운의 영향이 궁금합니다 192
159 묘술합이 무효인 이유는 무엇입니까? 193
160 왕한 木과 왕한 水가 만났을 때 궁합은 몇 점입니까? 194

161 급수에 대한 질문①: 7급 정도로
    봤는데 어떤가요? 195
162 급수에 대한 질문②: 이것도
    7급을 줄 수 있을까요? 195
163 급수에 대한 질문③: 5급으로
    보면 될까요? 196
164 사주 내에서의 운명변화는? 197
165 상생의 차이점은? 198
166 강약이 궁금합니다 198
167 사주에 재성이 없을 때 경제활동의
    습성은? 199
168 천간의 변화가 사주에 미치는
    영향은? 199
169 합에 관한 질문입니다 200
170 마음의 변화는 운의 영향을
    받습니까? 201
171 합으로 인정한다면 화도
    가능합니까? 202
172 재자약살격인가요? 202
173 남편성이 없는 경우의 사주 203
174 한신으로 화하는 건가요? 204
175 용신이 아리송합니다 206
176 용해야 할지, 종해야
    할지…… 207
177 살중용인격입니까? 207
178 지지 土에 관한 질문입니다 208
179 종에 관한 질문입니다 209
180 통근에 관한 질문입니다 210
181 성격에 관한 질문입니다 211
182 식신에 대한 제 생각이
    어떤지요? 212

183 기신의 긍정적인 부분에 관한
    질문입니다 212
184 진퇴지기와 지장간과의
    관계는? 213
185 원국에 필요한 용신이 없는
    경우 214
186 상관격인가요? 215
187 상순에 대해서 생각했습니다 216
188 갑자와 을해의 통근은? 217
189 십이지지의 위치에 따른 성질의
    차이는? 218
190 원국은 좋은가요 나쁜가요? 219
191 갑목이 희신인가요? 220
192 재다신약한 상황에서 희신은? 221
193 상관생재에 관한 질문입니다 222
194 사주원국과 행운의 발단은? 223
195 용신에 대한 질문① 224
196 용신에 대한 질문② 225
197 용신에 대한 질문③ 226
198 용신에 대한 질문④ 226
199 용신에 대한 질문⑤ 227
200 청·탁에 대하여 227
201 제가 제대로 봤습니까? 229
202 용신 및 사대운에 관한
    질문입니다 231
203 지장간에 대한 소고 232
204 두 사주의 용신의 비교입니다 234
205 양생양 음생양에 대해 다시
    질문드립니다 235
206 부모궁과 용신판단의 관계는? 236
207 종재격인지, 그래도 정격인지
    궁금합니다 237

208 종재격인지요? 238
209 대운이 원국에 올 때 238
210 행운에 관한 질문입니다 239
211 진술충이 지지의 조열함을 가속할까요? 240
212 대운의 희·기 판단방법이 궁금합니다 241
213 신약용인지 한목향양인지…… 242
214 용신의 힘은 어느 정도입니까? 243
215 정관 을목의 사용 여부가 궁금합니다 244
216 신강인지, 신약인지, 용신은 뭔지요? 245
217 어떤 경우에 지장간에서 용신을 찾게 됩니까? 246
218 인성이 왕한데 식상이 없으니 피해가 덜하다(?) 247
219 庚·辛이 들어올 때는 어떻게 해야 하는지? 248
220 심리분석 방법이 궁금합니다 248
221 신약용인격이 맞나요? 250
222 갑목이 제일 좋아 보이기는 하는데…… 251
223 기의 흐름에 대한 몇 가지 생각들 252
224 묘목은 가용신인가요? 254
225 염상격은 못 되도 종왕격은 어떨지요? 255
226 결혼운을 봐주세요 256
227 인신충의 영향이 궁금합니다 258

228 희신의 판단기준은? 259
229 다소 약한 사주라고 생각합니다 260
230 육합에 관한 질문입니다 261
231 반합의 경우도 주위의 영향을 받나요? 262
232 정인도 신비스러운 성향이 있나요? 263
233 양인이란 무엇입니까? 264
234 일간과 충이 되면 용신으로 못 쓰나요? 265
235 월령에 관한 질문입니다 267
236 조토의 생금 능력은? 267
237 용신을 지장간에서 쓸 경우 본기가 극을 당하면? 268
238 배우자 암시의 비결은? 269
239 병신합은 어떻게 작용할까요? 271
240 중화된 명식에서 용신은? 272
241 재성운은 지지로만 보는 건가요? 274
242 세운 해석이 이해가 잘 안 됩니다 275
243 세운 적용시 천간 대 천간, 지지 대 지지로 보는지요? 277
244 진용신이 무엇인가요? 279
245 근재묘선이 적용되는지요? 280
246 상관생재의 흐름은 어떤 원리인지? 281
247 조후의 차원에서 생각했습니다 283
248 사주의 흐름에 대해서 283

249 대운에 관한 질문입니다 284
250 개수를 논하기는 힘들지 않을까요? 286
251 상관이 용신이 아닌가요? 286
252 왕한 水를 건드리는 것이 길할까요? 287
토론 金과 계수 1 : 금생수의 원론에 충실하고 싶습니다 288
金과 계수 2 : 왕안석의 사주는 문제가 있어 보입니다 290
253 12대운에 들면 인목이 인신충을 이루는데…… 290
254 종세격인지? 292
255 토생금에 대하여 293
256 운의 영향을 많이 받는 사주가 있나요? 294
257 재성운이 되면 건강에 관심을 갖게 됩니까? 297
258 결혼은 재성으로 보는 게 아닌가요? 299
259 토충 이후의 생금에 대해 301
260 신강이 맞습니까? 301
261 종강격이 맞는지요? 303
262 뿌리 없이 천간에 뭉쳐 있는 경우는? 305
263 용신이 대운에서 원국과 합이 되면? 306
264 용신과 대운의 작용에 관해 질문드립니다 307
265 합에 관한 질문입니다 309
266 충된 오행을 세력으로 간주하나요? 309

267 金·水를 운에서라도 기다려야 할까요? 310
268 火운에 길하지 않을까요? 311
269 이혼과 관련된 운도 있는지요? 312
270 水·火에 대한 보충질문입니다 313
271 종격에 대한 보충질문입니다 314
272 신약한 두 사주의 비교입니다 316
273 정신적인 문제를 사주에서 밝히고자 합니다 317
274 자오충보다는 인오합이 먼저 아닌가요? 319
275 희신은 金이 맞는지요? 320
276 인성을 용신으로, 水를 희신으로 보았는데…… 321
277 천간은 합하면 정하고 지지는 합하면 동한다? 322
278 탐생망극은 100퍼센트 적용되는 건가요? 323
279 용신과 격이 맞는지요? 324
280 아내를 의미하는 정재의 경우는? 325
281 사후(死後)의 사주작용에 대해서 326
282 자식의 사주로 부모를 추명하는 경우는? 327
283 청한 사주로 보이는데…… 329
284 화기격으로 봐도 될까요? 330
285 신강으로 판단했는데 아닌가요? 331

286 사주학에서 궁합의 중요성은? 332
287 신자진수국이 형성될 수 있을까요? 333
288 신자진삼합에 관한 질문입니다 333
289 강약구분이 쉽지 않습니다 334
290 상관제살격이라고 생각되는데요? 335
291 진용신은 습토가 맞는지요? 336
292 종살격으로 볼 수 있을까요? 337
293 종왕격으로 볼 수 있을까요? 338
294 신약사주가 부자 될 가능성은 없나요? 338
295 심리적인 면으로 운의 성패를 논할 수는 없을까요? 339
296 사업운은 어떤가요? 340
297 식신유기? 341
298 오술합에 임수가 버티는데요? 342
299 풀이가 불가능한 사주입니다 344
300 무토·정화 사이에서 망설여집니다 345
301 해수가 용신의 역할을 할 수 있을까요? 347
302 용신·합충·길흉에 대한 질문입니다 348
303 土·金·水가 정리가 안 되는군요 350
304 봉충의 의미는? 351
305 60갑자의 순환은 무엇 때문입니까? 352

306 무관 사주는 격이 떨어지는지요? 353
307 식신제살이 번민에 빠뜨립니다 354
308 종을 할 수 있을까요? 355
309 金과 木이 싸우는 형상입니다 355
310 조후로 봐야 하나요? 356
311 해외운이란? 357
312 土가 용신이 아닌가요? 358
313 金을 용신으로 생각했는데…… 359
314 주식시장은 오행 중 무엇? 360
315 충이 있는 사주의 신강 신약은? 361
316 종아생재로 봐도 될까요? 362
317 또 종격으로 보이는군요 363
318 일반적인 질문입니다 364
319 용신기반으로 보이는데…… 364
320 처복이 없는 사주는? 365
321 火를 약신으로 쓸 수 있을까요? 367
322 재다신약에 상관제살? 367
323 보기 힘든 종격 아닌가요? 368
324 아직도 희신에 대한 감이 잡히지 않습니다 369
325 명리학에 대한 접근방법①: 영역 370
326 명리학에 대한 접근방법②: 학습방법론 372
327 명리학에 대한 접근방법③: 심리분석 376
328 희·용신이 헷갈립니다 379

329 상관생재가 맞는지요? 380
330 종격에서의 육친통변은? 381
331 남자의 인연이 많은 경우는? 382
332 약간은 종을 하지 않나요? 383
333 종격에 관해 384
334 실지의 예외에 관한
    질문입니다 385
335 용신이 합거되면 생명이
    위태롭다? 386
336 木과 土 중 어느 것이
    희신인가요? 388
337 水·木의 상관생재인가요? 388
338 월지 계축이 土가 아닌
    이유는? 390
339 한신의 작용 391
340 木·水로 볼 수는 없을까요? 393
341 사주 구조에 대한 질문 394
342 묘신암합의 의미가
    궁금합니다 395
343 반려자가 없는 사주인가요? 396
344 제 생각이 어떤지요? 397
345 대운수의 시작은? 399
346 土·火로 가야 하지
    않을까요? 399
347 억부보다 조후가 급해
    보이는데…… 400
348 남자가 여자를 만나는 운은? 401
349 木 용신이 맞나요? 402
350 우의정 그릇은 아닌 것
    같은데요? 403
351 몇 급 정도 될까요? 404
352 용신, 천간과 지지의 차이는? 405

353 가용신을 택하는 편이 낫지
    않을까요? 406
354 사주가 온통 물바다입니다 407
355 일간의 합이 안 되는 이유는? 408
356 인신충의 선악판단은? 409
357 용신기반에 어떻게 정화가 와서
    깰 수 있을까요? 410
358 희신은 火인가요? 411
359 외도 가능성은? 412
360 종재가 가능할까요? 414
361 다른 의견인데요 415
362 남자를 밝히는 사주도
    있나요? 416
363 갑자에 대한 질문입니다 417
364 부귀빈천을 판별하는
    방법은? 418
365 역시 土는 자신이 없습니다 420

四柱問答
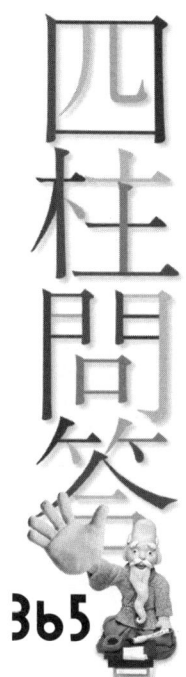
365

Q1. 왕초보가 용기 백배하여 스님께 글 올립니다

```
時 日 月 年
辛 壬 辛 辛
亥 寅 丑 亥
```
當令 : 癸水

종강격으로 보이는데, 여자라서 다소곳한 면도 있습니다. 일지의 인목 때문에 망설이긴 했지만 그래도 종강격으로 보고 신금을 용신, 水를 희신, 土를 한신, 火를 기신, 木을 구신으로 잡았는데, 제가 잘못 본 것인지요?

또 올해(1998년)나 내년(1999년)보다는 2000년이 더 적당한 결혼시기인지 스님의 지도 편달 바랍니다.

 일지에 식신을 깔고 있는 신강한 사주입니다

낭월이 게을러서 자주 살펴보지 못하는 사이에 질문을 주셨군요. 일지에 식신을 깔고 있는 신강한 사주여서 품격이 좋아 보이네요. 한번 만나보고 싶은 생각이 들 정도입니다.

용신은 木, 희신은 火, 기신은 金, 구신은 水, 한신은 土인데, 술미토는 좋고 축진토는 도움이 되지 않을 것으로 보입니다. 연구하는 데 참고로 삼기 바랍니다.

결혼에 대해서는 2000년 경진년(庚辰年)도 좋겠지만, 올해나 내년에도 좋은 인연이 가능하지 않을까 싶습니다. 사람이 있으면 잘 사귀어보시기 바랍니다.

질문 주셔서 고맙고 답변이 늦어서 미안합니다.

2 종격이라면 일간도 변하는 것으로 봐야 하나요?

　종격을 논할 때 진격으로 화해버린 경우, 가령 일간이 木이지만 이미 火 기운 다시 말해 종아격으로 변해버렸다면, 그 일간은 이미 木이 아니라 불이라고 봐야 하는 게 아닌지요? 그래서 대운이나 연운의 희·기를 볼 때 木 일간으로서의 변화를 보는 게 아니라 火 일간의 육친으로 살펴야 하지 않는지요?

　만약 그렇다면 용신에게 이롭고 나쁜 희·기를 먼저 살펴야 하는지, 아니면 일간의 희·기를 먼저 살펴야 하는지도 무척 혼란스럽군요.

　이것이 다만 용(用)과 체(體)를 혼동하는 데서 오는 저의 불찰이라면 스님의 성찰 부탁드립니다.

A 사회적인 것은 용신 위주로 보는데, 성격은 그대로더군요

　정격이든 종격이든 결과가 나타났다면 그 결과에 의해서 용신을 잡고, 모든 사회적인 일에 대해서는 용신을 위주로 살피게 됩니다. 그러니까 木 일간이 종아라고 한다면 火운을 기다려야 하겠고, 土운도 좋겠지요. 다만 水·木은 나쁜 것으로 봐야 하겠습니다. 이것이 일반적인 해석법입니다.

　다만 종격이라면 성격도 변하는가 하는 문제에 대해 관심을 갖고 살피고 있는데, 아직까지는 기본적인 성격은 변하지 않는 것으로 확인되고 있습니다.

　이 점도 함께 참고하면 좋겠습니다. 더욱 발전 있으시기 바랍니다. 고맙습니다.

3 이사와 관련된 삼재살에 대해서

〈낭월명리학당〉을 이용하게 된 것을 고맙게 생각합니다. 가정 형편상 이사를 해야 될 것 같습니다. 그런데 저의 모친께서 "이사를 하게 될 경우 삼재가 있거나 이사할 방향으로 액(또는 살)이 있으면 안 된다"고 하십니다. 이건 사주를 보고 결정하는 것인가요, 띠를 보고 하는 것인가요?

이런저런 생각에 질문드립니다. 답변이 가능하다면 도움 주시기 바랍니다.

 이사에는 띠별로 삼살 방향을 꺼립니다

이사를 할 때 꺼리는 것은 삼재와는 상관이 없고 삼살이 문제가 되는데, 참고로 이 삼살은 매년 방향이 바뀝니다. 금년(1998)에는 북쪽이 해당되는군요. 이쪽만 피하면 특별히 신경을 쓸 필요는 없다고 봅니다. 대장군 방향이라는 것도 있는데, 이것은 집을 수리할 경우에 해당되는 것이므로 이사에는 적용시키지 않습니다. 따라서 신경 쓸 필요가 없습니다. 삼재는 특히 상관이 없습니다.

낭월이 개인적으로는 삼살방으로도 이사를 많이 다녀봤는데, 별일은 없더군요. 그래서 크게 신경 쓰지 않습니다만, 어르신들이 하시는 말씀이므로 가능하면 지키는 것이 좋다고 생각하고 있습니다.

또 한 가지, 띠와는 상관이 없다는 말씀을 드려야겠군요. 삼살은 매년 정기적으로 이동을 하게 되어 있습니다.

다만 띠는 이사 방위를 정하는 데 필요하므로 삼살방과는 무관하게 별도로 정해지게 됩니다. 즉 여덟 개의 방위를 만들어놓고, 그 방향에 따라 좋고 나쁘다는 말을 하는데, 별로 신빙성이 없는 것으로 보고 있습니다. 참고되셨으면 좋겠습니다. 고맙습니다.

Q4 자수를 용신으로 삼고 싶은데……

낭월 스님, 안녕하십니까? 그 동안 격조했습니다. 한번 찾아간다는 게 잘 안 되는군요. 낭월 스님의 가르침을 받고 저 나름대로 연구를 하는데 정진이 잘 안 되어서 다음 명식을 올리고 지도를 받고자 합니다.

時	日	月	年
丙	庚	庚	戊
子	戌	申	申

坤命

신월의 庚이고 2土4金이어서 강하군요. 그런데 신자합으로 월지의 신이 자로 변하고 있어서 강한 金이 설기되어 있는 상태로 보입니다. 따라서 용신을 자수로 삼으려고 하는데, 시간에 있는 관인 병화가 눈에 들어옵니다.

그렇다면 용신은 과연 무얼까 고민이 되는데, 급하지 않은 상황이므로 역시 자수로 용신을 삼는 것이 좋겠다는 생각이 드는군요. 제 생각이 맞는지요?

또 원국에서 신금이 강하므로 병화의 역할도 나쁘지 않다고 생각되는데, 그것은 또 어떤지요? 이럴 경우 육친에 대입하면 자식에 대한 생각이 대단한 것으로 해석할 수 있는지, 남편이 본인에게 도움이 된다고 생각하는데 제 생각이 어떤지 지도 부탁드립니다.

추신 : 사주에서 건강이나 수명을 대입하여 해석하는 방법을 강의하실 계획은 없으신지요.

병화가 좋아 보이는데요

　신자의 합은 무효입니다. 일단은 왕성한 金을 설하기 좋은 水가 좋아 보이지만, 金이 많으면 불을 선호한다는 점도 간과할 수 없군요. 그래서 이 사주에서는 병화가 용신이 되면 어떻겠는가 하는 생각이 듭니다. 그렇게 되면 水를 용신으로 했을 경우와 정반대의 운세가 될 것이므로 참고할 수 있다고 봅니다.

　또 육친에 대입하면 자식에 대한 생각이 대단한 것으로 해석할 수 있는지, 남편이 본인에게 도움이 되는지 궁금해하셨는데, 모두 타당성이 있는 의견입니다.

　추신의 질문은 낭월이 가장 자신없어하는 부분으로, 그 부분이 사실은 고민입니다. 오행의 이론으로 연구하여 결론을 내리는 것은 별 문제가 없지만, 실제로 그 결론이 본인에게 부합되지 않는 경우가 더 많기 때문입니다. 그래서 수명과 질병에 대해서는 의사에게 물으라는 말로 도망을 가고 있습니다.

　아마도 이 부분은 명리학이 다룰 영역이 아니지 않을까 생각하고 있는데, 공부가 더 진행된다면 또 모르겠습니다. 아직은 엄두가 나지 않는군요.

5 독학 중에 질문드립니다

　안녕하세요. 외국에 있는 관계로 인터넷에 있는 자료만 가지고 공부하다가 도저히 안 될 것 같아 『왕초보 사주학』 입문편과 연구편 두 권을 인터넷으로 구입해서 공부하고 있습니다. 그래도 의문 나는 사항이 있어서 질문드립니다.

　일단 제 사주를 가지고 공부하고 있는데요. 요즘은 틈만 나면 머리 위에서 木 · 金 · 土 등등의 글자가 뱅뱅 돌아다닙니다.

계묘년 경신월 을사일 기묘시에 대운은 정사였는데, 내년에 병진으로 바뀝니다. 어쨌든 요즘 합을 보고 있는데, 제가 보니 을경금으로 일간합이네요. 그런데 이게 합화를 하는 것도 같고 아닌 것도 같고……

멀리 있긴 하지만 연간에 水가 있고 연지와 시지에 같은 木이 있어서 화(化)까지는 하지 않을 것 같습니다. 또 사신수육합을 해 일지가 水로 되면 도움이 되지 않나 싶기도 하구요.

사주가 신약한 것 같아서 용신은 연간의 水가 아닐까 생각하는데 (이건 완전히 통밥입니다), 어떻게 보시는지요?

음목이라면 내년부터 시작되는 병진이 지금까지의 정사보다는 나을 것 같습니다. 잘은 모르겠지만, 그냥 나무가 여름에서 봄으로 넘어가니 좀 낫지 않을까 싶어서요. 그렇다고 지난 10년이 나빴던 것 같지는 않습니다. 좀 힘들었지만(사실은 우여곡절이라고 볼 수도 있지요) 공부도 마치고……. 제게는 연간이 편인인데, 부모님께 재정적 도움은 많이 받았습니다.

대단히 죄송스럽지만 또 한 가지 질문이 있습니다. 제가 아는 어떤 분이 손가락을 짚어가면서 천고니 천수니 하시던데 이건 또 무엇입니까?

어쨌든 재미있습니다. 빨리 공부해서 살아온 것과 맞춰보고 싶군요. 이런 사이트를 마련해주셔서 매우 감사하고, 내내 건강하시길 빕니다.

 연구를 잘하시는군요

공부가 재미있으시다니 참 다행입니다. 문의하신 점에 대해서 간략하게 의견드립니다.

時	日	月	年
己	乙	庚	癸
卯	巳	申	卯

합화를 하는 것도 같고 아닌 것도 같다고 하셨는데, 합화는 여간해서는 하지 않으므로 그냥 없는 것으로 봐도 무방하겠습니다.

또 신약한 사주인 것 같다고 하셨는데, 통밥도 실력이라는 말이 맞는 것 같군요. 정확하게 보신 것 같습니다. 축하드립니다.

대운이 병진으로 바뀌면 훨씬 재미가 있을 것으로 보입니다.

손가락을 짚어가며 천고니 천수니 하는 것은, 그야말로 당사주라고 해야겠지요. 원리상으로는 별로 신경 쓸 것이 못 된다고 생각하고 있습니다.

이렇게 대략의 의견 드렸습니다. 공부에 큰 발전이 있기 바랍니다. 고맙습니다.

Q 6. 희용기구한과 용신이 궁금합니다

낭월 스님 안녕하십니까?

일전에 찾아뵈었을 때 자연의 이치를 연구하는 대학자의 풍모를 보고 어떻게 정진해야 할지를 느꼈습니다. 비록 사이버 공간을 통해 처음 인연을 맺었지만, 스승을 올바로 만났으니 저는 참 복이 많은 사람인 것 같습니다.

질문사항은 다음과 같습니다. 충분히 정진을 하지 못한 까닭이겠지만 공부방의 자료에서 찾지를 못했습니다.

1. 희용기구한에 관한 것
1) 희용기구한이 본래 의미하는 것과 사주에서의 작용은?
2) 용신을 찾을 때 지장간을 포함한 본국에 없을 경우는?
3) 문답실에 구신은 '기신을 생하는 글자'라고 답하신 것을 보았는데, '희신을 극하는 것'과는 어떤 차이가 있는지?

2. 다음 사주에서 용신이 궁금합니다.

時	日	月	年
己	辛	壬	甲
未	巳	申	戌

1) 신(辛)금이 신(申)금월에 태어났고 당령도 경금이므로, 득령·실지·득세하여 결코 약하지 않은 것 같습니다. 따라서 관살이나 식상을 용신으로 찾다보니 사주에 식신이 없어서 임수(상관)를 용신으로 보았는데 맞는지요?
2) 월지의 신금이 임수를 생하는 것으로 보긴 했지만, 연주의 갑목과 술토, 일지의 사화로 인해 임수가 약해진다면 용신이 될 수 없을 것 같기도 한데, 그렇다면 지장간에서 용신을 찾아야 하는지요?
3) 지장간에 있는 용신과 본국 자체에 있는 용신의 격에는 어떤 차이가 있는지요?

질문사항이 너무 초보적인 것이라, 다른 병아리 초학자들이 질문에 겁을 내는 만큼 저 또한 겁이 나긴 하지만, '독서일백편의자현'

을 기대하기에는 마음이 너무 급하군요. 죄송합니다.

　아마도 조만간 다시 찾아뵈어야 할 것 같습니다. 계룡산의 산세도 좋고 표고버섯도 맛이 기가 막히게 좋더군요. 물론 스님을 뵙는 것이 주목적이긴 하지만……. 다시 뵐 때까지 안녕히 계십시오.

 약간의 의견입니다

　열심히 궁리를 하시는 것 같아 보기 좋군요. 천천히 공부하시면 나름대로 정리가 될 것이라고 생각합니다. 계속 관심을 갖고 살펴봐주시기 바랍니다. 그럼 질문사항에 대해 약간의 의견을 드리도록 하겠습니다.

1-1) 희용기구한에 대한 설명을 한마디로 하기에는 좀 부담이 되는군요. 어딘가 참고할 만한 자료가 있을 것 같은데…….
　2) 지장간에도 없다면 용신으로 쓸 수 없다고 봐야 합니다.
　3) '희신을 극하는 것'이 구신이라고 정리를 하겠습니다.

2-1) 맞게 보신 것 같습니다. 상관이 용신이 되겠군요.
　2) 그냥 있는 그대로를 사용하면 되겠습니다.
　3) 용신은 밖으로 나오는 것이 활용하기 쉽다고 봅니다. 비유를 든다면 마당에 있는 연장을 사용하는 것과, 광 속에 있는 연장을 사용하는 것의 차이가 되지 않을까 싶습니다.

　구체적으로 질문되지 않은 경우에는 설명드리기가 부담이 되어서 생략했습니다. 양해 바랍니다.

Q7 공통 문제를 푸는 비방이 있는지요?

時 日 月 年
癸 己 乙 癸
酉 未 丑 酉

乾命

　전체적인 분위기를 보면 비옥한 토양에 마르지 않는 시냇물이 양쪽으로 흐르고, 그 토양 위에 식물도 살고 있는 것 같은 평화로운 분위기가 느껴지는데 어떠십니까?
　그런데 너무나 춥군요. 시냇물은 얼고 땅도 역시 얼어서 나무를 생하기는 어렵겠습니다. 그래서 火를 찾아야겠다는 생각이 드는군요. 명식에서는 火가 보이지 않는데, 다행히 미토 속에 불기가 보여 용신을 미토로 잡고 희신은 火, 기신은 木, 구신은 水로 볼까 하는데 맞는지요?
　水가 통하니 머리는 좋을 것 같은데 자신감이 떨어지는 느낌이 듭니다. 사대운을 만나면 사유축합으로 金으로 변하는데, 이것은 어떤 작용을 하는지요? 재물운은 괜찮을 것도 같은데 기신이라서……
　편재 즉 아버지, 부인, 재물을 해석하기 위해서는 어떻게 적용을 해야 하나요? 아버지복이 없으면 부인복이나 재물복도 없는 것인가요? 공통적인 문제를 푸는 비방이 있는지요?
　이 정도로 질문을 마치겠습니다. 그리고 회원으로 가입하려고 하는데 받아주시려는지……. 그럼 환절기 건강에 특히 유의하시기 바랍니다.

관심을 갖고 임상해보기 바랍니다

　짐작컨대 아마도 아드님이신가 보군요. 여하튼 깊이 생각하신 것으로 봐서 깊은 인연이 있는 사주라고 생각되는군요.
　용신은 일지의 정화로 보는 게 좋겠습니다. 다만 손상을 받아서 아쉽군요. 미토는 보호를 하는 것으로 삼아야 하지 않을까 싶습니다. 그러면 기신은 水가 되겠고, 구신은 木이 되겠습니다. 약간의 차이일 뿐이므로 잘 보셨다고 생각됩니다.
　사대운을 만나 사유축합의 金으로 변하면 어떤 작용을 하는지를 물으셨는데, 사화가 유축이 되기는 하는군요. 용신급이긴 한데 약간 손상을 받은 것으로 봐서 평평한 운이라고 봐야 하지 않을까 싶습니다. 나쁘지는 않군요. 무난해 보입니다.
　또 재물운이 기신이라 걱정스러우신 것 같은데, 재가 기신이라고 해도 가까이에서 火를 극하고 있는 것이 아니므로 그다지 나쁘다고 할 것은 없습니다. 다만 운에서 水가 온다면 천간으로 오는 것은 부담이 크겠고, 지지로 오는 것은 미토가 막아줄 테니 크게 해롭지는 않겠습니다.
　편재를 해석하는 방법은 대개 다음과 같습니다. 재성이 연·월에 있으면 우선 부친으로 보고, 일·시에 있다면 처성으로 봅니다. 물론 편법입니다만, 이 정도로 접근을 해도 충분하다고 생각하고 있습니다. 재물은 단지 재성만 봐야 하는데, 희·용신으로 구분을 하면 되지 않을까 싶습니다. 그러나 서낙오 선생님은 그렇게 선명하게 구분되는 것은 아니라고 하시는군요. 관심을 갖고 임상해보시기 바랍니다.
　공부 잘하셔서 발전하시기 바랍니다. 회원으로 가입하는 것은 누구나 가능한데, 새삼스럽게 받아달라고 하니 오히려 민망해지는군요. 아무 때나 준비되는 대로 공부하러 오세요.

8 정각에 낳은 아이의 사주는 어떻게 하나요?

궁금한 점이 두어 개 있어서 질문 올립니다.

1) 『왕초보 사주학』에 언급되어 있기는 하지만, 대운을 볼 때 첫 5년은 천간, 다음 5년은 지지를 대입하는지 아니면 전체 대운의 상관관계를 더 중요시하는지 궁금합니다.

또 대운이 자기들끼리 극을 해버리면 대운이 없어지나요(바보 같은 질문입니다만, 그렇지는 않겠지요)? 책에서는 지지에 더 중점을 둔다고 하신 것 같은데, 제 생각에는 세운과 더불어 합충을 먼저 살펴야 하지 않을까 싶습니다.

2) 다음은 시를 정할 때의 문제입니다. 제 딸아이가 이런 경우인데, 시간이 정각이거나 혹은 1~2분 정도 전후로 시간이 바뀌는 때면 어떻게 하는지 궁금합니다. 제가 고민을 좀 해본 결과는 다음과 같습니다.

첫째, 두 개의 사주를 다 감정하고 살아가는 걸 봐서 결정하는 겁니다. 결론이 날 때까지 시간이 좀 걸리겠군요.

둘째, 10~15분 지날 때까지는 지장간의 여기를 따져서 전 시간대로 봅니다. 예를 들어 오시와 미시가 바뀐 지 10분 정도 지나 태어난 아기라면 천간은 오시의 것으로 두고 지지는 午와 未의 지장간을 섞어서 결정합니다. 즉 己·丁·乙, 午의 丙을 떼고 未의 己를 떼면 새로운 지지가 탄생한 셈이군요.

그러나 이 경우에 대한 원칙이 있을 것도 같습니다. 스님의 고견을 기다립니다.

몇 가지 의견입니다

1) 대운에 대한 질문은 매우 현실적인 것이라고 생각되는군요. 실전에서 항상 궁금해하는 점이라고 봅니다. 기본적으로 해당하는 대운은 5년입니다. 干·支가 같은 운이라면 10년이겠지요. 천간의 5년에 해당하는 운일 경우, 우선 용신에 대입하고 다음으로 천간에 대입한 후 원국의 지지와도 대입을 해봅니다.

대운과 세운이 싸운다면 싸워서 이기는 글자의 운이 작용할 것입니다. 싸우더라도 승패는 갈라지게 마련이니까요. 기본적으로는 지지에 중점이 두게 되지만, 실제로는 모두 같다는 생각으로 대입을 해야 합니다. 역시 5년의 비중은 같다고 봐야 하거든요.

2) 지나치게 세밀한 것까지 생각을 하시는군요. 물론 당면한 현실적인 문제이기 때문에 고민을 하지 않을 수도 없겠습니다. 이 문제에 대해서는 낭월도 뭐라고 단언을 하기 어렵다는 말씀을 먼저 드립니다.

편법이라는 전제를 먼저 달고, 10여 분 정도의 차이가 있다면 다음에 들어오는 시간을 사용하는 편이라고 할 수 있겠습니다. 가령 오전 9시 15분경에 태어난 아이는 진시 말이거나 사시 초인데, 그냥 사시로 본다는 것입니다. 일단 새로운 시가 다가오면 묵은 시는 약해진다고 보기 때문이지요.

이것은 사부님(백민 선생님)께 들은 이야기인데, 밀려오는 파도가 더 강하다는 말씀을 참고하고 있습니다. 그리고 이러한 적용이 크게 실망을 주지는 않는 것 같습니다. 참고하시기 바랍니다. 좋은 질문 감사합니다. 발전하시기 바랍니다.

Q 9 미국에서 태어난 분들을 위한 시간 정보

스님 답변(Q8)에 감사드립니다. 말씀드렸듯이 이번에 시를 가지고 고민하다 보니 저 같은 분들이 또 있을지도 모르겠다는 생각에 제 의견을 올려봅니다. 별것은 아니지만 실수하기는 엄청 쉬울 것 같군요.

제 딸아이가 태어난 시각이 오후 4시 37분입니다. 그런데 실제 자연시로는 오후 2시 37분이라고 정하게 되었습니다. 오후 4시 37분이면 신시입니다. 여름이었으니 서머타임을 적용했다고 해도 신시이지요. 하지만 미국의 시간대는 사람들이 자기들 생활에 편하도록 이리저리 바꿔놔서 정확히 알기가 무척 어렵더군요.

정보를 찾다보니 기준시는, 영국 그리니치를 경도 0으로 하고 그곳에 태양이 정남방에 있을 때를 정오로 한 후 동서로 30분 이내의 지역을 같은 시간대로 잡았더군요. 그러고 나서 지구 위에 선을 그어 각 지방의 시를 정한 것임을 알게 되었습니다. 그래서 시간 변경선을 무시하고 경도를 기준으로 선을 그어보니 미시가 적당하다는 결론이 나왔습니다(사실 이 선도 북쪽은 촘촘하고 적도 쪽은 넓어지니 수직선이 아닙니다). 이렇게 해서 어렵사리 시를 정했습니다.

끝까지 읽어주셔서 감사합니다.

 유익한 정보 고맙습니다

그런 비극적(?)인 일이 있었군요……. 일반적으로 서양인들은 비교적 정확하게 사용하고 있을 것이라고 생각했는데, 그 생각을 당장 바꿔야 하겠습니다. 사용하기 편리한 대로 바꿔쓰는 것이라면 명리연구가들에게는 미국의 시간도 한국의 시간에 비해서 결코 호락호락하지가 않군요. 그래도 질문하신 분은 세밀하게 살펴서 다행입니다만, 미국에서 태어난 사람의 사주 상담을 하게 될 경우에는 이러한 점에 대해서도 주의를 해야 하겠군요. 참으로 중요한 정보였습니다. 고맙습니다.

10 자시의 기준에 대해서 알고 싶습니다

음력 10월 21일 23시 45분생은 10월 21일 자시생인가요, 아니면 10월 22일 자시생인가요?

 21일 자시인 것으로 봅니다

문의하신 내용에 대해서는 낭월의 견해를 물으신 것으로 알고 의견을 말씀드리겠습니다. 낭월은 야자시를 쓰고 있습니다. 따라서 그 사주는 양력이라면 무인년 임술월 신축일 경자시가 된다고 봅니다. 착각하기 쉬운 것은 21일 자시라고 했을 경우 무자시로 생각할 수 있다는 점입니다. 무자시는 새벽 0시 30분에서 1시 30분 사이에 태어났을 경우에 해당되므로 하루의 차이가 있는 셈입니다. 따라서 이것을 혼동하면 결과적으로 큰 오차를 안게 됩니다. 참고하시기 바랍니다.

11 암합에 대해 알고 싶습니다

요즘 매일 바쁜 삶에 쫓기다 보니 명리서를 가까이 할 시간이 점차 줄어드는 것 같아 안타깝습니다. 참으로 궁금한 것이 있어 이렇게 질문드립니다. 바로 암합이라는 것인데, 제게는 이것이 무척 어렵군요.

사주를 나열할 때 지장간을 지지의 아래에 쓰고 나서 보면 지장간들이 모두 암합을 하고 있는 것처럼 보여서 무척 헷갈립니다. 대표적인 암합으로 묘신의 암합이 있다고 하는데 그 외의 암합에는 어떤 것들이 있으며, 구체적인 예로는 어떤 것이 있을 수 있는지 예를 들어주시면 대단히 감사하겠습니다.

 실은 매우 간단합니다

암합은 속속들이 따지자면 엄청나게 많아서 골치가 아프지요. 그래서 꼭 필요하고 작용을 한다고 생각되는 것만 요약해서 말씀드립니다.

간지합의 경우에는 정해 · 무자 · 임오 · 신사 등이 있고, 지지합의 경우에는 묘신 · 인미 · 축인 · 자술 · 자진 · 사유 · 오해 등이 있습니다.

이 중에서 자진과 사유는 삼합이므로 암합은 생각할 필요가 없겠고, 자술은 토극수로 인해 작용이 없는 것으로 봅니다. 그 외에는 서너 가지뿐이로군요.

참고하시기 바랍니다. 본기끼리의 합에 대해서만 고려를 한다는 점도 추가로 말씀드립니다.

12 곡직격이 맞는지요?

스님의 책을 잘 읽어보았습니다. 그런데 책을 보니 제 사주가 외격에 속하는 듯해서 부부인연이라든지 기타의 이론에 대입시켜보려 해도 잘 되지 않는군요. 그러다 보니 책 읽는 재미가 약간은 떨어지는 듯합니다.

제 사주를 적어보면(한자를 넣을 줄 몰라서 그냥 한글로 적습니다) 을묘년 기묘월 갑인일 을해시입니다. 제 생각엔 곡직격 같은데 기토가 있어서 약간의 혼란이 있습니다. 이것이 곡직격인지, 곡직격이라면 어떤 것이며, 아니라면 또 어떤 것인지 설명해주시면 감사하겠습니다.

그리고 한 가지 안타까운 일은, 낭월 스님의 책에 외격은 그냥 이름 정도와 좋은 운, 나쁜 운 정도만 나와 있어서 저로서는 무척 아쉬웠다는 점입니다. 저도 재물운, 부부인연, 희용기구한 등을 알고 싶은데 말입니다. 그럼 고견을 기다리겠습니다.

 어렵네요, 곡직으로 보입니다만……

『적천수』에 나타나 있는 사주와 닮았군요. 그 사주는 다음과 같습니다.

時	日	月	年
甲	甲	己	乙
子	寅	卯	亥

乾命

많이 닮았지요? 결론은 水·木으로 곡직격이라고 되어 있습니다. 따라서 회원님의 사주도 곡직격으로 볼 수 있겠다는 생각이 드는군요. 그렇지만 직접 살아보면서 계속 임상해볼 필요가 있을 것 같습니다.

외격일 경우에도 육친은 그대로 존재합니다. 신경 쓰지 말고 대입시키면 되겠군요. 참고하시기 바랍니다.

Q 13 뭔가 심상치 않은 일이……

時	日	月	年
己	丁	己	乙
酉	亥	丑	巳

坤命

42	32	22	12	2
甲	癸	壬	辛	庚
午	巳	辰	卯	寅

대운이 바뀌어서 그런지 신상에 많은 변화가 있다고 합니다. 어렵지 않게 명식은 세웠지만 감정이 잘 안 되네요. 현재운과 앞으로의 운에 대해서 많은 의견 부탁드립니다.

A 신약용인격의 형상이 아닌가 싶네요

갑오대운 이후가 된다면 아마도 상당히 활약하게 되지 않을까 싶습니다. 연간의 을목이 용신이라고 할 경우, 용신이 멀어서 다소 아쉬워 보이네요.

그러나 40대 운에서 발하게 되는 명식은 행복한 것으로 볼 수 있습니다. 연구에 참고하시기 바랍니다.

Q 14 이 사주는 건강이 어떤가요?

주위에 아는 분이 건강이 어떤지 물으러 오셨는데, 사주는 다음과 같습니다.

時	日	月	年
戊	壬	庚	癸
申	寅	申	卯
34	24	14	4
甲	癸	壬	辛
子	亥	戌	酉

坤命

저는 아직 왕초보라 정확히는 모르겠지만, 끙끙대고 머리를 굴려가며 생각해보니, 화기가 없어 심장이 좋지 않다고 생각되는데 어떤지요?

팔다리가 아프고 눈에 열이 나고 허리와 어깨도 아프고 귀도 쑤시면서 아프고 목도 자주 아프다고 합니다. 이런 증상으로 보면 심장과는 연관이 없는 것도 같고…….

 원칙적으로 사주는 질병을 보는 학문이 아니지요

상대방이 질문을 하면 답변을 하기는 해야 합니다만, 공부를 하시는 벗님들이 이러한 문제로 골치를 썩는 것을 보면 참 딱하다는 생각이 듭니다.

사주로 봐서는 인신충이 거슬리는군요. 그래서 木이 깨어지면 신경계통에 문제가 생기지 않을까 추측을 하게 됩니다. 더구나 좌우에서 치고 있으므로 좀 심각하다고 생각할 수도 있겠습니다. 참고만 하시기 바랍니다.

앞으로 火의 운이 너무 늦군요. 완치에는 상당한 시간이 걸린다고 볼 수도 있겠습니다.

Q 15 물의 뜻이 궁금합니다

저는 임자년 임자월 정해일 임인시에 태어났습니다. 정화를 세 개의 임수가 둘러싸고 있고 시지의 인목이 해수와 합하여 정화를 생하고 있어, 언뜻 보기에는 살중용인격으로 보여집니다. 하지만 수기에 가종한다고도 볼 수 있을 것 같습니다.

전체에 합이 많고 형·충·파·해가 없는 것이 어떤 의미인지 궁금합니다. 또한 물이 많아 마음이 물을 두려워할 것 같은데, 이때 물과 합을 하고 있는 것이 어떤 의미인지요? 그리고 정미대운에 이 많은 물과의 관계가 어떠할지 궁금합니다.

A 대단한 물의 세력이군요

일견 종살격으로 보입니다. 그런데 임상 경험을 바탕으로 생각해볼 때, 웬만하면 정격으로 나타나는 것을 많이 보게 됩니다. 따라서 이 사주도 역시 살중용인격으로 봐야 하지 않을까 싶군요.

한 가지 확인을 해보지요. 계축대운에는 힘이 들었다가 임인운부터 점차로 환경이 좋아졌다면 살중용인격으로 봐야 합니다. 그렇지 않다면 종살격으로 봐도 되겠습니다. 이 문제가 우선 해결되지 않고서는 정미대운에 대해서 뭐라고 말씀을 드릴 수가 없겠군요. 참고하고 생각해보시기 바랍니다.

Q 16 제 사주로 토론을 하고 싶습니다

안녕하세요, 스님!

개인적으로 스님의 책을 몇 권 보았습니다만, 개인적인 자질과 시간의 부족으로 인해 그 오묘한 이치를 다 깨닫지 못하겠더군요.

그래서 이곳저곳에 여쭤보았지만 생계와 관련된 분이 많아서인지 시원한 대답을 듣지 못했습니다. 또 음양오행의 측면에서, 그러니까 학문적으로는 대화를 잘 하려 하지 않더군요! 그래서 이렇게 찾아뵙습니다.

제 사주는 갑인년 기사월 무진일 신유시이고 대운수는 3입니다. 나름대로 제가 보기에는 참 특색있고 학문적으로 연구할 부분도 많은 사주라고 생각됩니다. 용신을 정할 때에도 여러분들 사이에 의견이 분분할 것 같구요.

그래서 괜찮다면 〈낭월명리학당〉에서 제 사주의 해석과 관련하여 토론을 하고 거기에 대해서 검증을 해보고 싶습니다. 사주도 하나의 과학인 만큼 검증도 중요하다고 생각합니다.

저는 물론 유료상담 절차를 밟지 않았습니다. 그러나 돈 한푼 안 내고 자기 사주를 감정하려는 몰염치한 사람이라고 생각하기보다는 좋은 쪽으로 이해해주셨으면 합니다.

저와 관련된 어떤 안 좋은 과거지사도 검증과 관련이 된다면 다 말씀드리겠습니다. 부디 반가운 소식 기다리겠습니다.

 찾아주셔서 고맙습니다

이미 나름대로 자신의 사주를 가지고 많은 궁리를 한 것으로 생각됩니다. 책도 많이 보지 않았을까 싶네요.

누구나 자신의 사주에 대해서는 관심을 갖게 마련이지요. 답변을 해주는 사람이 비록 시원치 않게 대꾸하더라도 자신에게는 무엇보다도 중요한 것이니까요.

질문하신 내용을 읽어보니 그러한 심경이 복잡하게 서려 있는 것이 느껴지는군요. 아직도 연구를 하는 학도로서 낭월 역시 시원한 답변을 드릴 주제가 되지 못한다는 말씀을 먼저 드려야겠습니다.

또 항상 분주하게 살다 보니 변변하게 긴 설명을 드릴 여유가 없어 죄송할 따름입니다.

이미 여러 곳에서 답변을 구해본 상황이라면, 그 답변들을 토대로 해서 스스로 답을 찾는 것이 순서가 아닌가 생각합니다. 물론 낭월도 그런 경험을 해왔습니다. 남에게 물어서는 어차피 결론을 얻기 어렵다는 생각을 하게 되었기 때문입니다.

그럼 간단히 낭월의 소견을 말씀드리겠습니다. 기사월 무진일이어서 매우 왕성한 무토로 보입니다. 연주의 갑인이 만만치 않아 보이지만, 사월(巳月)이어서 목생화로 흘러가는 것으로 봐야 하겠습니다. 게다가 화생토까지 흐르게 되는 것을 보면, 아무리 봐도 약하다고는 볼 수 없겠습니다.

상당히 강한 무토인데, 흐름을 따라서 시간의 신금(식신)을 용신으로 삼았으면 좋겠습니다. 그리고 水는 희신이 될 것으로 보입니다. 흐름이 상당히 좋아서 청기가 있는 사주라고 생각되는군요. 내년(1999년)까지의 마땅치 않은 세운만 넘어간다면 경진년(2000년)부터는 상당히 활약하는 흐름을 탈 수 있지 않을까 싶습니다.

이상 낭월의 의견을 말씀드렸습니다. 이미 많은 생각을 해보셨기 때문에 약간의 참고 정도나 되었으면 좋겠습니다.

17 Q 태어난 시를 추측할 수 있는 방법을 알고 싶습니다

태어난 시가 확실하지 않을 때 추측할 수 있는 방법을 『자미두수』에서 보았는데 그 외의 방법으로는 어떤 것이 있나요?

또 연·월·일·시가 조부모·부모·자신·자식에 대응된다고 들었는데, 무슨 뜻인지요? 언뜻 느끼기에 삶은 내가 결정했고, 결정하고 있지 않나 하는 생각이 드는데요.

방법은 많겠지만, 신빙성이 없지요……

추측하는 방법은 여러 가지가 있는 것으로 알고 있습니다. 예를 들면 머리의 가마가 있는 곳 또는 그 개수에 따라 정한다고도 하고, 잠을 자는 모습을 보고 정한다고도 하며, 부모 중에서 누가 먼저 돌아가셨는가를 참고한다고도 합니다.

낭월도 그러한 방법들에 대해 모두 확인을 해봤습니다. 그러나 결과는 신빙성이 없다는 것이었지요.

그래서 짜낸 궁여지책으로, 심리적인 영향을 분석해서 시를 찾아내는 방법을 쓰고 있습니다. 시간에 어떤 글자가 있느냐에 따라 그 사람이 느끼는 심리상태에 영향이 있다고 보는 것이지요. 하지만 이 방법 또한 100퍼센트 완벽하지는 못합니다. 다른 곳에도 그 글자가 있다면, 꼭 그렇다고 확신을 할 수 없기 때문이지요. 다른 곳에 있는 글자의 영향일 가능성도 있으니까요.

그러니까 결국은 최대한 가까운 시간을 현실적으로 확인해서 모두 비교해보는 방법이, 힘은 들지만 최선이 아닌가 싶습니다. 특별한 방법은 없는 것으로 알고 있습니다. 참고되셨기 바랍니다.

18 희신이 궁금합니다

1) 다음 사주에서 희신이 모호해 문의드립니다.

時	日	月	年
己	己	甲	癸
巳	亥	寅	丑

乾命

```
         79.7 69.7 59.7 49.7 39.7 29.7 19.7 9.7
         丙   丁   戊   己   庚   辛   壬   癸
         午   未   申   酉   戌   亥   子   丑
```

    기토가 인월에 출생하여 월과 일을 얻지 못했으므로 억부법에 기초하여 신약으로 판단했습니다. 천간의 갑기는 합은 하되 화는 하지 않은 것 같으며, 지지의 인해합목과 사해충이 보입니다.

    용신은 시지의 사화(정인)로 삼았으나, 시간의 土를 생해주고 일지의 해수가 충을 해서 고달퍼 보입니다. 약한 용신을 생해주는 木(정관)을 희신으로 삼아야 하나요, 아니면 시간의 기토를 용신으로 삼고 시지의 사화를 희신으로 삼아야 하나요?

    관살이 강해 보여서 인성으로 용신을 삼긴 했지만, 그렇다면 관살(木)을 희신으로 삼아야 하는데 일간인 기토가 싫어할 것 같군요. 그렇다고 시지의 土를 희신으로 삼기에는 이 사주에 土가 많아서 일간의 기토가 답답해할 것 같습니다. 그래서 시간의 기토로 용신을 삼고 싶기도 합니다.

    이 사주에서 용신과 희신은 각각 어떻게 정해야 하는지 가르침을 부탁드립니다.

    2) 다음 사주도 역시 희신이 모호해 보입니다.

```
      時  日  月  年
      壬  癸  戊  丁        乾命
      戌  亥  申  未
```

```
57  47  37  27  17   7
壬  癸  甲  乙  丙  丁
寅  卯  辰  巳  午  未
```

월지도 얻었고 일지도 얻었으므로 일단 신강으로 판단했습니다. 극설을 찾아야 하는데, 원국에서 식상은 찾을 수가 없어 관살인 土를 용신으로 삼고 金을 희신으로 정했습니다.

이 경우 기신은 木으로 하고 구신은 火로 삼아야 하나요? 어떤 분은 亥 중의 갑목인 상관을 용신으로 해야 한다고 하는데, 어렵기만 하군요. 높으신 가르침 부탁드립니다.

 희신은 역시 좀 어렵지요?

1) 참 만만치 않네요. 그래도 일단은 인월의 약한 기토이므로 인성을 용신으로 삼고 木을 희신으로 삼아야 하겠습니다. 土는 약으로 사용해야겠군요.

다만, 희신이라고 하더라도 지지로 올 때는 그 역할을 다하겠지만, 천간으로 올 경우에는 도움이 되지 않겠습니다. 이러한 점을 참고하시기 바랍니다.

2) 잘 보신 것으로 생각됩니다. 용신은 잘 잡는데, 희신을 좀 어려워하는 것 같군요.

이 경우의 무토는 연간의 정화를 희신으로 삼는 것으로 보고 싶습니다. 무토 정관을 두고 구태여 일지에 암장된 갑목을 쓸 필요가 있을까 싶기는 하지만, 또 알 수 없는 일이므로 이러한 부분에서는 스스로 임상해보기를 권하겠습니다. 참고하시기 바랍니다.

Q 19 결혼할 수 있을까요?

일단 사주부터 한번 봐주세요.

```
       時 日 月 年
       癸 辛 己 壬         乾命
       巳 酉 酉 子

     64 54 44 34 24 14  4
      丙 乙 甲 癸 壬 辛 庚
      辰 卯 寅 丑 子 亥 戌
```

사화를 용신으로 삼고 木을 희신으로 보았습니다. 기신은 水, 구신은 金, 한신은 土로 보았는데, 맞는지요? 지금 임자대운 중에 있습니다.

이 사주의 주인공은 25세(丙子年) 때 대학을 중퇴한 후 여태껏 사람구실을 못하고 빌빌거리고 있습니다. 제가 보기에는 인간이 되긴 애초에 틀린 것 같습니다. 자기 밥벌이도 못하고 형제간에 우애도 없고 대인관계도 형편없고……

어쨌든 이 사주에서 궁금한 게 있는데, 재성이 지장간에조차 보이지 않습니다. 남자에게 재성이 전혀 없을 경우에는 희신이 처가 되는 걸로 알고 있습니다. 그런데 이 사주에서는 희신이 바로 재성입니다.

이런 경우에는 도대체 어떻게 되는 겁니까? 결혼을 할 수 있을까요? 할 수 있다면 처는 어떤 사람일까요? 그리고 어떤 일을 해야 밥이나 먹고 살 수 있을까요? 꼭 대답해주시길 기다리겠습니다.

그럼요, 하고말고요!

이미 상당히 공부를 하셨군요. 水가 좋아 보이기는 하지만, 水운에서 마음대로 되는 것이 없다는 말씀을 참작해 본다면 火를 용신으로 해야 할 모양이군요. 그렇지만 세운도 따져봐야 하므로 대운만으로는 단정할 수 없습니다.

현재 대운은 임수여서 水가 용신이라면 아주 좋습니다만, 금년(1998년)은 무인년으로 기신에 해당합니다. 임수는 무토를 싫어하기 때문이지요. 또 작년(1997년)은 정축년으로 역시 水가 활동하기에는 적합하지 못했다고 생각되는군요. 그래서 火가 용신이라고 생각하더라도 좀더 임상을 해보면서 水는 어떻게 될 것인지를 살펴보기 바랍니다.

또 재성이 없다고 했는데, 정말 그렇군요. 재성이 없는 사주이기 때문에 희신이 재성이기도 하지만, 어떻게 봐도 역시 희신이 재성이 되어야 할 형상입니다. 이러한 경우에는 재성의 운에서 결혼을 하게 됩니다. 따라서 내년의 기묘년(1999년)도 결혼을 거론할 수 있는 해로 봐야 합니다.

대운은 44세 운이 재성에 해당하나, 보통은 그렇게 늦어지지 않는 것으로 봐서 아마도 내년에 좋은 인연을 만나게 되지 않을까 싶습니다. 사주의 운이 결혼에 작용하는 것도 사실이나, 적령기라는 것도 역시 무시하지 못하거든요. 이는 신체적인 리듬과 연관되어 있는 게 아닌가 생각하고 있습니다.

처는 길·흉에 작용하지는 않지만 대단히 기대가 되는 사람입니다. 절대로라고 해도 좋을 정도로 나쁜 사람이 아니며 상당히 유익한 여성이 될 가능성이 높습니다. 희신은 그러한 암시를 충분히 갖고 있다고 하겠습니다.

일에 대해서는 경진년(2000년)이 되면 원하는 일이 나타나지 않을까 싶습니다. 조금만 인내심을 갖고 준비하면 좋을 것 같습니다. 내년의 행운을 기원드립니다.

20 병신수화격으로 보았습니다만……

時	日	月	年
辛	丙	戊	乙
卯	子	子	亥

坤命

59	49	39	29	19	9
甲	癸	壬	辛	庚	己
午	巳	辰	卯	寅	丑

짧은 소견이지만 제가 보기에는 병신합화수해서 화격 또는 가화격이 된 것 같습니다. 월간에 무토가 있어 일견 가화격으로 보여지나, 연간의 을목이 해수의 생을 받아 土를 억제하고 있으므로 무방한 것 같습니다. 사주에 수기가 태왕하므로 누설시키는 木운이 길할 것으로 여겨지며, 수기와 상충되는 火·土운은 불길한 것 같습니다. 金과 水는 어떤지 궁금합니다.

이 해석은 이격기격(異格奇格)에 해당되는 고전적인 해석법으로 본 것입니다. 내격으로 본다면 해석은 또 달라질 것 같습니다. 이 경우 지지에서 수세(水勢)가 강하지만, 연·시지에 해묘합목국이 있어 목기 자체도 그다지 약해 보이지는 않습니다. 다만 연지 亥는 합으로 인해 목기를 띠기는 하지만, 합 자체가 그 간지의 오행 자체를 변화시키지는 않기 때문에 水의 성질은 그대로 갖고 있다고 봐야 할 것 같습니다.

따라서 이 경우는 지지에서 수세가 가장 강하고, 그 다음 목세(木勢)가 강한 것으로 보입니다. 강한 것은 덜어주는 것이 중화의 기본이므로, 목기를 설하고 일주를 보호하기 위해 火를 쓰고, 수기를 제극(制剋)하기 위해 土를 써야 할 것 같습니다. 연간 乙은 월간 戊를 극하기 때문에 썩 좋은 글자라고 할 수 없을 것 같습니다.

木이 강한 수세를 설해 일간 火를 생해주지만, 수기를 다시 제극해 주는 土까지 위협하므로 좋지 않은 역할도 수행하고 있는 것 같습니다. 따라서 木은 희·기의 양면성을 가지고 있는 듯합니다.

시간의 신금은 뿌리가 없어 약하므로 수세를 생할 힘도 없어 보입니다. 金 자체는 기신인 수세를 생하는 관계라 기신에 해당하지만, 이 경우에는 그럴 만한 힘이 없으므로 기신에 해당되지 않는 것 같습니다.

오히려 일간과 합이 되어 이 사주 주인의 관심 대상이 되며, 성격에 큰 영향을 줄 것 같습니다. 다만 운 중에 지지로 오는 申·酉는 좋지 않아 보입니다. 천간에 정화가 오면 신금이 깨어져 타격이 클 것이므로, 정화의 도래는 좋지 않아 보입니다.

추운 겨울, 건강하고 매사에 건승하시기를 기원드리며, 스님의 높으신 가르침을 기다리고 있겠습니다. 내내 평안하시기를…….

 웬만하면 정격으로 보는 것이 좋습니다

이미 상당한 연구를 한 것 같아서 단정적인 말씀은 못 드리겠지만, 그래도 연간의 을목이나 시지의 묘목을 두고 종하지는 않을 것으로 보입니다. 당연히 정격이 되지 않겠느냐는 소견입니다. 그래서 신약용인격 또는 살중용인격이 되지 않을까 생각됩니다. 이 부분에 대해서도 고려를 해보시기 바랍니다.

고전을 위주로 본다면 화수격으로 봐야겠지만, 실제로는 그냥 정격으로 가는 경우를 더 많이 보게 됩니다. 깊이 생각해본 내용에 대해서는 충분히 공감이 되나, 다시 살펴보고 정확하게 화수격이라는 확신이 들기 전에는 그냥 정격으로 놓고 생각하는 것이 어떨까 하는 의견을 드리고 싶습니다.

그렇게 되면 木·火운이 발하게 될 것이고, 土는 한신이면서도 약신으로서의 작용을 하게 되지 않을까 생각됩니다. 참고하시기 바랍니다.

21 비겁이 많으면 돈복이 없다?

안녕하세요? 〈gamlo〉라는 사이트가 있는지 오늘 처음 알았습니다. 하이텔 〈역학동〉에서 어떤 분이 가르쳐주시더군요.

저는 요즘 〈역학동〉에 가입해서 활발하게 활동하고 있는 왕초보입니다. 독학에는 뭐니뭐니 해도 낭월님 교재가 제일 좋은 것 같습니다. 『알기 쉬운 음양오행』과 『알기 쉬운 천간지지』를 구입해서 열심히 보고 있고, 또 『알기 쉬운 합충변화』와 『알기 쉬운 용신분석』도 〈역학동〉에 올려지는 내용을 빠짐없이 보고 있습니다. 서론이 길었습니다.

제가 그제 어떤 카페에 갔었는데, 거기서 점을 봐주더라구요. 요즘 많이 생기는 그런 카페들 아시죠? 저도 한번 봤는데, 글쎄 제가 돈복이 전혀 없다는 겁니다. 옆에 여자친구도 있었는데 말이죠. 게다가 이 어설픈 역학인이 도화살 어쩌구 하며 여자관계가 복잡하다는 겁니다. 여자친구 앞에서. 어설픈 신살론만 배워가지고 말이에요. 정말 너무나 짜증이 났습니다. 한번 봐주세요.

時	日	月	年
乙	丁	丙	戊
巳	卯	辰	午

乾命

60	50	40	30	20	10
壬	辛	庚	己	戊	丁
戌	酉	申	未	午	巳

    일간이 득지하고(낭월님 말씀으로는 1급 통근) 비겁·인성이 많아 득세하므로(낭월님 식으로는 3급 신강) 신왕인데, 극은 없고 설만 있으니 용신은 土(식상)라고 생각됩니다. 용신인 戊는 지지가 튼튼하여 아주 좋아 보입니다.

    그런데 몇 급인지 모르겠습니다. 월지에 용신이 있고 유력하니 1~3급 같아 보이기도 하고, 용신은 좋으나 사주 전반에 기신이 있으니 7급 같기도 하고…….『알기 쉬운 용신분석』에서 말씀하셨던 기준으로 말이죠.

    희신은 金(재성)이 될 것 같습니다. 용신은 비겁으로 깨지는 재성을 생하는 것으로 봐도 土로 잡는 것이 유력하다고 생각됩니다. 용신이 월지와 투출된 戊 또한 튼튼해 보여서 좋고, 편인이 있기는 하지만 가해오행 즉 인수가 없어서 더욱 좋아 보입니다.

    예전에 어떤 분은 상관상진이라서 좋다고 하셨는데, 상관상진은 잘 모르겠고 아무튼 상관격입니다. 그래서 잘난 체하고 겸손하지 못한 면이 많습니다. 비겁이 많으니 더욱 그러하겠고, 자존심도 상당히 강할 것으로 보이는군요. 그런데 제가 원래 좀 그렇거든요. 겸손의 미덕을 쌓아야 할 텐데…….

    사주에서 목생화·화생토 기운이 용신 土로 가니 용신이 왕강하고, 각 주가 모두 천복지재를 이루니 사주가 맑아 보이지 않습니까? 그런데 그 아저씨가 막무가내로 비겁이 많아서 재성을 깨뜨리니까 빈하게 산다는 겁니다. 물론 사주에서 재성이 보이지 않으므로 그렇게 볼 수도 있겠지만, 巳 중에 庚이 암장되어 있어 비겁으로부터 공격받지 않으니까 좋고, 득세한 상관이 생해주니 전혀 약해 보이지 않습니다.

또 재성이 희신이며, 30대운에 경신, 40대운에 신유대운으로 강한 재성운이 들어오므로 상당한 부를 축적할 수 있다고 생각되는데 아닌가요? 제가 너무 좋게만 봤나요? 누가 상관격 아니랄까 봐 잘난 체를 하는 건가요? 그 아저씨 때문에 정말 많이 속상했거든요.

이제 갓 두 달 정도 어설프게 공부해서 잘은 모르겠습니다. 고수님의 의견 부탁드립니다.

 숲은 안 보고 나무만 봤기 때문입니다

하이텔 〈역학동〉에서 인연이 되어 오셨군요. 그러면 한집안 식구이니 더욱 반갑지요. 글을 읽어보니 상관기가 폴폴 나타나는데, 스스로 더 잘 알고 계시는군요. 아무튼 들러주셔서 고맙습니다.

재성이 없으면 재물복이 없다는 것도 틀린 말은 아니나, 그야말로 단편적인 풀이라고 해야겠네요. 특히 이 사주처럼 월지에 상관이 뿌리를 두고 있는데 그렇게 말하면 나중에 국물도 없지요. 때가 되면 엄청난 재물을 떡처럼 주무르게 될 거라는 말씀을 해줬더라면 여자친구에게도 낯이 서고 좋았으련만, 아마도 그 역학인이 현재 재물이 없어서 곤궁하게 살고 있는 게 아닌가 이해하시기 바랍니다. 원래 자신에게 재물이 없으면 다른 사람들의 재물도 없는 것으로 보이기 쉽거든요.

등급을 물으셨는데, 이것은 천기누설(?)에 속하기 때문에 말씀을 드릴 수가 없습니다. 이제 공부를 시작하신 지 겨우 두어 달 되셨다니까 좀더 연구하시기를 권합니다. 반가웠습니다.

    지금까지의 내용은 홈페이지를 하이텔에 처음 개설해서 운영하던 〈낭월명리연구실〉 게시판에서 모은 자료들이다. 질문은 오래되었지만, 그 속에서 세월을 느낄 수 없을 정도로 따끈따끈한 것은 모두 다 학문의 길이기 때문이리라고 생각한다. 동참해주신 벗님들께 감사드린다.
    다음은 홈페이지를 새로 구성하면서 시작한 〈낭월명리학당〉의 문답게시판에서 모은 자료들이다.

22 남편복이 어떤지요?

時	日	月	年
丁	庚	丁	戊
亥	子	巳	申

    8대운이며 현재 갑인(계축)대운에 접어든 지 3년 정도 됩니다. 이 사주의 남편이 병들어 고생하고 있습니다. 태어난 지 아직 돌도 안 된 아기도 있는데 걱정이네요. 남편의 협조가 얼마나 될지 궁금합니다.

마음은 있지만 도움이 되지 않는 남편!

사월 경자 일주라 火가 너무 왕하다고 생각되는군요. 여름의 허약한 경금이라서 남편에게 많이 시달리는 팔자라고 하겠습니다. 용신(土·金)은 멀고 기·구신은 가까우니, 남편은 생각하지 말고 그냥 아이나 기르면서 사는 게 좋을 듯하군요. 따라서 남편복은 없는 것 같습니다.

23 이 사주는 木이 용신인가요?

時	日	月	年
壬	丁	甲	甲
寅	亥	戌	寅

여자 사주인데 木이 용신, 火가 희신, 金이 기신, 土가 구신, 水가 한신인지 어떤지 궁금합니다. 木이 너무 많은데 용신이 되는지 모르겠습니다.

 金·土가 더 좋아 보이는데요

술월의 정해 일주인데 인성이 너무 과하군요. 약하지 않다고 봐야 하겠습니다.

그래서 암장되기는 했지만 월지에 있는 金을 사용하고, 土는 희신이 되어야 할 것으로 보입니다. 월령은 잡았지만, 용신이 미약하다고 봐야겠군요.

희신은 土입니다. 기신은 火, 구신은 木, 그리고 水는 한신이겠네요. 흐름이 여의치 못해서 다소 아쉽습니다.

Q24 갑진대운 중 辰의 영향은?

```
    時 日 月 年
    己 丙 戊 丁
    亥 寅 申 未

辛 壬 癸 甲 乙 丙 丁      七大運
丑 寅 卯 辰 巳 午 未
```

제 사주입니다. 갑진대운에서 甲이 辰에 뿌리를 내리는지 알고 싶습니다.

또한 신진이 水가 되는데, 인목이 해수, 신진합수와 어떤 상관관계가 있는지, 또 진대운이 어떤 영향을 미치는지 궁금합니다.

 辰은 흉하지 않습니다

진토대운이 火의 기운을 설하고 있는 것처럼 보이기는 하지만, 지지에 인목이 있어서 실제로 나쁜 작용을 하지는 않습니다. 천간으로 土가 들어오면 도움이 되지 않겠지만, 지지의 土는 평운은 된다고 보겠습니다.

다만 월지의 신금도 약간 힘을 얻기 때문에 세운의 변수가 있다고 보겠습니다.

25 남편이 없는 사주입니까?

```
    時 日 月 年
    己 丁 庚 丁        坤命
    酉 卯 戌 巳

61 51 41 31 21 11  1
 丁 丙 乙 甲 癸 壬 辛
 巳 辰 卯 寅 丑 子 亥
```

　정화가 술월에 출생하여 월령을 얻지 못했고, 일지는 인성으로 일간에 도움을 주고 있으며, 연주에 비견이 버티고 있으나 일간과는 거리가 멀어 세력이 약할 것으로 판단됩니다. 따라서 일단 신약한 사주로 보겠습니다.

　용신은 木(卯)으로 삼고, 희신은 용신의 힘이 극·설되고 있는 관계로 水가 있었으면 좋겠는데, 드러난 水뿐만 아니라 장간에도 없으니……. 따라서 木(인성)·水(관성)는 좋고, 金(재성)·土(상관)는 좋지 않다고 생각됩니다.

　낭월님의 책에서 보면, 여명(女命)이 관성이 없을 경우에는 남편을 희신으로 삼는다고 했는데, 이 경우는 남편성도 없고 희신도 없으니 어떻게 판단을 해야 하는지요?

 관살이 없을 경우 용신이 남편입니다

　흔치 않은 경우입니다만, 바로 이런 경우에 해당이 되겠군요. 용신인 묘목을 남편으로 보면 되겠습니다. 참고로 희신은 자식이 됩니다. 오행으로는 火가 되겠습니다. 木이 유금의 극을 받기 때문이지요. 물론 자식성이 없을 경우에 해당되는 얘기입니다.

그리고 남자의 사주에서 재성이 전혀 없을 경우에는 희신이 처가 됩니다. 참고하시기 바랍니다.

26 원국상의 합충의 경중 및 영향에 대해 알고 싶습니다

스님, 안녕하십니까? 멋진 게시판을 만들어주셔서 감사합니다. 우선 제 자식의 사주를 올려 문의드릴까 합니다.

時	日	月	年		
壬	丙	甲	辛		乾命
辰	子	午	未		
戊	己	庚	辛	壬	癸
子	丑	寅	卯	辰	巳

十大運

병화 일주가 중하(仲夏) 오인월(午刃月)에 태어나 신왕살왕(身旺煞旺)이나, 신에 비해 살이 다소 약해 보여 임수를 써야 할 것으로 생각됩니다.

원국에서 자오상충이 보입니다. 이때 자진화수국·오미화화국으로 어느 정도 충을 해소해도 자오충의 영향으로 인해 국이 축소되는 형상이라고 판단되는데, 이 경우 합충의 경중 및 영향에 대해 알고 싶습니다. 또한 행운이 火·木으로 돌아 임진대운에 일시 발하다가, 체운을 거쳐 축대운에 들게 되면 다시 좋아지리라고 생각되는데, 임진대운과 축대운의 경중은 어떠한지 알고 싶습니다.

한 가지씩만 질문해주세요

멋진 게시판이라고 해주시니 고맙습니다. 이렇게 인연을 자꾸 만들어가는 것이 낭월의 즐거움이기도 하니까 자주 애용해주시기 바랍니다.

다만 질문을 한 가지씩 올려주시는 것이 좋겠습니다. 그렇다고 해서 하루에 한 가지만 올리라는 것은 아닙니다. 우선 용신을 찾아놓고 나서 또 궁리를 하다가 해결이 되지 않으면 질문을 주시는 것이 좋겠다는 생각이 들어서 말이지요.

우선 용신부터 찾아보도록 하겠습니다. 추가되는 질문은 또 해주시기 바랍니다. 신왕살왕이라고 하셨지만, 낭월이 보기에는 신약해 보입니다. 그래서 인성인 갑목이 용신이 아닌가 싶습니다.

바로 이러한 문제 때문에 한 가지씩 질문하셔야 한다는 이야기입니다. 연구하고 다시 질문 주시면 또 의견드리겠습니다. 오고가는 문답 속에 정이 든답니다.

27 무진대운의 설기 여부는?

時	日	月	年
己	丙	乙	戊
亥	申	丑	申

지금 무진대운입니다. 법조계에 있는 후배의 사주인데, 무진대운이 설기를 하지 않는지요?

아무래도 도움은 없다고 봐야겠는걸요

　신약한 상황에서의 무진대운은 아무래도 도움이 되지 않는 것으로 봐야 하겠군요. 올해(1998년)나 내년(1999년)에는 세운에서 木이 와주기 때문에 무난해 보이지만, 기본적인 운은 좋다고 볼 수 없겠군요. 원국의 천간에 水가 있다면 무진의 무토는 도움이 될 수도 있지만, 그렇지도 않으므로 역시 도움이 되지 않겠습니다. 참고하시기 바랍니다.

28 용신 대비 대운과 세운의 적용방법을 알고 싶습니다

　대운과 세운을 사주에 적용할 때 干과 支를 각각 적용하는지, 즉 '대운간 : 세운간 : 사주간, 대운지 : 세운지 : 사주지' 인지 아니면 천간지지의 상호작용도 인정을 해야 하는지 궁금합니다. 그리고 대운의 적용 햇수는 간과 지 각각 5년씩 담당하는 건지요? 예를 들어 질문하겠습니다.

時	日	月	年
乙	甲	戊	乙
亥	辰	子	巳

乾命

　이 사주에서 식신생재격에 사화가 용신일 때 갑신대운·무인세운일 경우 대운 甲은 천간, 申은 지지에 작용을 하는 건가요? 또 인신충이 보이는데 이때의 작용은 어떠한지요?
　추가로, 사주에서 용신을 찾은 후 대운과 세운에 구체적으로 적용하는 비법을 듣고 싶습니다. 낭월님께서 사주와 대운을 자동차와 도로로 비교하신 강의 내용이 생각나서요. 아직 초보라 자세한 설명이 필요한 것 같습니다.

 간 대 간, 지 대 지로 적용합니다

나이가 34세이고 3대운이면, 현재는 갑신대운 중 갑목이 작용하는 것으로 봐야겠네요. 그러면 갑목과 무인년의 비교를 해봐야 하겠습니다.

갑목이 들어왔을 때 원국에서는 무토가 손상을 받는군요. 천간에 火가 없으므로 재성이 손상되는 것을 막을 방법이 없습니다. 이런 때에는 원국에 火가 하나쯤 있는 게 좋았을 텐데요. 따라서 대운은 재미가 없다는 이야기가 됩니다.

세운은 무인인데, 여기서 무토는 약간의 희망을 주기는 하지만, 대운에게 깨어지는 입장이므로 빛 좋은 개살구라고 하겠습니다. 한편 세운 지지의 인목은 우선 원국의 지지와 배합을 하므로 사화를 생조하는 것이 좋아 보입니다.

따라서 무인년의 상황은 반반이라고 하겠습니다. 이 해의 운세를 감정해본다면, 돈이나 여자 문제가 잘될 것처럼 보이면서도 결국은 풀리지 않아서 속을 썩게 되리라는 암시가 나오는군요. 대운이 불량하기 때문입니다.

그러니까 주로 해당하는 것은 재성이 되는군요. 등장하는 것이 비견이기 때문입니다. 이해가 되셨을지 모르겠네요.

또 대운을 적용하는 방법과 햇수에 대해서 물으셨는데, 간 대 간, 지 대 지가 옳은 것 같습니다. 우선 대운은 천간 5년, 지지 5년으로 분리해서 대입시키는 것이 원칙입니다. 경우에 따라서는 약간 다른 참고를 하기도 합니다만, 실제적으로 가장 현실적인 대입은 역시 5

넌씩입니다.

그리고 천간의 운이 작용할 때에는 천간끼리의 대입을 최우선적으로 생각하고, 지지는 참고 정도로 적용하게 됩니다. 지지의 운에서는 또 그 반대지요. 그러니까 지지의 운이 작용할 때에는 천간의 운에는 크게 관심을 두지 않아도 된다고 보는 것입니다.

나중에 오행의 흐름에 대해서 자유로운 이해가 가능해진다면 이 또한 참고가 되어야 할 것으로 봅니다. 다만 현재 공부하시는 입장에서는 이 정도만 이해를 해도 되리라고 생각합니다. 이해가 되지 않으면 또 질문 주시기 바랍니다.

Q 29 경금을 용신으로 보았는데……

```
時 日 月 年
庚 丁 甲 戊      乾命
子 丑 寅 戌
```

알고 지내는 선배의 사주입니다. 용신이 경금이고 희신이 축토입니까?

 약해 보이지 않나요?

어째서 경금이 용신이 되었는지를 모르겠습니다. 인월의 정축 일주가 상당히 약해 보이는데요.

갑목을 용신으로 하고, 희신은 火가 되어야 할 것 같습니다. 좀더 궁리를 해보시기 바랍니다.

30 신약용인인가요 종살인가요?

	時	日	月	年	
	己	丙	辛	丙	坤命
	亥	辰	丑	子	
乙	丙	丁	戊	己	庚	三大運
未	申	酉	戌	亥	子	

병진 일원(日元)이 丑 계동(季冬)에 태어났습니다.

용신을 정하려 하는데, 신약용인(비록 지장간 중에 있을지라도)으로 봐야 할지, 가종(假從)이지만 종살〔從勢〕로 봐야 할지, 고견을 부탁드립니다.

 신약용인으로 보고 싶습니다

낭월의 의견으로는 신약용인격으로 보고 싶습니다. 교과서(『적천수』)에 따른다면 종살격으로 봐야 하지만, 실제로는 신약용인으로 살고 있는 경우를 많이 보기 때문입니다.

다만, 이 정도의 연령이라면 실제 삶을 대입해서 확인하는 것이 더욱 명확하지 않을까 싶습니다. 낭월 개인적인 경험상으로는 용인격으로 보고 싶습니다. 참고하세요.

31 종격인지 알고 싶습니다

```
時 日 月 年
丁 丙 辛 辛      乾命
酉 申 丑 亥
```

알고 지내는 후배의 사주입니다. 종격이 되는지 알고 싶습니다. 살아온 과정은 종이 아닌 것 같지만, 丙의 힘이 너무 없는 것 같아서요.

 정격으로 보는 게 어떨까 싶네요

축월의 병신 일주라서 교과서 식으로 본다면 화수격이라고 할 수도 있겠습니다. 그러나 시간에 정화가 있는 이상 무시할 수가 없네요. 낭월은 웬만하면 정격으로 봅니다. 이 사주의 경우도 일단 정격으로 보고 추명을 하고 싶습니다. 이미 임상을 해보셨다면 당연히 신약용겁격으로 봐야 하겠습니다.

32 축대운의 영향이 궁금합니다

```
時 日 月 年
丁 壬 乙 庚      乾命
未 子 酉 子
```

```
辛 庚 己 戊 丁 丙     六大運
卯 寅 丑 子 亥 戌
```

유월(酉月)의 임수가 인겁(印劫)이 많아 신강해 보여서 시주의 정화 재성(또는 未 溫土)을 써야 하지 않을까 생각됩니다. 향후 축대운에 들면 동토(凍土)가 온토(溫土)를 충하고 축유합금 구신(仇神)으로 화해 무언가 심상치 않을 것 같은 암시가 보이는데, 어떻게 느끼시는지(무난히 넘길 수 있을지) 의견 부탁드립니다.

 다소 불리해 보이네요

그러게요, 그나마 약한 용신의 뿌리를 충하게 되면 뽑힐 가능성이 많겠습니다. 계수대운을 만나지 않은 게 다행이라고 하겠지만, 일단 부담이 되는 것은 틀림이 없네요. 이런 운에서는 인성의 도움을 요청하는 것이 좋습니다. 즉 절에 가서 휴양을 하든지, 기타 종교에 기도를 하는 것도 좋은 대안이 될 것으로 보입니다. 주의해야 할 운인 것은 틀림이 없다고 하겠습니다.

33 용신이 기토가 맞습니까?

```
時 日 月 年
己 庚 辛 壬     乾命
卯 申 亥 子
```

해월의 경금이 신약하여 신약용인격으로 판단했습니다. 스님의 가르침 부탁드립니다.

 잘 보셨습니다

맞습니다. 신약용인격으로 봐야 하겠습니다. 아쉽게도 卯에 좌하고 있군요. 희신은 火가 되어야 하겠으나 없어서 아쉽네요. 金은 물론 좋고요. 참고되셨기 바랍니다.

34 임인대운의 인신충 여부를 알고 싶습니다

	時	日	月	年	
	己	丙	戊	丁	乾命
	亥	寅	申	未	
辛	壬	癸	甲	乙	丙	丁	七大運
丑	寅	卯	辰	巳	午	未	

통신을 하다가 제 사주에 대해 이상한 이야기를 들었습니다. 스님은 인목을 용신으로 잡는다고 하셨는데, 어떤 분이 해수를 용신으로 잡고 임인대운에 인신충이 있어서 재물이 흩어진다고 합니다. 임인대운에 인신은 과연 충하나요?

 용신이 충을 맞으면 불리하지요

통변하는 이야기를 들으면 상당한 차이가 있다는 것을 느낄 때가 종종 있습니다. 해수가 용신이라면 희신은 金인가를 알아보시기 바랍니다.

희신이 金이라면 인목은 용신을 설하므로 신금이 대단히 중요한 역할을 할 것으로 보이는군요. 그러면 신금이 인목을 막기가 약간 부담스러울 수도 있겠습니다. 해수가 합으로 약해진다고 봤을 수도 있겠군요.

낭월이 보기에는 아무리 살펴봐도 인성이 필요해 보이는데요. 그래서 인목대운은 임수대운에 비해서 상당히 활발하게 움직이는 운이 되지 않을까 싶습니다. 바람직한 방향으로 말이지요. 물론 살아봐야 하겠지만, 아무래도 인겁(印劫)이 중요한 작용을 하지 않을까 하는 생각에도 아직 변함이 없군요. 연구하시기 바랍니다.

Q 35 정사대운에서 사축준삼합의 영향은?

```
        時 日 月 年
        己 癸 癸 丁        坤命
        未 巳 丑 未

    庚 己 戊 丁 丙 乙 甲
    申 未 午 巳 辰 卯 寅    四大運
```

재관쌍미입니다. 용신을 火·土라고 생각해보았습니다. 그런데 정사대운에서 巳와 丑이 합이 되는지 알고 싶습니다. 제 개인적으로는 이 사주에서 정사대운이 좋다고 판단하는데요(개인적으로 좋게 보고 싶습니다). 선생님의 고견을 듣고 싶습니다.

신약용인격으로 보이는데요

좋게 보고 싶을 수도 있고, 나쁘게 보고 싶을 수도 있는 것은 인정이지요. 학문은 인정이 들면 곤란합니다. 냉정하게 판단해야 합니다. 그런 다음 해석함에 있어서는 물론 인정이 들어가야 할 것입니다.

여기는 공부를 하는 곳입니다. 상담실하고는 성질이 다르지요. 가장 합당하게 답을 찾아야 다른 벗님들도 혼란스럽지 않을 것이라고 생각합니다. 이 점은 다른 게시판과 다르다는 것을 양지하시기 바랍니다.

이 사주는 신약해서 인성이 필요한 것으로 보고, 金을 용신으로 삼으면 어떨까 하는 생각이 드는군요. 그렇게 되면 정사대운은 쓸모가 없는 운이라고 할 수밖에 없겠습니다. 참고하시기 바랍니다.

36 행운이 부성에 미치는 영향이 궁금합니다

時	日	月	年		
辛	壬	甲	甲		坤命
丑	寅	戌	辰		

戊	己	庚	辛	壬	癸	四大運
辰	巳	午	未	申	酉	

술월(戌月)의 임수 일주가 극설(剋洩)이 과해 신약용인으로 시간 신금을 써야 하지 않을까 생각됩니다.

교과서에 따르면 여명(女命)은 부자(夫子) 이성(二星)을 선견하고, 일시상(日時上) 경중(輕重)으로 성쇠를 보라고 하는데, 오대운부터 火·土의 운이 들면 부성(夫星)에 어떠한 영향을 미치는지 궁금합니다(부성을 관살로 보고 판단을 해야 할지, 용신으로 보고 판단해야 할지).

 아무래도 부담이 되겠습니다

원국에 이미 관살이 있으므로 관살을 남편으로 봐야 하겠습니다. 火·土의 운에서는 남편의 힘이 득세하고 내가 약해지므로, 남편이 내 말을 듣지 않고 나를 힘들게 할 수도 있다고 볼 수 있겠습니다.

그런데 이 글자가 남편만을 의미하는 것이 아니라 사회를 의미하기도 하므로, 남편이 힘들게 하지 않으면 바깥에서 하는 일이 어려울 수도 있습니다. 중요한 것은 관살이 의미하는 나쁜 암시가 발생할 수 있다고 봐야 한다는 사실입니다.

37 용신의 힘이 궁금합니다

용신이 월령에 뿌리를 내리는 것이 매우 중요하다고 배웠습니다. 다음의 네 사주를 비교해보면 어떨지요?

①	②	③	④
時 日 月 年	時 日 月 年	時 日 月 年	時 日 月 年
辛 丙 癸 丁	己 庚 辛 壬	己 戊 丁 壬	戊 癸 壬 辛
卯 申 卯 亥	卯 申 亥 子	未 申 未 子	午 亥 辰 亥
乾命	乾命	乾命	

각각의 용신은 ①월지 묘목 ②시간의 기토 ③일지 신금 ④시간의 무토라고 판단했습니다. 또 제 생각에는 ④③②① 순으로 용신의 힘이 강하지 않을까 생각합니다. ①을 제일 약하다고 본 것은, 용신과 일간의 거리가 멀기 때문입니다.

저의 판단이 맞는지, 또 용신이 월령을 차지하는 것이 우선인지 아니면 일간 가까이에서 도움을 주는 것이 우선인지도 궁금합니다. 사주는 스님 저서에서 뽑은 것입니다.

 월령을 우선하는 게 기본이지요

용신의 힘에 대해 볼 때에는 기본적으로 월지를 참고해야 합니다. 따라서 앉은 자리를 우선하게 됩니다. 지지에 용신이 있을 경우에는 천간을 봐야겠지요. 어느 것을 우선해야 하는가 하는 문제를 한마디로 말할 수는 없지만, 구태여 해야 한다면 월령을 우선하는 것은 틀림이 없습니다다.

다만 월령만 가지고 판단할 수는 없다고 봅니다. 그래서 ③의 金이 상당히 강하다고 우선 보고 싶습니다. 나머지는 생각하신 대로 보면 되겠습니다. 참고하시기 바랍니다.

38 용신의 행방이 어떤가요?

時	日	月	年
己	丙	乙	庚
亥	午	酉	申

乾命

위의 사주에서 용신을 을목으로 잡으면 경금과 합해서 金으로 화하는데, 그러면 어떻게 되는 건가요? 사주가 나빠지나요? 혹 용신을 火로 잡아야 하는 건 아닌지요?

 용신기반이군요

고민스럽네요. 그래도 용신을 을목으로 삼고 火를 기다려서 경금을 치는 게 최선이 아닌가 싶습니다. 이런 경우에는 용신기반이라고 해서 나쁜 형상으로 해석을 하게 됩니다. 아무것도 할 수 없는 처지에 빠진다는 의미이지요. 경금을 쳐야 해결이 되겠네요. 참고하시기 바랍니다.

39 오행에 따른 십성의 차이를 알고 싶습니다

두 사주에서 정화와 경금은 일간에 대한 식신에 해당합니다. 木이 火를 생하는 경우와 土가 金을 생하는 경우, 또 金이 水를 생하는 경우 등 각각의 경우에 어떤 차이가 있습니까?

그리고 ①은 생의 흐름이 일지에서 시간으로 흐르고, ②는 일지에서 월간으로 흐릅니다. 이러한 방향의 차이점은 또 어떤 의미가 있습니까(사주 ②는 스님 저서에 나온 사주입니다)?

대단히 심오한 질문입니다

질문하신 내용을 보니 뭔가 의미심장한 것을 찾아내시지 않을까 기대됩니다. 이 부분에 대해서는 낭월 또한 정답을 찾아보려고 아직도 노력하고 있거든요.

당연히 뭔가 차이가 있을 것으로 생각됩니다. 낭월은 일단 을목이 정화를 본 경우에는 정재가 식신을 본 것으로 하고, 무토가 경금을 본 것은 편인이 식신을 본 것으로 생각해보기로 했습니다. 그 결과에 대해서는 주변의 상황에 따라서 차이가 생길 수 있으므로 일일이 설명드릴 수는 없지만, 차이가 분명히 있다는 말씀은 드릴 수 있습니다.

다만 한 가지 의견을 드린다면, 을목의 입장에서는 미래지향적으로 연구를 할 것이고, 무토의 입장에서는 내면을 향한 연구를 하지 않을까 싶네요. 물질적인 연구과 정신적인 연구로 구분해볼 수도 있겠구요. 참고나 되셨으면 좋겠습니다.

40Q 용신이 합해 일간과 같은 오행이 될 경우의 작용은?

時	日	月	年
己	丁	庚	丁
酉	卯	戌	巳

61	51	41	31	21	11	1
丁	丙	乙	甲	癸	壬	辛
巳	辰	卯	寅	丑	子	亥

묘목(인성)을 용신으로, 水(관살)를 희신으로 보았습니다. 용신이 약한 상태에서 묘술합화(卯戌合火)하고 있습니다. 이런 경우 약한 용신 때문에라도 결혼을 늦게 하는 게 젊은 날의 강한 고집과 남자 알기를 우습게 아는 당사자에게 좋을 것 같다고 여기는데 낭월님의 고견은 어떠신지요?

용신이 합해 일간과 같은 오행이 될 경우의 작용은 어떻게 되는지 알고 싶습니다.

 육합은 효력이 없다고 봅니다

우선 '묘술합은 무효'라고 알아두시는 것이 좋겠습니다. 원칙적으로 육합은 효력을 발생시키지 못하는 것으로 확인해가고 있습니다. 따라서 일단 합은 아닌 것으로 봐야 하겠습니다.

만약 신약한 입장에서 인성이 합화해 일간과 같은 오행으로 변한다면 크게 나쁘다고 볼 것은 아니라고 생각됩니다.

41 사주상 결혼 적령기는 어떻게 판단하는지요?

앞의 질문에 대한 추가질문입니다. 용신인 木과 희신인 水를 놓고 볼 때, 20세 초반에 운명적인 만남이 있을 것으로 보이나, 사주가 갖고 있는 성격상 합(결혼)이 되기까지는 상당한 시일이 걸릴 것으로 판단됩니다.

결혼 적령기는 어떻게 판단하는지, 십성으로 보는 것인지, 대운으로 보는 것인지 알고 싶습니다.

이성의 운과 자식의 운이 유력합니다

결혼 적령기는 크게 다음의 네 가지로 판단하게 됩니다.

첫째, 일반적으로 사주에서 이성의 글자가 연·월에 있으면 빨리 하는 것으로 보고, 뒤쪽에 있으면 늦게 하는 것으로 봅니다. 하지만 임상을 해보면 절대적으로 그런 것은 아니므로 크게 활용을 하지는 않습니다.

둘째, 대운을 중시하는데, 세운의 글자도 참고하게 됩니다. 대운이나 세운의 글자에서 이성을 나타내는 성분이 들어오면 이성이 생기는 것으로 봅니다. 이것은 임상 결과 자주 부합되는 것으로 확인되고 있습니다. 가장 유력한 방법이라고 생각됩니다.

셋째, 용신이 되는 해에 결혼을 하면 좋다고 합니다. 그러나 타당성은 있으나, 임상 결과 반드시 그런 것은 아니라고 봅니다. 결혼은 아무래도 이성의 십성에 해당하는 세운과 대운에서 많이 하는 것으로 봅니다.

넷째, 특별한 경우에는 자식의 십성에 해당할 경우에도 결혼을 하게 됩니다. 특히 여성의 경우 식상의 운에서 자식을 보기 위해서 결혼을 하는 것이 아닌가 싶습니다. 주변에서 확인해보는 것도 좋겠습니다.

42 남녀간 상호 희·기 판단이 궁금합니다

안녕하세요. 평소 주시는 명쾌한 의견에 감사드립니다.

乾命 　　　　　　坤命

두 사람의 사주를 살펴보면, 전반적으로 상호 부족한 오행을 보완해주는 점이 있고, 용신상 정미 · 신축으로 상호 간극지충(干剋支沖)하는 점이 있는데, 어떤 점을 기준으로 상호 희 · 기를 판단해야 하는지 의견 부탁드립니다.

상생은 좋고 상극은 나쁘겠지요

궁합의 형태겠습니다만, 여러 가지 고려해야 할 사항이 있습니다. 그 중에서도 가장 중요한 것은, 상대방의 일간이 나의 일간과 상생되는 것이 가장 좋고, 상극이 되는 것은 가장 나쁘다고 봅니다. 그리고 이차적으로는 상대방의 일간이 내 용신에도 부합된다면 더욱 좋겠지요.

그렇지만 남녀간 용신끼리의 마찰에 대해서는 전혀 고려하지 않고 있습니다. 아마도 고려할 필요가 전혀 없지 않은가 싶군요. 가장 중요한 것은 내 일간끼리의 화합상생입니다.

질문하신 사주의 경우 서로 비견으로서 같은 오행이므로, 때로는 남매 같고 때로는 경쟁자처럼 된다는 통변이 가능할 것 같습니다. 위의 경우에는 특히 여자의 입장에서 더욱 유리하다고 보여지는군요. 아마도 여자가 남자를 유혹(?)하지 않았겠느냐는 상상을 해봅니다. 참고하시기 바랍니다.

43 金이 사주에 없을 때도 용신으로 잡을 수 있나요?

	時	日	月	年	
	乙	癸	壬	丁	乾命
	卯	亥	寅	未	
	丙	丁	戊	己	庚 辛	八大運
	申	酉	戌	亥	子 丑	

친한 친구의 사주입니다. 신약하다는 판단을 내리고 용신을 잡으려니 金이 보이지 않습니다. 이럴 경우 水로 용신을 잡아야 하나요?
경대운에는 조금 괜찮았고 자대운과 기대운에는 힘이 들었다고 판단됩니다. 사주에 없는 金으로 용신을 잡을 수 있습니까?

 우선 水를 써야겠네요

보신 대로 金이 필요한 사주군요. 金이 좋은 것은 사실이지만 원국에서는 용신이 되지 못하고 水가 용신이 되어야 하겠습니다. 그러나 金이 용신인 것이나 마찬가지지요. 어차피 金운이 오면 좋을 테니까요. 다만 원리상 원국에 있는 것이 용신이 되고, 운이 오기를 기다리는 것을 원칙으로 합니다.

자수운이 나빴다면 당시의 세운도 참고해보는 것이 좋겠습니다. 대운은 용신운이라고 하더라도, 세운에서 극해버린다면 실제로는 별 도움이 되지 않는 경우가 많이 있습니다. 항상 대운과 세운을 비교해서 대입시키는 것이 원칙입니다. 보통은 귀찮으니까 대운만 보고 판단을 하지만 구체적으로 뭔가 부합이 되지 않는다고 생각합니다. 또 연구자료로 공부할 경우에는 세운도 함께 표시해놓고 연구하기 바랍니다.

Q 44 사유합금이 되더라도 巳를 용신으로 쓸 수 있습니까?

```
時 日 月 年
壬 辛 辛 癸        乾命
辰 巳 酉 卯
```

알고 지내는 선배입니다. 용신을 巳로 잡으려 하니 사유가 합이 됩니다. 합해서 金으로 변해도 용신으로 잡을 수 있는지요? 초보입장에서는 심사숙고해서 올리는 질문입니다. 우문이더라도 양해해주시기 바랍니다.

 용신으로 쓸 수야 있지만 水가 더 좋아 보이네요

우문이라니요? 연구하다가 올리는 질문과 그냥 대충 '골치 아픈데 그냥 낭월이에게나 물어봐?' 하는 마음으로 올리는 질문은 쉽게 구분이 되지요. 언제든지, 얼마든지, 어떤 내용이든지, 연구하다가 답이 나오지 않으면 올리는 게 상책입니다. 좋은 질문은 다른 벗님들에게도 도움이 되거든요. 그래서 질문이 반갑습니다.

올린 사주를 보니 사화를 용신으로 써도 되겠습니다만, 시간의 임수가 더 좋아 보이는군요. 가을의 합이 된 불[火]보다는 근원(월지)에 뿌리를 내린 水가 훨씬 나을 겁니다. 다시 한 번 대입을 시켜보시기 바랍니다.

45. 이 사주의 용신은 火인가요?

時	日	月	年
庚	癸	戊	庚
申	亥	子	戌

坤命

이 사주의 용신은 火로 보이는데 火가 없으니 어떻게 해야 하나요? 용신은 火, 희신은 木, 기신은 水, 구신은 金, 한신은 土로 보면 맞나요?

 土를 써야 하지 않을까 싶습니다

木·火를 봤으면 좋겠지만, 마음대로 되지 않는 것이 사주인 모양입니다. 이런 경우라면 부득이 월간의 土를 써야 하지 않을까 싶네요. 그리고 연지의 술토 속에 들어 있는 火는 희신으로 해야 하겠습니다.

희용기구한에 대해서 생각해본다면 火가 필요한 것은 사실이지만, 투출되지 않은 상태에서 火를 쓴다는 것은 상당히 어렵습니다. 따라서 火가 용신이 되는 경우라도 투출이 되지 않은 상태라면 희신은 土가 되어야지 木이 될 수는 없겠습니다. 木이 와도 火가 없어서 생조를 못하기 때문입니다.

Q46 용신은 자수, 희신은 을목인가요?

```
       時 日 月 年
       庚 庚 乙 丙        坤命
       辰 子 未 午

   61 51 41 31 21 11
   戊 己 庚 辛 壬 癸
   子 丑 寅 卯 辰 巳
```

경자 일주가 미월에 태어나 월령을 얻었고 세력도 인성과 비견이 강하며 천간에서 을경합금하고 있습니다.

그래서 용신을 자수로 삼고, 희신은 일간의 힘을 얻고 신자삼합으로 강하므로 설기시키는 힘이 강한 을목으로 삼는 게 일간과 용신을 모두 만족시킬 것으로 생각되는데, 어떤지요? 낭월님의 고견 부탁드립니다.

 火·木으로 봐도 좋을 것 같습니다만……

풀이하신 말씀도 타당합니다. 그런데 미월의 화기(火氣)가 아직은 남아 있고 그렇다고 너무 더운 상황도 아니므로, 연간의 편관을 용신으로 하고 월간의 木을 희신으로 삼을 수도 있겠다는 생각이 듭니다.

이렇게 용신의 후보가 둘이 있을 경우에는 일단 확인을 해보고 결정을 내리는 것이 좋을 것 같습니다.

살아오신 운을 살펴보니 임진대운이 있네요. 火가 용신이라면 아무래도 부담되는 운이겠지요? 그러나 水가 용신이라면 당연히 즐거운 운일 겁니다.

이 점을 확인해보시면 결론을 내리는 데 참고가 되지 않을까 싶습니다.

47 일간의 합과 용신의 합이 있는 명식의 풀이는?

Q46에 대한 추가질문입니다.

이 명식은 제 판단에 신강해 보입니다. 일간[庚]과 월간[乙]이 간합을, 용신이 지지삼합(반합?)을 보이고 있는데, 이럴 경우의 명식은 어떻게 해석해야 할까요?

제 생각에는 정관(연지)과 편관(연간)으로 정·편교잡(交雜)이 있으며, 간합도 일간과 같은 성격인 金으로 화해 강한 일간에 부담을 줄 것 같으나, 용신[子水]은 자진반합을 하여 더욱 강해지고 있으므로, 미월(6월)생 경금 일주가 충분한 물을 확보하여 도움이 된다고 할 수 있을 것 같습니다.

이러한 제 생각대로 보면, 간합은 작용이 안 좋을 것 같고 용신은 작용이 좋을 것 같은데, 초보적인 제 논리 전개가 타당성이 있는지도 검증해주시면 고맙겠습니다.

 합이 있을 경우에는 화의 여부가 중요합니다

일간의 합은 여간해서 화하지 않으므로 그냥 두면 되겠습니다만, 용신의 합은 여간 조심스러운 것이 아닙니다.

합을 했으면 용신이 '기반되었다'고 말하지요. '기반되었다'는 것은 말이 마구간에 묶여 있는 것과 같은 형국입니다. 그래서 무조건 나쁜 것으로 봅니다.

그런데 합이 되어서 화했다면 이것은 또 다른 문제입니다. 물론 용신이 더욱 강화된 것으로 보면 됩니다. 그러나 여간해서는 화하지 않는다는 사실을 고려해본다면 아무래도 용신의 합은 좋지 않을 가능성이 더 높지 않을까 싶습니다.

48 여명과 남명에서 정·편교잡의 기준은 무엇입니까?

정관(정재)과 편관(편재)이 각기 하나씩 있을 경우에도 정·편교잡으로 간주해야 하나요?

 혼잡과 같은 말이겠지요

정·편관이 사주 안에 함께 있으면 일단 교잡이라는 말을 씁니다. 그런데 낭월은 이 용어에 대해 별로 매력을 못 느끼겠네요. 관살도 용신이 되면 교잡이 되는 게 오히려 좋다는 말도 있으니까요. 중요한 것은 사주 안에서 맡은 역할이 아닌가 싶습니다.

이 용어는 혼잡된 상황을 의미합니다. 그리고 참고로 재성은 교잡이라고 하지 않습니다. 재성은 많을수록 좋은 것(?)이어서일까요? 이유는 잘 모르겠지만 재성혼잡이라거나 재성교잡이라는 용어는 없었던 것으로 생각됩니다.

관살은 상당히 부담이 되는 성분이어서 별도로 사용하는 용어도 많은가 봅니다. 용어에 매이지 말고 상황을 바로 인식하는 것이 중요하다는 것을 늘 염두에 두는 것이 좋겠습니다.

49 가족(부모·배우자·자녀)에 대한 풀이는?

Q47에 제시된 사주와 관련하여, 용신은 子이고 희신은 木이 맞

다는 가정하에 여쭙고 싶은 것이 있습니다.

남편궁은 기신(정인), 남편성은 한신이니, 남편은 부인의 말에 순응하나 살아가는 데에는 도움이 안 될 것 같습니다. 따라서 일간이 강한 여성이 남편을 먹여살릴 팔자라고 생각됩니다. 또 자식〔子水〕은 용신인 관계로 부모의 공에 답을 줄 수 있는, 즉 자식복이 있을 것이라고 여겨집니다.

父(편재, 여기서는 정재인 을목이며 희신) · 母(정인, 자수이며 기신)를 보면, 어머니와는 마찰이 있을 것 같고 아버지는 내 편이 될 것 같습니다.

이와 같이 풀이를 하는 게 맞는지, 낭월님의 책 세 권째를 다 읽어가고 있으나 아직도 모호합니다. 한참 헤매고 있는 초보자의 풀이가 타당한지 궁금합니다.

 15년을 연구했지만 그렇게 간단치가 않네요

해석하는 방법은 크게 틀리지 않아 보입니다. 다만 그렇게도 볼 수 있지만 절대적인 것은 아니라는 점이 공부하는 이들을 항상 어렵게 만들고 있습니다.

서낙오 선생님께서 하신 말씀이 있습니다.

"재성이 기신이라고 하자. 그러면 처가 누추할 것이다. 그런데 처가 아름답고 현숙하다고 하자. 그러면 재물인연이 나쁠 것이다. 그런데 재물인연도 좋다고 하자. 그러면 자신의 건강이 나쁠 것이다. 이 셋 중 어느 하나가 해당되는 경우도 있고, 전부 다 해당되는 경우도 있다. 그러나 학자가 궁리를 해서 이러한 셋 중에 어느 것이 그 사람에게 해당될 것인가를 가리는 것은 참으로 어려운 일이다."

이렇듯 참으로 어려운 부분이 아닌가 싶습니다. 더욱 열심히 공부하시라고만 권하고 싶습니다. 더구나 가족과 연관된 문제라면 급할 일도 없으니까요.

낭월은 부정도 긍정도 못하겠다는 말씀으로 변변치 못한 답변을 드려야 하겠습니다. 그만큼 어려운 부분입니다.

5Q 이 사주의 등급은?

```
時 日 月 年
己 乙 庚 癸
卯 巳 申 卯
```

용신과 일간과의 거리 및 통근 정도로 10급으로 나누는 스님의 방법에 대해 약간의 의문이 생겨서 질문합니다.

제 사주의 용신을 연간의 계수로 보면, 월주에서 힘을 얻어 약하지는 않으나 일간과 거리가 멀기 때문에 7.5급 정도로 저울질해보았습니다. 동의하시는지요?

그리고 여기서 말하는 등급으로 대략이나마 부귀빈천을 말할 수 있습니까?

 6급은 되지 않을까 싶네요

용신이 상당히 강하므로 일단 중격이 된다고 봅니다. 다만 일간으로부터 멀기 때문에 약간 차이가 나겠군요. 따라서 6급 정도 되지 않을까 싶습니다.

급수에 대해서는 여러 가지 상황을 고려해야 하기 때문에 일관성 있는 답변을 드리기는 어렵겠다는 생각이 됩니다. 또 어느 부분에서는 주관적이라는 생각도 들고요.

용신은 월지에 통근을 하면 일단 중격입니다. 여기서의 계수는 통근이 되었으므로 중격이라고 할 수 있겠습니다. 용신의 등급과 사회생활 적응도 등은 연관성이 있다고 봅니다.

51 신강으로 보는 이유가 궁금합니다

Q46에 대한 추가질문입니다.

1) 먼저 신강·신약의 구분에 대해서 여쭙고 싶습니다.

득령·실지·세력에 대해서는 어떠한지요? 스님의 저서에 따르면 실세입니다. 비겁과 인성이 반수는 넘지 않지만, 시간의 경금이 앉은 자리에 진토가 있고 이 金·土가 일간과 밀착해 있으므로 신강으로 보시는 건지 궁금합니다. 순간적으로 연주의 병오가 대단하다는 생각이 들었으나 일간에서 멀고 일지의 자수를 고려한다면 신강이라는 생각이 듭니다.

2) 진작부터 여쭙고 싶었던 매우 궁금한 사항입니다. 일간의 입장에서 보면 설기하는 자수도 나쁘지 않고 극하는 병화도 나쁘지 않을 것 같은데, 용신의 입장에서 보면(스님께서 말씀하신 대로 용신이 만약 병화이면) 자수는 반갑지 않습니다.

잠시 '그렇다면 본말이 전도된 것이 아닌가? 일간이 우선일 텐데……' 라는 생각이 들었습니다. 그런데 만약 일간이 어느 하나를 정해놓고 '水로 설하는 것보다는 火로 극하는 것이 내게 더 좋구먼' 이라고 배 두드리고 있을 수도 있다는 생각을 해봅니다. 혹은 그 반대일 수도 있겠죠. 어떻게 생각하십니까?

기본과 변화의 차이점이 있나 봅니다

  1) 예리한 질문입니다. 낭월도 세력과 연관된 부분에서 처음에 생각했던 내용을 일부 수정하게 되었다는 것을 말씀드립니다. 처음에는 세력에 대해서 일간을 빼고 인겁이 네 자 이상이어야 한다고 생각했습니다.

  그런데 많은 임상을 거치면서 세 자만 넘으면 득세를 한 것으로 봐도 되겠다는 생각으로 바뀌게 되었습니다. 『왕초보 사주학』 연구편에서는 약간 강하게 잡았다고 해야 하겠습니다.

  이 사주에서 미토가 덥기는 하지만, 일지의 자수가 상당 부분 견제를 한다고 봤습니다. 상당한 안목입니다. 진토가 자수와 합을 했다기보다는 자수가 메말라가는 土에게 습기를 제공하는 정도로 봤습니다. 즉 토로 하여금 생금이 되도록 돕는다는 생각을 하게 되었습니다.

  2) 참 어려운 부분입니다. 이러한 부분에서는 확실하게 딱 잘라서 설명하기가 꽤 어렵습니다. 낭월의 안목으로는 그렇군요. 그래도 최선을 다해 생각을 해보겠습니다.

  우선 일간의 입장을 최대한 고려해서 용신을 찾았다면, 그 나머지는 용신이 알아서 한다는 식으로 정리를 하고 있습니다. 그리고 이 과정에서 가능하다면 본인에게 水 용신인지 火 용신인지에 대한 점을 명확히 해야 할 필요도 있을 것입니다.

  또 결정적으로 水 용신이든 火 용신이든 어느 한 가지를 선택했다면, 나머지는 용신에게 맡긴다는 식으로 생각하고 있습니다. 일간이 계속해서 관여를 하는 것이 아니라는 것이지요. 그래서 용신의 운이 되면 발전을 하고 기신의 운이면 정체되는 것으로 해석하게 됩니다.

일간의 상황에 대해 용신을 통해서 살피는 것이 명리학입니다. 사회성으로 봐서는 일간은 어쩌면 로봇과도 같지 않나 싶습니다. 사회성에 대해서는 그만큼 용신 위주로 움직이고 있다고 보는 것이지요. 다만 개인적인 심리에서는 일간이 단연 우세하고 용신은 참고를 하는 정도로 봅니다.

각기 용도에 따라 작용하는 분야가 다르다고 보는 것입니다. 이상 낭월의 소견입니다.

52 천간의 합충변화는?

```
時 日 月 年
丁 庚 戊 ○
○ ○ ○ ○
```

金·水 상관격입니다. 약간 신약합니다. 시간 정화와 지지에 있는 土를 용신으로 쓰고 있습니다. 이 사주가 계미대운을 만났을 때 대운의 癸와 원국의 丁·戊의 상호관계를 알고 싶습니다.

 크게 흉하게 보이지 않습니다

계수대운이 되면 정화를 극하고 무토와 합하는 작용이 동시에 발생하겠지만, 합이 우선하는 순서는 지켜지고 있는 것으로 보입니다. 그래서 계수대운이 작용하는 기간에는 무토의 보호로 인해 큰 흉은 발생하지 않을 것으로 보이지만 약간 부담은 될 것입니다. 다른 말로 하자면, 기신이 왔지만 무토가 막아줘서 무사히 넘어갔다고 할 수 있겠군요.

 미토가 들어왔을 경우에는 특별한 경우가 아니라면 나쁘다고 볼 수 없겠군요. 지지의 土가 희신이라면, 지지로 미토가 들어왔을 때 원국에 묘목이 있는 경우를 제외하고는 나쁘지 않겠습니다. 다만 세운에서라도 묘목이 겹친다면 믿었던 일이 성사되지 않는 경우가 발생할 수도 있겠습니다.

53 투합으로 볼 수 있나요?

```
時 日 月 年
壬 丁 甲 甲        坤命
寅 亥 戌 寅
```

 일간 정화가 임수와 천간합을 이루고, 일지에 해수가 있어 그 속에 또한 임수가 있으니, 정화가 투합(妬合)을 하는지 어떤지 궁금합니다.
 또한 水가 남편이 되는데, 그렇다면 남편이 좋게 되는지 나쁘게 되는지 궁금합니다. 용신은 金이 되는 것 같은데 월지의 남편자리에 있는 것도 어떠한지 궁금합니다.

 쟁합이라고 하겠습니다만……

 투합은 양간이 좌우의 음간과 합이 되었을 경우에 질투를 한다는 의미에서 붙여진 이름입니다.
 이 경우에는 좌우는 아니지만 그래도 묘하게 정관이 합이 되어 있으므로, 남자끼리 경쟁을 한다는 의미에서 쟁합(爭合)이라고 해야 하겠습니다.

그렇지만 실제로는 별 영향이 없는 것으로 보이므로 큰 문제는 아니라고 봐도 되겠습니다. 木이 많은 사주에서 남편에 해당하는 水가 좋다고 할 수는 없겠습니다. 그리고 그 水가 가까이 있는 것도 약간은 부담이 된다고 보겠습니다.

구태여 선악을 말한다면 약간의 부담이라고 해야 하겠군요. 좋은 쪽이라고 하기는 어렵겠습니다.

Q 54 신약한 사주에서 관성의 희·기 여부

時	日	月	年	
丙	戊	庚	癸	乾命
辰	申	申	卯	
甲	乙	丙	丁	戊	己
寅	卯	辰	巳	午	未

八大運

신월 무토가 金으로 설기하고 있어서 병화를 용신으로 보는 데는 무리가 없다고 생각합니다. 辰은 申·辰이 합수되니 나쁘다고 생각됩니다.

그렇다면 무토를 극한다고 생각되는 木운은 어떻습니까? 戊를 극하므로 나쁘다고 생각할 수도 있겠고, 용신인 병화를 도와주므로 좋다고 생각할 수도 있을 것 같습니다. 선생님의 고견을 듣고 싶습니다.

위치에 따라서 큰 차이가 있습니다

좋은 질문이군요. 우선 관살의 운은 위치에 따라 큰 차이가 있다는 사실을 잘 알고 있어야 하겠습니다.

용신인 인성이 천간에 있다면 천간으로 들어오는 관살은 희신의 역할을 합니다. 그리고 원국에서 인성이 지지에 있다면 지지로 들어오는 관살 역시 희신이 되지요.

다만 문제는 바로 이 경우입니다. 천간에는 인성이 있지만, 지지에는 인성이 없군요.

이럴 경우, 천간으로 들어오는 관살은 희신의 역할을 하겠지만, 지지로 들어오는 木은 金과 분쟁만 일으킬 뿐 아무런 도움도 되지 않아서 오히려 기신이라고 해도 되겠습니다. 이 점을 구분해서 보시기 바랍니다.

55 사해충에 대해 알고 싶습니다

時	日	月	年
壬	壬	戊	庚
寅	辰	子	子

甲	癸	壬	辛	庚	己
午	巳	辰	卯	寅	丑

계사대운에서 용신 寅이 사해충이라 용신이 상하지 않을까요?

무슨 의미인지요?

인목이 사해충이라는 말씀의 의미가 얼른 떠오르지 않는군요. 혹 삼형을 말씀하시는 것인가요?

그렇다면 아무 문제 없겠습니다. 인목이 火를 만나면 오히려 결실이 이루어지지 않을까 싶습니다. 좋은 운이라고 봅니다. 자수의 시비로 인해서 약간의 손실은 예상되지만 결과적으로 좋은 운으로 작용하지 않을까 싶습니다. 다른 의미의 질문이었다면 다시 올려주시기 바랍니다.

56 원국에서 정임합목의 작용은?

時	日	月	年	
乙	癸	壬	丁	乾命
卯	亥	寅	未	
丙	丁	戊	己	庚	辛	八大運
申	酉	戌	亥	子	丑	

일단 신약한 사주라는 판단에서 용신을 水로, 희신을 金으로 보았습니다.

원국에 丁·壬이 합이 됩니다. 편재를 겁재가 합하면 어떤 효과가 있습니까? 재물을 합거(合去)하니 재물운이 없을 것 같기도 하고, 하나뿐인 편재를 합하니 여자운이 없을 것 같기도 합니다. 선생님의 고견을 부탁드립니다.

아무래도 부담이 되겠군요

단지 정임합만 되었다면 기신인 재성을 묶어주므로 오히려 도움이 된다고 하겠지만, 이 경우에는 화목(化木)이 될 가능성이 많은 것으로 보입니다. 그렇게 되면 겁재가 오히려 나쁜 역할을 하게 되는 현상이므로 부담이 된다고 봐야 하겠군요.

구체적인 현상으로는 생각하신 것으로도 충분하겠습니다. 추가로 생각해볼 수 있는 것은 친구나 형제와 동업을 하다가 큰 손실을 입을 수도 있지 않을까 싶은 점입니다. 잘 살펴보시기 바랍니다.

57 재중용겁격에서 기신이 일간과 합될 때의 희·기는?

時	日	月	年
庚	乙	己	戊
辰	卯	未	戌

乾命 一大運

1) 기미월 을묘 일주가 재다신약하여 묘목을 용하고 재중용겁격으로 판단했습니다. 묘미합으로 목국(木局)이 강해지는 것은 좋아 보이는데, 경금이 눈에 거슬리는군요. 일간이 합을 하고 있는데 어떤 영향이 있는지요? 주변의 의견을 듣고 반영하느라 자신의 의사대로 밀고 나가지 못하기 때문에 추진력에 제약이 온다고 생각해야 하는지요?

2) 용신이 인성의 도움을 받지 못해 약하고, 투출된 식상도 없어서 개인 사업에는 문제가 있다고 생각됩니다(현재 국가의 녹을 받고

있으나, 퇴사하여 가족의 도움을 받아 사업을 하려고 생각하고 있습니다). 이렇게 용신은 제대로 얻었지만, 도움이 약하고 식상도 약한 경우에도 개인사업(동업 포함)이 가능하겠는지요? 현재 갑대운으로 넘어가고 있어서인지 심경의 갈등이 많은 것 같습니다.

3) 다음의 사주에서는 용신이 극을 받고 있는데, 그 정도는 서로 차이가 있겠는지요?

時	日	月	年
甲	辛	己	乙
午	酉	卯	卯

辰의 도움을 받는 庚이 卯를 극하는 것보다, 甲을 등에 업은 午가 酉를 극하는 것이 더 강하다고 할 수 있을까요? 천간이 지지를 극하는 것과 지지끼리 극하는 것에 차이가 있는지 생각해보고 싶어서 문의드렸습니다.

 사업은 권할 수 없겠는데요

1) 그렇겠습니다. 잘 보신 것 같군요.

2) 어렵겠습니다. 그저 직장생활에 충실히 임하시는 것이 최선이 아닌가 싶습니다. 사업을 하기 위해서는 어쨌든 식상이 있어야 됩니다.

3) 이 정도라면 유사한 것으로 봐도 되겠습니다. 구태여 구분을 한다면 火가 木의 생을 받는 것이 土가 金의 생을 받는 것에 비해 시간적인 면에서 신속하다는 생각을 할 수 있겠습니다. 그 외에는 큰 차이가 없어 보입니다.

58 관살혼잡이란?

```
時 日 月 年
丁 辛 乙 丁      乾命
酉 巳 巳 酉

己 庚 辛 壬 癸 甲   二大運
亥 子 丑 寅 卯 辰
```

관살혼잡을 쉽게 볼 수 있는데, 흔히 이를 탁하다고 하더군요. 어떤 의미가 있습니까? 정관 네 개나 편관 네 개가 있는 것과 의미가 크게 다른지요?

 억압이 심할 것으로 봅니다

심리적인 영역에서 생각해본 것인데, 혼잡이 되었을 경우 강제적 봉사와 합리적 봉사가 겹치게 되어 일단 의식적으로 혼란이 발생할 가능성이 많은 것으로 봐도 되겠습니다. 한 가지로 되어 있는 경우에 비해서 혼란스러울 가능성이 더 높습니다.

관살혼잡에 대해서 생각해보면 자신의 힘이 부족하다는 점 외에 달리 나쁘다고 볼 필요는 없는 것 같습니다. 『적천수』에 보면, 관성이 약하면 편관이 도와주기를 바라고 편관이 약하면 정관이라도 도와주는 것을 반기는 원리가 있거든요. 이 원리가 당연히 타당하다고 봅니다.

따라서 혼잡을 꺼리는 것은 일간이 약해지는 것에 의해서가 아닐까 생각해봅니다.

Q 59 이렇게 통변해도 될까요?

아래의 명식을 보고 다음과 같이 스님 스타일로 풀어보았습니다. 한 가지 질문만 올리라는 원칙에 벗어날지도 모르지만 한번 봐주시기 바랍니다.

```
        時 日 月 年
        丁 辛 乙 丁          乾命
        酉 巳 巳 酉

    己 庚 辛 壬 癸 甲          二大運
    亥 子 丑 寅 卯 辰
```

1) 용신 주변 : 신금이 관살로 신약한데 인성이 보이지 않아, 일지와 월지에 암장되어 있는 무토를 용신으로 삼았습니다. 약간 답답해 보입니다. 다행히 지금 경대운이라 도움이 되고 앞으로 들어오는 운들도 괜찮군요.

2) 성격 : 일지의 정관은 합리적이고 남에게 봉사하는 마음을 의미하는데 여기서는 기신으로 작용하므로, 봉사하려는 마음은 굴뚝같지만 실행에 옮기기 힘들고 그래 봐야 별것 없더라는 식의 부정적인 생각이 강합니다. 시지와 연지의 비견으로 주체성이 강해 주관이 뚜렷하나, 이 역시 주위에서 극을 받으므로 기를 펴지 못하는군요.

3) 처 : 일지는 기신이지만 그 안의 무토가 용신이므로, 처는 겉으로 보기에는 품질이 떨어지지만 실제로는 훌륭하다고 할 수 있겠습니다(이게 무슨 말인지 저도 잘 모르겠습니다). 처성은 월지의 편재

인데 구신에 해당되니 별도움은 되지 못하는군요.

스님 흉내를 한번 내보려고 했지만 역시 통변이 많이 딸립니다. 별로 해줄 말이 없네요. 그냥 보기에는 사주가 그다지 좋은 것 같지 않다는 느낌입니다. 다만 앞으로 돕는 운이 와서 그나마 다행이라고 여겨질 뿐입니다.
처음에는 보는 사람마다 사주를 봐준다고 받아놨는데, 사주가 좋지 않다고 생각되면 말하기가 무척 곤혹스럽습니다. 어쨌든 이 사주는 사주 자체가 고급은 아니지만 앞으로의 운은 기대해볼 만하다고 말해줘도 돌팔이 소리는 안 듣겠죠?

 흉내도 좋은 공부입니다

1) 그럴싸합니다. 별문제가 없어 보이는군요.
2) 모범답안인 것 같은데요.
3) 잘하셨는데요, 뭘!

올려주신 사주에 대해서는 그렇게 설명을 해줘도 되겠습니다. 잘 보셨다고 생각되네요.
처음에는 통변을 해도 별로 할말이 없어서 용신만 찾아놓고 모호한 표정을 짓는 것이 보통입니다. 그에 비하면 상당히 잘하신 것으로 봐야 하겠네요.
때로는 흉내도 좋은 공부가 된다는 생각이 듭니다. 꾸준히 연습하시기 바랍니다.

Q60 이 사주를 종격으로 볼 수 있을까요?

```
時 日 月 年
辛 戊 癸 甲
酉 申 酉 戌

己 戊 丁 丙 乙 甲     七大運
卯 寅 丑 子 亥 戌
```

위의 사주를 종아격으로 보았습니다. 연지에 술토가 있기는 하지만 신유술방합을 이룹니다. 金·水는 좋고 木·火는 나쁘게 봤는데 맞는지요? 만약 종아생재격이라면 연간의 갑목은 어떤 역할을 할지 궁금합니다.

 정격으로 보는 게 좋겠습니다

교과서(『적천수징의』) 식으로 본다면 종아격이라고 할 것 같습니다. 그러나 경험을 통해서 느끼는 것은 약간 다르더군요. 연지의 술토 때문이지요. 그냥 정격으로 봐야 할 것 같습니다.

그리고 또 한 가지는 관살과 식상이 아름다운 구조를 하고 있지 않으면(대립이 되면) 종아격이 되지 않는 것으로도 나타나더군요. 이 사주는 신약용겁격에 인성의 운이 반가운 것으로 봐야 하지 않을까 싶습니다.

물론 본인의 사주를 대입시켜봐서 인겁운이 나쁘다면 당연히 종아격으로 해야 하겠습니다. 참고하시기 바랍니다.

61 신·경대운의 영향이 궁금합니다

```
時 日 月 年
壬 丙 甲 辛        乾命
辰 子 午 未

庚 辛 壬 癸        十大運
寅 卯 辰 巳
```

전에도 한 번 올렸던 사주입니다(Q26).

오월의 병자 일원이 수화상전(水火相戰)의 양상으로 갑목을 해결사(통관)로 쓰고 있습니다. 행운이 신묘·경인으로 들게 되면, 원국상 다소 있는 탐재괴인(貪財壞印)의 암시를 신·경대운이 더욱 악화시키리라고 생각됩니다.

1) 이런 경우 시간 임수가 설금생목(洩金生木)으로 유통시켜 기신의 영향을 다소 완화한다고 봐도 되는지 궁금합니다.

2) 아울러 신묘·경인은 교과서상 개두(蓋頭)에 해당되어 金운에도 흉이 반감되고 木운에도 길이 반감된다고 볼 수 있는지요?

 부담이 되겠습니다

1) 임수는 좋게 보기 어렵겠습니다. 일간을 극하는 역할이 金의 도움을 받아서 더욱 강화되지 않을까 싶네요. 갑목이 여하튼 유통은 시켜주겠지만, 자신을 돌볼 겨를도 없는데 병화까지 보호하려면 부담이 커진다고 볼 수밖에 없겠습니다. 기대하기 어렵지 않을까

싶군요.

2) 그 점은 사실입니다. 경신·신유대운과는 상당히 큰 차이가 있 겠지요. 절각(截脚)의 金이 엄청난 위력을 발휘하지는 못할 것으로 보입니다. 불행 중 다행이지요. 지지의 운이 木이므로 큰 난관없이 진행되리라고 생각합니다.

62 용신을 木·火로 봐도 될까요?

```
    時 日 月 年
    壬 癸 庚 辛        乾命
    戌 亥 寅 亥

 甲 乙 丙 丁 戊 己
 申 酉 戌 亥 子 丑    一大運
```

저는 이 사주를 신강한 것으로 판단하고, 용신을 木·火로 보았 습니다. 선생님의 고견을 부탁드립니다.

 낭월의 눈에도 그렇게 보입니다

그대로 보시면 되겠습니다.

다만 한 가지, 火가 천간에 나와 있었더라면 더 좋았을 텐데 하는 아쉬움이 남는군요.

Q 63 갑목이 신강하니 신금이 정관의 역할을 할까요?

```
時 日 月 年
乙 甲 己 乙
亥 申 卯 亥
```

『자평진전평주』「용신변화론」에 등장하는 사주입니다. 여기에서 설명하기를, 양인격으로서 묘신 속의 을경암합 작용으로 흉이 길로 변했다고 했습니다.

제가 보기에는, 신강한 갑목은 살의 극을 받는 것이 오히려 길하지 않을까 싶습니다. 또 이런 경우에는 살을 관으로 생각할 수 있지 않을까요?

그리고 木운에서 대성했다 하니 더욱 이해가 안 됩니다. 가르침 부탁드립니다.

 이름에 매이지는 마세요

질문하신 내용을 보면, 편관은 나쁘고 정관은 좋다는 느낌이 포함되어 있는 것 같군요. 이것이 바로 사길신(四吉神)·사흉신(四凶神) 하는 의미로 받아들이는 경우입니다.

편관은 편관대로의 일이 있고, 정관은 정관대로의 일이 있다는 사실을 인식하는 것이 바람직하지 않을까 싶습니다. 그러니까 이 경우에도 편관이 그대로 용신일 뿐이지, 정관의 역할을 대신한다는 식으로 복잡하게 기억할 필요가 없다는 것이지요. 다른 경우도 마찬가지로 기억하면 되겠습니다. 참고하시기 바랍니다.

이 사주에서 편관은 대단히 중요한 용신이므로 좋은 역할을 하고 있습니다. 아마도 사회적으로 살신성인의 노력을 해서 남에게 존경받을 가능성이 높다고 보면 적절하지 않을까 싶네요. 이것은 정관으로서는 행하기 어려운 편관만의 몫이거든요. 참고하시기 바랍니다.

64 신약이 맞는지요?

```
時 日 月 年
己 丁 庚 己      乾命
酉 巳 午 酉

甲 乙 丙 丁 戊 己   二大運
子 丑 寅 卯 辰 巳
```

이 사주는 신왕재왕하다고 생각됩니다. 그런데 신약인지 신강인지 구분이 잘 되지 않는군요. 사유가 金으로 되면 신약이 될 것도 같습니다.

저는 신약으로 생각하는데, 선생님의 고견 부탁드립니다.

 점차 약해짐, 결론은 신약이군요

만만치 않은 사주입니다만, 잘 보셨군요. 약간 약한 것으로 봐야 하겠습니다. 그래서 火가 좋을 것으로 생각됩니다.

약하다고 보는 중요한 이유는, 金은 인성이 있는데 火는 인성이 없다는 점입니다. 비록 월령을 잡았다고는 하지만 이내 가을이 온다는 것을 생각하면 火는 비상이라도 걸어야 할 것 같습니다.

Q 65 7급으로 봤는데 어떤가요?

```
時 日 月 年
丁 庚 癸 丁      坤命
亥 辰 丑 巳
```

이 사주에서 용신은 정화가 되는 것 같고 등급은 7급쯤 되는 것 같은데, 어떤가요? 용신이 남편이 되므로 남편복은 있다고 해야 하나요?

A 약간 부족해 보이는군요

잘 보셨는데요, 火가 너무 약합니다. 그래서 7급에는 약간 부족하지 않을까 싶습니다. 8급에는 넉넉하다고 하겠습니다. 다만 운이 좋으므로 결국은 두어 단계 상향 조정이 되겠습니다. 기본적으로 남편의 협조를 얻는다고 봐야 하겠군요. 잘 보셨습니다.

Q 66 너무 혼란스럽습니다

『적천수』를 읽으려다가『자평진전평주』가 더 기본이라고 해서 이 책을 공부하고 있는 중입니다.

스님의 책으로 공부한 후에는 주로 억부법을 이용하여 용신을 정하고 용신의 동향을 중심으로 나름대로 길흉을 판단해보았습니다. 그런데 이 책에는 월령을 중심으로 용신과 격국을 정하고 격국의 성패를 논합니다.

이렇게 보면 이렇고, 저렇게 보면 저렇고 너무 혼란스럽습니다. 스님의 가르침 부탁드립니다(학문하는 길에 대한 스승님의 가르침 부탁드립니다).

 혼란을 거치지 않고는 상승할 수 없지요

혼란스러운 것은 문제가 아니지만, 그 과정에서 답을 구하지 못했을 경우는 큰 문제라고 봅니다. 바로 그러한 시기에 필요한 것이 스승이겠지요. 서로 엇갈리는 문제로 충돌이 있을 때에 기준이 없다면 공부를 하지 못할 것입니다.

『자평진전평주』가 중요한 것은 사실이지만, 이미 낭월의 책을 보고 계신다면 구태여 볼 필요가 없다고 봅니다. 나중에 한가할 때 참고 정도로 하시고, 우선은 『적천수』를 위주로 공부하면 되리라고 생각되는군요.

〈낭월명리학당〉에서도 『적천수』 강의만 하고 있습니다. 『자평진전평주』는 질문하신 것 외에도 여러 면에서 혼동이 될 염려가 있다고 보기 때문입니다.

그렇다고 해서 몰라도 되는 것은 아닙니다. 나중에 여유가 생길 때 예전에는 무엇으로 법도를 삼았는지 살펴보는 작업은 큰 의미가 있을 것입니다. 다만 지금 당장은 보실 필요가 없다고 생각되는군요.

67 운은 일의 원인과 결과 중 무엇입니까?

모든 일에는 원인과 결과가 있습니다. 가령 재물운이 있다면 재물이 모일 계기가 된 사건과 재물이 들어오는 결과 중 어느 것에 운이 있는 건지요?

또한 대운의 흉한 작용으로 인해 큰 병을 앓아 쓰러질 수도 있습니다. 그런데 병이라는 것은 몇 년을 두고 서서히 세력을 확장하는 경우(특히 암)가 많습니다.

흉한 대운은 병이 발생한 때를 나타냅니까, 아니면 쓰러져서 그 병을 인식한 때를 의미합니까?

 원인과 결과 중에서는 결과 쪽이겠지만……

원인이냐 결과냐를 명확하게 언급하기는 매우 어렵습니다. 운에서 시작되고 운에서 매듭이 지어지기 때문이지요. 즉 운은 원인과 결과를 모두 포함한다고 보는 것이 좋겠습니다.

흉운에는 흉한 결과가 날 것이고, 이 시기를 잘 활용한다면 또 좋은 결과의 시작이 될 수도 있습니다. 즉 흉운에 고생을 한 것이 길운에 결실로 나타나기 때문이지요. 또한 길운에서는 결실을 맺어서 뜻을 이루는 것이 보통입니다만, 더러는 길운에도 술과 여자를 탐해 나쁜 시작을 만들기도 합니다. 그 결과는 흉운에서 나타나겠지요. 이렇게 길운과 흉운으로 나눠서 생각을 해본다면 서로 양면성이 있다는 생각이 드는군요.

의미심장한 발상이 좋습니다. 사색의 계절이라는데 더욱 많이 생각하시기 바랍니다.

68 사주의 등급이 궁금합니다

時	日	月	年
癸	戊	丙	癸
丑	午	辰	酉

이 사주의 용신은 계수라고 생각되는데, 등급은 어떤지요? 무관 사주라 남편복이 없을까요?

 좋군요. 7급은 되어 보입니다

진월의 무오 일주는 水가 좋아 보이는군요. 잘 보신 것으로 생각됩니다. 아울러 용신이 힘도 있는 것으로 봐서 7급 정도로 볼 수 있겠군요.

그리고 남편은 辰 속에 있는 을목인데, 길흉간에 작용을 하지 않는 인연이어서 좋다고는 하기 어렵겠습니다. 암장된 것마저 없다면 용신이 남편이 되겠는데, 이렇게 있을 경우에는 그대로 남편으로 봐야 한다는 생각입니다.

69 세운의 희·기를 보는 법

낭월 스님 안녕하세요? 세운을 볼 때 천간과 지지 중 어느 것을 중요하게 봐야 하나요? 고전에 대운은 지지를 중요시하고, 세운은 천간을 중요시한다는 글을 읽은 것 같은데요.

 요즘은 간지를 전·후반으로 나눠서 보기도 합니다

원래는 천간을 중히 보라는 글이 있지요. 그런데 실제로 임상을 해보면 간지를 함께 참고해서 봐야겠더군요. 그리고 100퍼센트 확실하다고는 못하겠지만, 전·후반으로 나눠서 봐도 영 엉터리는 아니더군요. 그러니까 금년(1998년) 같으면 전반부는 무토를 참고하고 후반부는 인목을 참고하는 형식이지요. 그리고 결론은 게임을 다 치른 다음에 이기는 자의 결론으로 판정을 하면 되는 것입니다. 예를 든다면 다음과 같겠네요.

갑술년 : 갑목이 힘이 없으므로 술토가 우세하다. 따라서 土가 용신인 사람은 별탈이 없고, 木이 용신인 사람은 헛다리를 짚게 된다.

병자년 : 자수가 강하므로 火를 믿었던 사람은 낭패를 보게 된다. 水가 용신인 사람은 나쁘지 않다.

임신년 : 金·水가 필요한 사람은 상당히 좋겠지만, 木·火가 필요한 사람은 매우 나쁘다. 특히 水가 좋은 사람이 유리하겠다.

이런 식의 통변이 가능하겠습니다. 그렇지만 몇 마디로 말씀을 드리기는 어려우므로 스스로 다양한 임상을 해보시기 바랍니다.

70 용신격 간 격국의 고저와 특색이 궁금합니다

안녕하세요. 최근 〈명리자료실〉의 '사주 시스템'을 보고 있습니다. 그 동안 개인적으로 궁금했던 여러 가지 의문들을 해결할 수 있어서 참 유익했습니다.

그 중에서도 복잡한(?) 고전 격국들을 일소하고, 사주의 상황과 용신을 쉽게 이해할 수 있는 '용신격'의 정리는 그야말로 백미로, 전적으로 동감하는 참신한 대목이었습니다. 그런데 이 용신격과 관련하여 몇 가지 의문이 생겼습니다.

첫째, 스물세 가지 용신격들 간에 일반적인 관점으로 보았을 때 '과연 어느 격이 가장 좋고, 어느 격이 가장 나쁘냐?' 하는 격국 간의 고저(등급)에 대한 의문이었습니다.

격국의 고저를 논하려면 물론 원국상 배치에 의한 '오행의 생극제화'와 '행운'을 감안하여 종합적으로 논해야 하는 것이므로 별개의 문제가 될 수도 있으리라 생각합니다만, 억지로(?) 나누어본다면 다음과 같이 생각해도 되겠는지요.

1) 상격 : ① 진종(眞從), 진화(眞化), 식신생재(食神生財), 상관패인(傷官佩印), 살인상생(殺印相生)

　　　　② 인중용재(印重用財), 상관용인(傷官用印), 재중용겁(財重用劫), 살중용인(殺衆用印)

2) 중격 : ① 정편관(正偏官), 식상관(食傷官), 재자약살(財滋弱殺), 살인상정(殺刃相停), 식신제살(食神制殺)

　　　　② 인중용관(印重用官), 상관용겁(傷官用劫), 재중용인(財重用印), 살중용겁(殺重用劫), 신약용인(身弱用印), 가종(假從), 가화(假化)

3) 하격 : 군겁쟁재(群劫爭財), 탐재괴인(貪財壞印)

　둘째, '각각의 용신격이 나타내는 특색은 무엇인가?' 하는 점입니다. 예를 들어 '식신생재는 호운을 만나면 돈을 많이 벌 수 있고, 살인상생은 이름을 높일 수 있다' 라는 말이 있는데, 각 용신격들이 기본적으로 암시하는 바는 과연 무엇일까요?

　셋째, '같은 용신격 내에서도 오행의 변화에 따라(예를 들어 갑목 일주의 식신생재와 임수 일주의 식신생재) 어떤 차이가 있을 수 있을까' 하는 막연한 의문입니다. 너무 길게 질문드려 죄송합니다.

 이름은 어디까지나 이름일 뿐입니다

　이름은 정리를 하다 보니까 발생한 것이지, 이름 자체가 큰 의미를 갖고 있는 것은 아닙니다. 따라서 이름으로 구분을 하기보다는 전체적인 상황에 관심을 갖고 오행의 흐름을 읽는 것이 더 중요하지 않을까 싶네요.

　물론 말씀하신 내용이 전혀 근거가 없는 것은 아닙니다. 그 예로 신약용인격보다는 관인상생격이 더 좋다고 할 수도 있습니다. 그러나 관인상생격이라고 하더라도 재성이 어떻게 되어 있느냐에 따라 신약용인격보다도 오히려 못할 수 있으므로, 이렇게 간단하게 생각하는 것은 곤란하겠습니다. 또 재중용겁격은 가난한 사주라고들 하지만, 운을 만나면 떼돈을 버는 사주가 바로 이 재다신약이기도 합니다.

이런 상황을 생각해서 구체적으로 그 사주에 어울리는 기준을 세우는 것이 좋겠다고 봅니다. '사주 시스템'이 도움이 된다니 더없이 감사드립니다. 많이 활용하시기 바랍니다.

Q 71 월운의 희·기 보는 법을 알고 싶습니다

월의 천간을 전반 15일, 월의 지지를 후반 15일로 보는지 아니면 간지를 함께 참고하는지요? 위천리 선생의 『명학강의』에서 월의 지지는 고정되어 있으므로 천간을 중요하게 봐야 한다는 내용을 읽은 것 같은데요.

A 함께 보고 있습니다

월운을 전·후반으로 나눠서 보지는 않습니다. 지지는 고정되어 있으므로 천간을 중요시한다는 말이 지지는 무시해도 된다는 의미는 아닐 것입니다.

지지의 상황에 따라서 변화가 있는 사람도 있을 수 있습니다. 가령 아이스크림 장수라든지 스케이트장 사업자는 아무래도 지지의 영향을 많이 받는다고 봐야 하지 않겠습니까. 그냥 함께 보는 것이 좋지 않을까 싶습니다.

72 용신의 합충에 대해 알고 싶습니다

時 日 月 年
丁 庚 壬 甲
亥 寅 申 辰

월지 申이 용신으로 보여집니다만, 인신충이 되고 신진반합·해인합이 되어 복잡하게 생각됩니다. 또한 이 사주의 등급을 알고 싶습니다.

 월지에 있는 용신은 좋지요

용신이 월지에 있으므로 힘이 있다고 볼 수 있겠습니다. 인신충이 되므로 용신의 역할이 더욱 돋보이는군요. 없는 것에 비해서는 좋은 충이라고 해야 하겠지요. 그러나 충이 있는 것을 좋게 봐야 한다는 게 약간 아쉽네요.

신진합은 무효입니다. 해인도 고려하지 않습니다. 용신이 火를 보지 않아서 다행입니다.

등급은 중격 정도는 되지 않을까 싶습니다. 한 6급 정도? 충이 아니면서 흐름이 발생했다면 더 좋았겠지요. 운이 좋다면 상당히 발할 수 있는 사주라고 생각됩니다.

73 60점짜리 궁합으로 보이는데요?

```
時 日 月 年
壬 己 乙 戊      乾命
申 亥 丑 申
```

```
時 日 月 年
庚 癸 戊 庚      坤命
申 亥 子 戌
```

남자 사주는 용신이 火로 보이는데 火가 없으므로 土로 잡고, 여자 사주도 火가 필요한 것 같은데 火가 없으니 土로 잡아야 할 것 같습니다.

궁합으로 따진다면 남자는 손해고 여자는 이익으로, 한 60점쯤이 될 것 같은데, 어떤지요? 가르침 부탁드립니다.

 등외 같은데요

무조건적이라고 해도 좋을 정도로 일간끼리의 대립은 문제가 됩니다. 실격이지요.

남자 입장에서는 그래도 극하는 입장이기 때문에 20점 정도 되겠고, 여자의 경우에는 용신이기는 하지만 자신을 극하기 때문에 30점 정도 되겠습니다. 물론 실격이지요.

Q 74 이 사주의 용신과 등급은 어떤지요?

```
時 日 月 年
癸 庚 辛 己        坤命
未 寅 未 巳
```

득령과 득세를 했으므로 일단은 신강으로 볼 수 있겠습니다. 용신은 시간의 계수인 것 같지만 미토에게 극을 당하고 있고(그 미토 또한 일지에게 극을 당합니다), 일지의 인목을 쓰려니 월간의 신금이 걸립니다. 어떻게 보십니까? 등급은 어느 정도나 될까요?

 상관 용신에 8급 정도?

잘 보셨습니다. 특히 설하는 것이 좋습니다. 木은 土를 제어하지 못하는 것으로 봐서 중요도가 떨어지겠지만 용신을 보호하는 차원에서 고려를 해야 하겠군요. 상관을 용신으로 하고, 그 상관이 앉은 자리가 불편하므로 8급 정도로 보아야 할 것 같습니다.

Q 75 충이 좋은 경우란 어떤 때입니까?

"인신충이 되므로 용신의 역할이 더욱 돋보이는군요. 없는 것에 비해서는 좋은 충이라고 해야 하겠지요. 그러나 충이 있는 것을 좋게 봐야 한다는 게 약간 아쉽네요."

Q72의 스님의 답변 중 이 부분은 이해가 잘 되지 않습니다. 보충 설명을 부탁드려도 될지요?

충도 약이 되면 좋지요

보통은 충을 싫어합니다만, 때로는 그 충으로 인해 살아나는 경우도 있습니다. 그래서 합충(合沖)이 어렵다고 하는 것이겠지요. 이 경우에도 충이 있어서 설하는 식신이 제어를 당하므로 덜 설하게 된다고 볼 수 있습니다.

그렇지 않으면 줄줄이 빠져나갈 테지만, 이렇게 제어를 당하다 보니까 설하는 힘이 절반 정도로 줄어든다고 보는 것입니다. 이해가 되시는지요?

76 궁합은 용신보다 일간이 더 중요한가요?

時	日	月	年
庚	癸	戊	庚
申	亥	子	戌

坤命

이 사주에서 용신이 무토이니까 남편의 일간이 무토가 되는 것보다, 계수와 상생이 되는 木이나 金이 좋은지요? 즉 결혼을 할 때 상대편의 일간이 자신의 용신이 되면 좋다고 하셨는데, 만약 용신이 자신의 일간과 극이 될 때는 어떻게 판단을 해야 하나요?

 현실과 이론의 갈등이지요

이론적으로는 용신에 해당하는 사람이면 좋다고 보는데, 현실적으로는 그보다 서로 상생이 되어야 오순도순 행복하게 사는 것을 많이 보게 됩니다. 그러니까 사랑을 위해서 실리는 포기할 수도 있다고 해석할 수 있을까요?

사람에 따라서 다르기는 하겠지만, 현재까지 낭월이 생각하기에는 비록 관살이 용신일지라도 일간은 인성이나 식상이 되는 쪽이 오히려 더 편안한 가정을 꾸리게 되는 경우를 많이 보게 되는군요.

77 식상과 재성만 있는 사주입니다

한 여성의 사주가 궁금해서 고민하는데, 답이 나오지 않는군요.

```
   時 日 月 年
   庚 丁 己 庚      坤命
   戌 酉 丑 戌

   癸 甲 乙 丙 丁 戊   二大運
   未 申 酉 戌 亥 子
```

축월의 정화가 실령·실지·무세력으로 신약한데, 주변에 인성인 木은 없고 식상과 재성만 보입니다. 다행히 연지·월지의 술토에 정화가 있지만 무력하게 느껴지고요. 월지·일지가 유축반합이라 金의 세력이 강하게 느껴집니다.

1) 위의 명조에서 월지 술토의 지장간에 있는 정화를 용신으로 봐야 하나요, 아니면 종격으로 봐야 하나요?
2) 여성의 사주에 식상과 재성만 있는데, 가족관계(육친법)를 분석할 수 있는 방법은 무엇일까요?

우선은 戌 중 정화를 보고요……

1) 교과서적으로 말씀드린다면 종아격으로 봐야겠지만, 낭월의 임상 경험을 바탕으로 본다면 戌 중의 정화를 용해야 하지 않을까 싶습니다. 그러나 이 경우에는 간단하게 말씀드릴 수가 없겠습니다. 참 어려운 사주로군요.

이런 경우에는 임상이 중요합니다. 그래서 갑술년(1995년)을 잘 보내셨으면 木·火로 보고, 고생을 하셨으면 土·金으로 가지요. 이게 가장 현실적이고 신속한 방법이라고 할 수 있겠습니다.

2) 자식은 그냥 식상으로 보고, 남편은 축토 속의 편관이라고 하면 되겠습니다. 월지에 뿌리를 두고 있어서 은근히 왕해 보이는군요. 어머니에 해당하는 인성이 없으므로 거론하지 않는 것이 기본이겠군요. 이 정도로 보면 되지 않을까 싶습니다.

78 일진(일운) 보는 법을 알고 싶습니다

일의 간지가 희·용신에 해당되면 일진이 좋다고 하나요? 전에 어떤 글에서 일의 간지를 십성에 대입하여 희·용신에 관계없이 설명하는 경우도 본 적이 있는데요. 예를 들면 '오늘은 상관일이니 시비가 발생하거나 안 좋은 일이 발생하겠다'는 식으로 말이죠.

 그렇습니다. 용신일인가만 보지요

십성에만 대입해서 설명하는 것도 맞습니다. 다만 그 결과에 따른 길흉 분석은 역시 용신을 대입해야 가능하겠지요?

일진은 그냥 부담없이 보는 것으로 생각하기가 쉬운데, 이게 또 무시를 해도 좋을 정도는 아닌 것 같습니다. 임상을 해보면 뭔가 연결이 되는 것을 느낄 수 있을 것입니다.

가령 굉장히 열을 받고 나서 우연히 달력을 보면 일진이 기·구신에 해당하는 경우가 거의 대부분(약 80퍼센트 이상)이거든요. 인정하기는 좀 그렇지만 무시할 수만도 없는 것이 일진이 아닌가 생각합니다.

Q79 용신이 발할 수 있는 시기는?

```
        時 日 月 年
        壬 壬 戊 庚       乾命
        寅 辰 子 子
    62 52 42 32 22 12 2
        乙 甲 癸 壬 辛 庚 己
        丙 午 巳 辰 卯 寅 丑
```

대운에서 용신 寅이 발할 수 있는 시기를 47세 사대운에서 61세 오대운까지로 봐도 좋을까요?

 그렇겠습니다

그 운이면 마음먹은 대로 되겠습니다. 갑목대운은 약간 부담이 되기는 하겠지만, 경금이 있으므로 무사히 진행될 것으로 여겨지는군요. 잘 보셨습니다.

80Q 충이 되어도 용신으로 쓸 수 있나요?

	時	日	月	年	
	乙	戊	甲	戊	乾命
	卯	辰	寅	申	
庚	己	戊	丁	丙	乙	二大運
申	未	午	巳	辰	卯	

이 사주는 진대운에는 좋았고 정사대운에는 좋지 않았습니다. 목 기가 왕하니 용신을 신금으로 잡으려 했으나 인신이 충입니다. 또 달리 보면 신진이 합이 될 수도 있구요. 이럴 경우에도 연지의 신금을 용신으로 쓸 수 있습니까?

 물론이지요

중요한 것은 충이 된 것을 용신으로 써야 하느냐 말아야 하느냐는 것이지요? 이 문제는 간단합니다. 충이 되었든 합이 되었든 간에, 다른 글자를 용신으로 쓸 수 없다면 그대로 용신으로 써야 합니다. 그래서 나오는 말이 "용신이 충되었다 또는 충맞았다", "용신이 합되었다 또는 합거했다" 하는 것이지요. 이것은 얼마든지 가능합니다. 물론 충을 맞은 것보다는 충을 하고 있는 것이 훨씬 나을 것 같군요.

그러나 용신은 土로 봐야 하지 않을까 싶습니다. 참고하시지요.

81 火가 용신으로 보이는데요?

```
        時 日 月 年
        甲 庚 癸 丁        坤命
        申 辰 丑 未

    己 戊 丁 丙 乙 甲      八大運
    未 午 巳 辰 卯 寅
```

이 사주에서는 木을 용신으로 봐야 할까요, 아니면 火를 용신으로 봐야 할까요? 조후를 따져서는 火를 용신으로 볼까 하는데, 선생님의 의견은 어떠신지요?

 그렇게 보이네요

火가 좋아 보입니다. 좀 아쉬운 형상이기는 합니다만, 운세가 다행히 남으로 흐르는 것으로 봐서 좋아질 수도 있다고 보이네요. 잘 보셨습니다.

82 신약이라고 판단하신 이유는?

```
        時 日 月 年
        庚 丁 甲 戊       乾命
        子 丑 寅 戌
```

```
庚 己 戊 丁 丙 乙     二大運
申 未 午 巳 辰 卯
```

이 사주는 예전에 올렸던 사주입니다(Q29).

제가 보기에 인월의 정화는 약하지 않다고 생각되고 인술이 반합이 되므로 신강하다고 생각합니다. 그리고 자축이 金을 생조하므로 재왕도 된다고 생각되는군요. 실제로 진대운이 나쁘지 않았다고 합니다(명문대 진학).

선생님께서는 신약이라고 판단하신다고요. 『자평진전』이라는 책을 보니 경금이 갑목을 부숴서 정화를 도와준다(벽갑생화)고 되어 있더군요.

선생님께서 신약이라고 판단하신 이유를 알고 싶습니다.

 그래도 약간 약해 보이는데요

우선 경금이 木을 깨어 火를 생해준다는 말은 좀 어색한 것 같습니다. 천연의 木은 그대로 천연의 火를 생해주도록 되어 있다고 생각하기 때문이지요.

경금이 木을 깨어 火를 생한다는 발상은 물질적인 부분에 집착해서 생긴 견해가 아닐까 싶습니다. 조금만 깊이 생각해보면 그 의미를 이해하실 것으로 생각됩니다.

다음으로 진대운에 나쁘지 않았다는 이유만으로 확실하게 신약하지 않다는 것을 증명할 수는 없다고 봅니다. 만약 신대운에서도 잘 지냈다면 또 모르겠지만, 그 외의 운은 인목을 어떻게 하기가 어렵지 않을까 싶군요.

또 낭월은 월주의 木이 아니고는 정화가 의지할 곳이 없다고 봅니다. 특히 중요한 것은 정축일이라는 점이군요. 설기가 너무 심합니다. 정미만 되어도 그런대로 저울질을 한번 해보겠지만, 이 상황에서는 약하다고 봐야 하지 않을까 싶군요. 좀더 생각해보시기 바랍니다.

83 신미대운에서의 운은 어떻게 될까요?

時	日	月	年	
辛	庚	乙	戊	乾命
巳	戌	丑	寅	
辛 己 戊 丁 丙				八大運
未 午 巳 辰 卯 寅				

(위 표는 원문 형태를 살린 것)

時　日　月　年
辛　庚　乙　戊　　　乾命
巳　戌　丑　寅

辛　庚　己　戊　丁　丙　　八大運
未　午　巳　辰　卯　寅

이 사주는 축월의 경금이 우선 조후를 필요로 하기 때문에 火를 용신으로 써야 하지 않을까 생각됩니다. 그래서 사화를 용신으로 삼으려고 하는데, 그러면 신미대운에서 未의 영향은 어떻습니까? 양토라서 좋은 운으로 보려고 해도 미토가 신강인 경금을 생하는 게 아닌가 싶어 확실히 좋다고 할 수가 없을 것 같습니다. 그렇다고 아주 나쁜 운도 아닌 것 같고요.

 잘 보셨네요, 한신입니다

추가로 더 말씀드리지 않아도 되겠습니다. 보신 그대로입니다. 희·기에 별로 작용하지 않을 것으로 봅니다. 무난하다고 보면 되겠습니다.

Q84 시간을 모르는 사주에 대해 알고 싶습니다

```
        時 日 月 年
        ○ 癸 癸 癸        乾命
        ○ 未 亥 卯

      丁 戊 己 庚 辛 壬    九大運
      巳 午 未 申 酉 戌
```

이 사주는 시(時)를 모릅니다. 그래서 시를 추정해보려고 머리를 써보았습니다.

임술대운에 고등학교에서 전교 1~2등을 했고, 신대운 초기에 S대 법학과에 입학했으나 고시에는 뜻을 두지 않았으며, 유대운 말에 영국 명문대에 유학하여, 신대운에 초에 H대 교수로 임용되었읍니다.

사주의 고저청탁을 따지고 관운을 따져서 무슨 시인지를 알아보려고 노력해보았으나 초보수준으로는 알 수가 없군요. 스님의 추명으로 시간을 알 수는 없는지요?

 역시 어려운 문제로군요

어찌어찌 꿰어맞출 수는 있겠지만, 그러면 그 문제로 인해 또 다른 의문이 생기기 때문에 연구의 자료로는 제외시키는 것이 좋다고 봅니다. 만약 이분이 추명을 의뢰한다면 그때에나 생각을 해보는 게 좋겠습니다.

무한히 많은 변수에 대해서 모두 다 생각해본다는 것은 시간과

에너지를 많이 낭비하는 우를 범할 수도 있다고 생각됩니다. 연구 자료로는 일단 제외시키시기를 권합니다.

Q 85 술토를 용신으로 볼 수 있나요?

時	日	月	年	
乙	丁	辛	庚	乾命
巳	巳	巳	戌	

50	40	30	20	10	0
丁	丙	乙	甲	癸	壬
亥	戌	酉	申	未	午

정화가 사월에 태어나 더운 형국이라, 득령·득지·득세하여 매우 신강합니다.

조후나 억부 모두 水를 필요로 하나, 지장간을 파봐도 물을 찾을 수가 없군요. 그래서 설해줄 곳을 찾으니 연지에 土가 있어 용신으로 삼고자 합니다(상관격).

그런데 술토는 불의 고지라 어떻게 보면 이미 불로 화한 듯해 보입니다. 이 경우 술토가 용신이 될 수 있는지요? 제 견해로는 술토가 용신인 것 같습니다. 왜냐하면 20대운 갑신의 갑술년에 폐에 관계되는 수술을 받았거든요. 갑목이 용신 술토를 극하고 木의 기운이 갑경충을 두 번 때리니 폐[金]에 질병이 생겨 수술을 한 듯해서 말이지요.

스님의 고견 부탁드립니다.

어렵겠습니다. 金·土라고 하는 게 좋을 듯싶네요

연구를 많이 하셨군요. 좋습니다. 그렇게 하다 보면 확실한 결론에 더욱 가까워지실 것입니다.

술토가 용신이 될 수는 없습니다. 미토도 마찬가지겠고요. 그래서 그냥 金으로 용신을 삼고, 습토는 희신으로 하는 게 좋겠습니다. 폐를 수술했다는 사실로 어떤 결론을 내리는 것은 좀 부담스럽군요. 좀더 두고 관찰해보시는 게 좋겠습니다.

86 두 사람의 궁합은 몇 점입니까?

```
時 日 月 年
戊 丙 丙 己        乾命
戌 寅 子 酉
```

```
時 日 月 年
庚 癸 戊 庚        坤命
申 亥 子 戌
```

두 사람의 사주에서 일간이 서로 극하기는 하나, 남자의 경우 자월이지만 인목도 있고 병화도 있으니 신강으로 水를 필요로 하고, 여자 사주는 火를 필요로 하니 서로 어울릴 것 같습니다.

점수로 보면 남자는 70점, 여자는 80점 정도 될 것 같은데 어떤지 궁금합니다.

일간의 극은 무조건 50점 이하입니다

　용신의 개념으로 본다면 말씀하신 점수가 타당합니다. 거의 틀림없는 것으로 보면 되겠습니다. 그러나 남자가 견디지를 못할 것 같군요. 계해 일주를 어떻게 감당할지 염려됩니다. 그냥 사귀는 것은 좋지만, 결혼상대로는 실격인 것 같습니다.

　결혼생활은 오랜 기간을 유지하는 것이기 때문에 서로가 필요로 하는 부분이 중요한 것도 사실이지만, 그보다는 더욱 구체적이고 본능적인 부분이 크게 부각되는 법입니다. 용신은 사회적인 부분인 반면 일간끼리의 대비는 좀더 본능적이지요. 교육과 도덕이 개입되지 않는 부분이니까요.

　그래서 불가하다고 보는 것입니다. 혹 주변에 모델이 있다면 직접 관찰해보는 것도 좋은 공부가 될 것입니다.

87 지지의 未의 작용은 어떻습니까?

```
時 日 月 年
乙 辛 癸 丁       乾命
未 未 卯 未

丁 戊 己 庚 辛 壬   一大運
酉 戌 亥 子 丑 寅
```

　이 사주는 卯 · 未가 목국을 이루므로 목세가 왕한 것으로 판단됩니다. 그래서 신약이라고 판단하고 土를 용신, 金을 희신으로 보는

데는 별무리가 없습니다.

그런데 지지에 未가 세 개 있습니다. 이럴 경우에 卯와 합하는 未는 어떤 것이고, 실제로 이 사람에게 未는 어떤 작용을 하는지요?

 참 묘하게 생긴 구조네요

어쩌면 이렇게 묘하게 생겼을까요? 여하튼 이렇게 봐야 하겠습니다. 연지의 미토는 정화의 뿌리, 일지의 미토는 신금의 뿌리, 시지의 미토는 을목의 뿌리.

Q 88 남녀 일간이 서로 상생이 되면 속궁합이 좋다?

時	日	月	年	
戊	丙	丙	己	乾命
戌	寅	子	酉	

時	日	月	年	
庚	癸	戊	庚	坤命
申	亥	子	戌	

이 남녀의 궁합에 대한 질문(Q86)의 답변에서 "……그러나 남자가 견디지를 못할 것 같군요. 계해 일주를 어떻게 감당할지 염려됩니다. …… 결혼생활은 오랜 기간을 유지하는 것이기 때문에 서로가 필요로 하는 부분이 중요한 것도 사실이지만, 그보다는 더욱 구체적이고 본능적인 부분이 크게 부각되는 법입니다. 용신은 사회적

인 부분인 반면 일간끼리의 대비는 좀더 본능적이지요"라고 하셨는데, 여기서 구체적이고 본능적인 부분이 부각된다고 하신 것은 속궁합(성적인 것)을 의미하는지요?

즉 일간이 서로 상생되면 속궁합이 좋다는 얘기인지요? 그리고 남자가 견디지 못한다는 것은 구체적으로는 어떠한 형태로 나타나는지 궁금합니다.

 확대해석이 될 수도 있겠습니다

글쎄요, 그렇게까지 생각하는 것은 무리가 아닐까 싶네요. 성(性)적인 능력은 오행에서 금수지기가 많으면 강하다는 말도 있지만, 유전적인 문제나 체질적인 문제도 포함되기 때문에 한마디로 잘라 말하기는 어렵지 않나 싶습니다.

그 부분에 대해서는 낭월로서도 잘 모르겠다는 말씀밖에 드리지 못하겠군요. 주변에서 좋은 자료를 찾아보시기 바랍니다.

89 인사신삼형의 희·기에 대해 알고 싶습니다

時	日	月	年	
戊	乙	甲	戊	乾命
寅	巳	寅	申	
庚	己	戊	丁	丙	乙	
申	未	午	巳	辰	卯	十大運

이 사주는 신강하다고 판단되어 火·土를 용신으로 보려고 합니

다. 지지에 인사신이 있는데, 이것이 이 사람에게 좋게 작용하는지 나쁘게 작용하는지를 알고 싶습니다. 단순히 나쁘게 작용한다고 보기가 쉽지 않습니다. 선생님의 의견 부탁드립니다.

 삼형의 의미는 고려할 필요가 없다고 봅니다

인신충은 유효하게 보지만, 인사형은 무효로 봅니다. 단지 목생화만 존재하는 것으로 봅니다. 물론 인신충이 좋은 것은 아닙니다만, 이미 신왕하기 때문에 큰 문제가 되지는 않을 것으로 보이는군요. 목생화가 잘 이루어져서 좋다고 생각됩니다. 그렇게 나쁜 것으로 보이지는 않는군요.

90 합충의 원리에 대한 궁리

時	日	月	年
壬	丁	丙	辛
寅	亥	申	未

時	日	月	年	
己	丙	戊	丁	乾命
亥	寅	申	未	

壬	癸	甲	乙	丙	丁	
寅	卯	辰	巳	午	未	七大運

지지의 합충을 공부하려고 하니 제 사주가 역시 제격이군요. 앞

의 사주는 『자평진전평주』 「합충」에 나오는 사주인데, 亥·未가 申 때문에 목국이 되지 않고, 亥가 인신충을 완전히 해소하지는 않았다고 합니다.

　여기서 잘 이해되지 않는 점이 있는데, 합이 충을 해소하는 것이 일률적이지 못하다는 점입니다. 제 사주에서 亥·未가 요합이 되는지, 또는 寅·亥가 합이 되어서 인신충을 해소하는 것인지, 아니면 亥·未가 요합이 되어서 인신충이 살아나는지 궁금합니다. 합충을 고려할 때 어떤 것을 먼저 생각해야 하는지요?

 복잡하고도 어려운 문제지요

　요합이라는 말 자체가 별로 도움이 되지 않는 말입니다. 요충도 같은 의미로 인정을 하지 않습니다. 바로 합이 되지 않으면 합이라고 할 필요가 없는 것이지요. 실제로 작용도 하지 않는 것으로 인해 머리만 복잡해질 필요가 없다고 봅니다.

　인신충은 그대로 존재하는 것으로 봐야겠네요. 합이 올바르게 되어 있으면 충의 작용을 완화시킬 수는 있겠지만, 결국 충은 충이고 합은 합이라는 생각을 하게 되는군요. 있는 것은 있는 것이라는 얘기지요.

91 기운을 유통시키는 水가 용신?

時	日	月	年
甲	癸	辛	戊
寅	卯	酉	申

坤命

```
乙 丙 丁 戊 己 庚      八大運
卯 辰 巳 午 未 申
```

이 사주는 왕성한 금기가 水를 도와줘서 水가 木으로 힘을 빼는 형상입니다. 이럴 때 용신을 무엇이라고 봐야 합니까? 기운을 유통시키는 水를 용신으로 보는지요?

 참 곤란하군요, 그래도 木·火로 보고 싶습니다

사주는 정말 그 구조의 기기묘묘함이 상상을 초월하는가 봅니다. 마치 사람들이 수백 년 또는 수천 년 동안 바둑을 둬도 같은 판이 하나도 없는 것처럼 말이지요.

이 사주도 특이하다면 특이한 사주입니다. 그래서 답을 찾기가 만만치 않군요. 낭월이라면 우선 火를 찾고 싶네요. 금기가 너무 왕해서 극을 좀 해야겠거든요. 그런데 火가 장(藏)되어 있으므로 木을 찾아야겠지요. 결론은 火가 있어야겠다고 보고 싶습니다.

여기에서 水를 찾는다는 것은 유통의 개념이라고 하겠지만, 일지에 水가 있었다고 해도 그냥 木을 써야 할 것이라는 생각이 드는군요. 인성이 많을 때는 재성이 용신이라는 원칙으로만 대입을 시켜도 되지 않을까 싶습니다.

92 다음 사주의 용신이 궁금합니다

안녕하십니까? 겨울 같지 않게 별로 춥지 않군요. 겨울은 추워야 제맛인데 영 겨울 느낌이 없군요. 내년에는 급속히 추워진다니 감기 조심하십시오.

```
時 日 月 年
丙 丁 甲 戊
午 未 子 寅
```

乾命 四大運
當令 : 癸水

　1998년 12월 26일, 이제 막 태어난 녀석의 명식입니다. 자월의 정화가 세력만으로 버티는 형상이어서 신약용인격(身弱用印格)으로 보이며, 갑목에게는 당령한 계수가 임수에 비해 다소 불리하기는 하지만, 상(相)에 해당하는 것으로 볼 수 있어 희신은 병화가 아닌가 싶은데 맞는지요?

　또한 실령·실지라고는 하나 미토에 정화가 통근하고, 일간 주변이 인성·견겁일 경우도 신약으로 판단해야 되는지 알고 싶습니다. 강약을 보는 공식에서는 실령·실지의 경우 세력이 강해도 약으로 판단하는 것으로 알고 있는데, 이 경우처럼 주변의 세력이 왕성할 경우 그다지 약해 보이지는 않는군요. 어떻게 보시는지요?

 水가 좋겠습니다

　이 사주는 약해 보이지 않습니다. 비록 자월이라고는 하지만 사주에 金이 없으므로 水의 세력이 위축되어 있네요. 그리고 木이 水의 기운을 흡수하고 있는데다가 미토는 水를 극하고 있기까지 하므로, 주변의 응원을 입은 일간 정화는 상당히 강하다고 해야 하겠습니다.

　그러면 용신은 水를 쓰는 게 어떨까 하는 생각이 드는군요. 식신도 좋겠지만 정미 일주는 설기가 되지 않으니 월지의 편관을 용신으로 삼아야 할 것으로 보입니다.

93 용 · 희신이 궁금합니다

나름대로 고민한 사주인데 견적이 안 나오는군요. 도와주십시오.

```
時 日 月 年
甲 辛 壬 乙       乾命 一大運
午 卯 午 巳
```

억부로 보면 관살이 많아 인성을 용신으로 삼아야겠으나, 오화 속의 기토는 오화의 강력한 폭발성분을 막기에 급급하고, 사화 속의 무토는 일간과 멀고 습기가 없는 조토라 관살을 제어하기에는 역부족인 것 같습니다.

약한 일간을 설기하기는 하지만 월간의 임수를 용신으로 보고 싶은데, 스님의 고견을 듣고 싶군요. 조후로 보아도 오월(午月)의 달아오르는 열기를 다스릴 자는 역시 임수로 보이는데 어떻게 생각하시는지요?

또한 아무리 오월이라 해도 임수를 증발시킬 수는 없다고 보고, 사화 속의 경금을 희신으로 보고자 합니다. 지장간의 희신이라 '광속의 연장'과 같이 당장 그 자리에서 쓸 수 없으니 답답한 모양새인데 어떻게 봐야 할지요?

 신약용인격으로 봐야 하지 않을까 싶습니다

일리있는 말씀이고 고민을 많이 한 흔적이 보이는군요. 그러나 그렇게 볼 수도 있겠지만, 그래도 너무 허약해서 인성을 찾지 않을 수가 없겠습니다. 다행히 나이가 좀 드셨으니까, 과거의 세운을 살펴서 확인해보는 것이 좋겠습니다.

과거로 가보니까 을해년이 있군요. 水가 용신이라면 이 해에 상당히 발(發)하게 됩니다. 土가 용신이라면 정축년이 더 좋아 보이고요. 이렇게 비교를 해보신 후에 판단하시기 바랍니다. 구조로 봐서는 일간의 존립 여부가 걱정되는 지경이라서 인성을 찾아야 할 것으로 보이네요.

94 운세 설명에 대해 의문이 있습니다

```
      時 日 月 年
      戊 己 辛 庚     乾命
      辰 亥 巳 戌

      46 36 26 16  6
      丙 乙 甲 癸 壬
      戌 酉 申 未 午
```

식신격으로 용신은 金, 희신은 재성입니다. 운세의 설명을 보면 다음과 같습니다.

임대운(정재) : 공부가 잘되지 않을 것이다.
계대운(편재) : 놀고 싶은 생각이다. 공부는 뒷전이다.

壬·癸의 水는 희신인데 어떻게 이러한 추리가 나오는지 궁금합니다.

용신은 사회성에서나 힘을 발한다고 봅니다

한창 공부를 해야 할 나이에 재운이 왔다는 것은, 자신에게는 상당히 재미가 있겠지만 실제로 공부를 하는 데에는 소홀하게 될 가능성이 매우 높다고 하겠습니다. 재성은 결과를 중시하는데, 공부는 과거를 배우는 것이니 맘에 들 리가 없지요. 그래서 그런 설명을 했던 것입니다. 이해가 되시는지요?

95 이 사주는 어떻게 해석해야 하는지요?

時	日	月	年
丁	庚	壬	甲
亥	寅	申	辰

坤命

경금이 시해(時亥)를 생해 일의 인목이 힘을 받고, 다시 시의 정화에 힘을 주어 일의 경금을 약하게 하나 월의 신금이 일의 경금에 힘을 주고 월 임수의 수기(水氣)를 인신충으로 약간 설기시키며, 연의 진토에 뿌리를 둔 나무가 적당한 수기를 받아 나무가 잘 자라는 모양이라고 생각됩니다.

물론 일간의 기운에 힘을 주는 월지가 용신이라 생각되어 비겁·정인대운에서 발복할 것으로 짐작되지만, 사주 자체가 적당한 균형을 이루고 있으므로, 운에 큰 영향을 받지는 않을 것 같은데 어떻게 생각하십니까?

큰 흉운도 없지만 길운도 어렵겠네요

　천간으로 土운이 들어온다고 해도 제대로 힘을 발휘하게 될 것 같지는 않습니다. 지지로 土가 들어와도 그렇겠고요. 또 천간으로 火가 들어온다고 해도 크게 나쁜 작용을 하기는 어려울 것으로 보이네요.
　보신 대로입니다. 이 정도로 해석하신다면 올바른 접근이라고 생각됩니다.
　다만, 어떤 운이라도 진행을 하기 위해서는 연주 상생이 되어야 합니다. 그렇지 않은 경우에는 항상 운을 잘 살펴서 대입시켜야 하겠습니다. 참고하시기 바랍니다.

96 용신기반인가요?

時	日	月	年	
戊	丙	辛	丙	乾命
戌	申	丑	申	

54	44	34	24	14	4
丁	丙	乙	甲	癸	壬
未	午	巳	辰	卯	寅

　신축월 병신일 생이 식상과 재성이 많아서 신약한데, 인성은 찾을 수가 없어서 연간 병화(비견)를 용신으로 잡아 신약용겁격으로 보고 싶습니다. 그런데 연간 신금과 합을 하고 있으니 혹시 용신기

반인지요?

일간도 같이 합하고 있는데, 어떻게 보면 일지의 신금도 있고 丑중의 계수와 일간의 신금으로 인해 합화(合化)하는 게 아닌가 하는 생각도 드는데(단 기토 당령임), 도움 말씀 부탁드립니다.

A 그렇게 보이는군요, 정화가 약인데……

이렇게 되면 기반이라고 해야 하겠습니다. 상황으로 봐서는 종아의 형상도 보입니다만, 갑진대운이나 을사대운을 잘 보냈다면 그렇게 볼 수는 없겠군요. 인겁을 용신으로 삼아야 할 모양입니다. 그렇다면 기반이라고 해야 하겠군요. 정화가 와야 산뜻하게 해결이 되는데, 아쉽군요.

Q 97 개두가 된 대운의 운은 어떤지요?

時	日	月	年	
癸	丙	壬	甲	乾命
巳	辰	申	辰	

戊	丁	丙	乙	甲	癸	一大運
寅	丑	子	亥	戌	酉	

신약으로 판단하고 木·火를 용신으로 잡으려고 합니다. 그런데 병자대운에서 丙이 개두가 되었읍니다. 이럴 때 병자대운의 전반적인 운은 어떻습니까?

선생님의 의견 부탁드립니다.

개두가 아니라 절각이지요

개두나 절각의 주체는 희·용신 쪽으로 보게 됩니다. 그러니까 火는 도움이 된다고 보고, 오히려 절각이라고 하는 것이 좋겠습니다.

병자대운의 전반적인 운은 나쁘지 않다고 생각되네요. 병자운의 경우에 무인년은 상관없다고 합니다. 자수라도 말이지요. 인목이 자수를 유통시켜준다고 보는 거지요. 여하튼 병화의 운은 나쁠 이유가 없다고 봅니다.

98 공부 잘하는 사주가 있나요?

공부를 잘하는 사주가 있는지 알 수 있을까요? 우선 떠오르는 것은 식신의 성분이 잘 발휘되면 공부를 잘할 것 같은데요.

 인성도 식상도 관성도 중요합니다

포괄적으로 질문을 하셨군요. 일리가 있는 말씀입니다. 다만 식신이 있으면 궁리하는 공부를 잘할 테니까 아무래도 과학부분에서 능력을 발휘하겠지요. 인성이 있으면 윤리과목에서 잘할 거고, 편관이 있으면 암기과목이 우수할 겁니다.

다만 재성은 공부에는 별로 도움이 되지 않는다고 봅니다. 교만해서 게으름을 부리다가 낭패를 당할지도 모르지요.

99 점점 미궁 속으로……

답변(Q93에 대한)에 감사드립니다. 같은 명식인데요, 여전히 용신에 대한 확신이 서지 않는군요.

```
    時 日 月 年
    甲 辛 壬 乙         乾命
    午 卯 午 巳         當令 : 丙火
    51 41 31 21 11 1
    丙 丁 戊 己 庚 辛
    子 丑 寅 卯 辰 巳
```

 말씀하신 대로 정축년과 을해년을 비교해보았더니 을해년이 상대적으로 편했다고 하더군요. 정축년에는 상사와의 갈등으로 이동이 있었고, 한 해가 전체적으로 어려웠답니다. 여기까지는 지나온 삶이 판단에 도움이 되는데, 경오년 이후로 최고의 해가 경오년이었고 최악의 해는 신미년과 무인년이었다는 점에서 다소 어려운 점이 생기는군요.

 심증은 역시 임수 쪽인데 어떻게 봐야 하는지요? 만약 임수가 용신이라면 희신은 사화 속의 경금일 텐데, 이 경우 사주의 격이 낮아지는 것으로 생각되는군요. 사주의 격이 낮을 경우 이 사람의 인생 자체가 격이 낮아지는 겁니까?

 실제로 이 사람은 고등학교를 중퇴하고 검정고시를 거쳐 한양대를 졸업했습니다. 국내 굴지의 자동차회사 관리직원으로 근무하고 있는데 근무지 이동이 잦은 편입니다. 어떻게 봐야 할까요?

 바둑 용어에 '괴로우면 손빼라'는 말이 있는데요……

 고민스러운 장면입니다. 이것저것 대입을 시켜봐도 답이 보이지 않을 경우에는 일단 덮어두는 게 좋은 경우도 있습니다. 마음과는 달리 답이 선명하게 나타나지 않는 경우에는 좀 덮어뒀다가 다음에 확인을 해보면 의외로 쉽게 풀리는 경우도 많거든요.

살아온 상황이 일관성이 없어서 한마디로 말씀드리기 어렵군요. 이런 경우에는 그냥 두는 것이 좋다는 의견을 드릴 수밖에 없겠습니다. 도움이 되지는 않겠지만 참고는 되지 않을까 싶네요.

Q 100 금수상관의 용신은?

금수상관에 관해 문의드립니다.

時	日	月	年	
庚	庚	戊	庚	乾命
辰	辰	子	子	

時	日	月	年	
丙	庚	戊	庚	坤命
戌	午	子	子	

남자 사주는 자월의 경진 일원이 약하지 않으므로 자수를 용하며 木을 희신으로 생각해봤습니다. 여자 사주는 자월의 경오 일주가 비록 약해 보이지만, '금수상관희견관(金水傷官喜見官)'에 따라 병화를 용하고 土를 희신으로 생각해봤습니다. 이 경우(금수상관 또는 목화상관일 때) 용신을 찾는 순서가 첫째 조후, 둘째 억부라고 이해해도 될는지요.

아울러 위 두 명식의 등급은 어떻게 다른지요? 즉 남자는 용신이 월지에 있고 여자는 시간에 있어 위치상으로는 남자가 나아 보이지만 조후상으로는 여자 사주가 나아 보이고, 남자 사주는 한습하지만 지지가 안정되어 있고 여자 사주는 수화가 상전하고 있으니 말입니다.

 가장 어려운 부분 중 하나입니다

두 사주 케이스는 잘 골랐다고 생각됩니다. 보기도 잘 보셨고요.

우선 남자 사주의 경우에는 水를 용신으로 하고 木을 쓰는 상황이며, 사주에서 火가 없으므로 구태여 火를 용신으로 찾을 필요는 없다고 생각됩니다. 그대로 水·木으로 가면 될 텐데, 木이 없어서 다소 떨어지는 것 같군요. 등급은 7급 정도 되지 않을까 싶습니다.

여자 사주는 다소 약하기는 하지만 시간의 편관을 용신으로 해야겠군요. 이 정도의 구조라면 병화가 다소 약하므로 아쉽지만, 술토를 얻은 것이 대단한 힘이라고 해야겠군요. 그래서 역시 7급은 될 것으로 보입니다.

남녀가 서로 비슷하다고 생각됩니다. 상당히 어려운 질문입니다만 참고하시기 바랍니다.

101 신약하지 않은 것 같은데……

時	日	月	年
丙	己	甲	甲
寅	巳	戌	子

이 사주를 신약하다고 하셨거든요. 제 생각에는 월령과 일지를

인성과 겁재가 장악했으니 신약하지는 않을 것 같은데요. 그리고 시지의 인목도 관성 작용보다는 병화와 사화의 인성 역할을 할 것 같은데, 왜 신약하다고 설명하셨는지 알고 싶습니다.

 오해입니다, 고전에 대한 의견을 올렸을 뿐이지요

'사주 시스템'에 있는 사주였군요. 확인해봤습니다. 낭월이 봐도 신약하다고는 보기 어렵겠습니다. 그 부근을 살펴보면 아시겠지만, 위천리 선생이 화토격이라고 한 부분을 잘 보셔야 하겠습니다. 화토격이어서 木·火운이 좋았다고 했는데 낭월이 보기에는 도저히 火·土로 볼 수가 없어서, 구태여 설명을 하자면 혹 신약용인격으로 작용을 했던 것이 아닌가 하는 의견을 드린 부분이었습니다. 이해되셨지요?

102 방합의 기운에 관해 알고 싶습니다

時	日	月	年
己	丙	辛	辛
亥	子	丑	亥

이 사주 또한 스님의 '사주 시스템'에 있는 사주로서, 용신격 중의 병신합수격 설명 부분에 있습니다. 水 기운이 부족하여 희신을 金으로 보셨는데, 제가 보기에는 해자축수국을 이루어 水 기운이 강할 것 같다는 생각이 들어서 희신을 木으로 보는 게 좋을 것 같은데, 어떤지요?

이미 화수격이라면 土가 병이지요

　수국이어서 화수격이 되었다면 水가 용신인 셈이지요. 그렇게 되면 土가 병입니다.
　억부의 차원에서라면 이 정도라도 수기가 너무 강하지만, 이미 화수격으로 논한다면 土가 병이라고 보겠습니다. 그리고 木을 보면 화수격이 깨어지게 됩니다. 병화가 水를 따라 종하는 형상이 파괴되어버리는 것이지요. 그래서 희신은 金이 됩니다. 화수격도 일종의 종살격이라고 보는 것입니다.

103 야자시와 조자시에 대해서

　1998년 12월 8일 새벽 0시 28분. 제가 알기로는 이 시간대의 사주에는 전날의 일에 야자시를 쓰고, 시간도 동경 135도를 기준으로 하면 0시 30분이 지나야 다음날이 된다고 알고 있습니다. 그래서 세워본 명식이 다음과 같습니다.

時	日	月	年
甲	戊	甲	戊
子	子	子	寅

　제가 생각한 이 사주의 명식이 맞는지 틀린지 살펴봐주십시오.

 밀려오는 파도가 더 강하다는 말이 있어서……

　그 30분이라는 것이 참 골치아픈 문제여서 오차를 과연 얼마나 인정해야 할지 고민스럽지 않을 수가 없습니다. 서울은 약 30분의 차이가 있지만, 부산은 약 24분의 차이가 있으니…….

28분 정도라면 새로운 날로 놓고 봤으면 싶습니다. 이것은 논리적이라기보다는 감각적인 것인데, 실제로 새로 다가오는 시(時)의 작용이 더 크게 나타나지 않을까 하는 생각 때문입니다. 시를 정할 때 대체로 25분이 넘어가면 새로운 시간으로 보는 경우가 많기 때문에, 자시라도 마찬가지로 보면 될 것 같습니다.

104 갑오대운의 운은?

時	日	月	年	
壬	丙	庚	丙	乾命
辰	午	寅	午	

丙	乙	甲	癸	壬	辛	
申	未	午	巳	辰	卯	六大運

이 사주는 쌍오(雙午)에 인월(寅月)이라 신강하며 용신을 金·水라고 보는 데는 무리가 없다고 생각합니다. 문제는 갑오대운의 운을 추정해보니 누가 세 개나 되어 과연 어떤 일이 일어날지 궁금해졌습니다.

나쁜 운이라는 것은 자명하지만, 실제로 어떤 일이 일어날까 즉 건강이 나빠질까 아니면 손재수가 있는 것일까 생각해보았습니다. 선생님의 고견을 부탁드립니다.

상상의 나래를 펴봅니다

확실하게 어떤 일이 일어난다고 말하는 건 불가능하지요. 낭월의 한계입니다. 다만 기왕에 질문을 하셨으니까 추측해본다면 다음과 같이 볼 수는 있겠습니다. 다만 결과에 대해서는 책임을 지지 않습니다.

갑목은 편인이면서 한신입니다. 쓸데없이 망상을 피워 정신적으로 분주하게 움직이는 운입니다. 그렇다고 크게 나쁘다고 할 것까지는 없어 보입니다. 오화 역시 부담입니다. 다만 다행인 것은 지지에 金이 없다는 것입니다. 그래서 금전적으로 큰 손실이 있다고 예측할 수는 없을 것 같습니다. 다만 火 기운이 너무 넘치게 되므로 대인관계나 형제들 문제로 인해 갈등이 발생할 가능성이 있겠습니다.

이 정도로 생각해볼 수 있겠습니다. 서낙오 선생께서 "재성이 기신이면 처가 못생겼든지 돈이 없든지 건강이 나쁘든지"하다고 하셨던 것으로 보면, 한 가지로 확실하게 짚어내는 것은 기도의 영역이 아닌가 싶습니다. 지나치게 세부적인 것으로 관심을 모을 필요는 없다고 생각합니다.

105 식상으로 관을 제할 수 있나요?

時	日	月	年	
甲	己	辛	癸	坤命
子	卯	酉	卯	
丁	丙	乙	甲	癸 壬	二大運
卯	寅	丑	子	亥 戌	

유월의 기토 일간이 월간에 신금이 있어 투출하고, 재·관이 투출하나 지지에서 형충을 당했습니다. 지장간 내에도 인성이 없으니 기토의 의지처가 전혀 없습니다. 그렇다면 이 사주는 종격으로 봐야 하는지요.

제 생각으로는 투출한 식·재·관의 뿌리가 모두 상해 종세격으로 보기도 힘들 것 같습니다. 내격으로 보면 식신용인격으로 인성이 용신일 것 같은데 그것도 없으니……

을축대운 중 을해년에는 매우 좋지 않았습니다. 만약 내격으로 본다면, 재관운이 안 좋았다면 식상운엔 어떤 작용을 할지요? 관성이 기신이니, 비록 내 기운을 설하나 식상으로 관을 제압할 수 있는지요?

 신약용인격으로 봐야 할 것 같네요

달리 보기가 어렵겠습니다. 신약용인격으로 하고, 인·겁을 기다리는 것으로 봐야겠습니다. 더구나 을해년에 어려웠다면 더더욱 그렇게 봐야 할 것 같군요. 식신의 운 또한 부담이라고 봐야겠습니다. 앞으로 몇 년은 안정을 취하는 것이 좋지 않을까 싶습니다. 좀더 살펴보시기 바랍니다.

106 용신을 충하면 어떻게 되는지요?

時	日	月	年
庚	庚	丁	庚
辰	子	亥	戌

坤命

| 辛 壬 癸 甲 乙 丙 | 三大運 |
| 巳 午 未 申 酉 戌 | |

해월의 庚 일주는 한습하므로 정화로 용신을 보려고 합니다. 그런데 계미대운에 丁·癸가 충이 됩니다. 용신을 충하니 나쁘다고 해야 합니까?

하지만 양토인 未는 쓸 만한 것 같군요. 용신이자 남편인 정관을 충하는 경우를 상상해보면, 결혼생활에 문제가 있지 않을까 추명해 봅니다. 선생님의 의견 부탁드립니다.

 주의가 필요하겠습니다

정화 용신에 계수운은 부담이라는 사실은 틀림없습니다. 세운에서도 유통을 시켜주지 않는다면 부담이 되겠습니다. 즉 세운에서 木이나 土의 운이 오면 무난하겠지만, 金·水운이 온다면 아무래도 주의를 해야겠습니다.

미토는 좋겠습니다. 계수가 무력하기 때문에 치명적이지는 않다는 말씀입니다.

107 시험의 합격 여부를 알 수 있는지요?

각종 시험의 합격 여부를 명리학으로 알 수 있을까요? 아니면 이것은 점술의 영역인가요? 합격 여부를 알 수 있다면 무엇으로 추리하는지 궁금합니다.

세운에 비중을 둬야겠네요

자평으로도 합격이 가능한지에 대해서는 볼 수 있습니다. 용신이 생조를 받으면 가능성이 매우 높다고 보고, 무력해지면 어렵다고 보면 되겠지요.

다만 복권이나 추첨 등 단시일에 해당되는 문제는 명리보다는 점술의 영역으로 처리하는 것이 더 좋을 것 같습니다. 가령 대학 입학 시험이라면 1년 이상 준비하는 것이기 때문에 점술을 빌리지 않아도 되겠습니다. 다만 용신이 그저 그렇다면 점을 한번 쳐보는 것도 좋겠지요.

108 이 사주의 관운은 어떻습니까?

時	日	月	年
癸	辛	辛	辛
巳	未	丑	丑

乾命

69	59	49	39	29	19	9
甲	乙	丙	丁	戊	己	庚
午	未	申	酉	戌	亥	子

신금이 축월에 나고 연·월·일지가 전부 土라 土·金이 매우 강합니다. 왕한 土를 소토시킬 木이 없어 시간의 계수를 용신으로 삼고 싶습니다. 시지 사화는 金을 극하기보다는 지지 土를 도울 것 같기 때문입니다.

초년 대운에 명문대를 졸업하고 대기업에서 근무하다가 무대운에 직장을 포기하고 고시 공부 중인 사람의 사주입니다. 술대운 동안 다섯 번 응시했으나 계속 떨어지고 앞으로의 진로를 모색 중입니다. 정유대운 중의 관운은 어떨까요? 원국에서의 용신은 계수이나 세운에서 정화를 받쳐준다면 가능성이 있지 않을까요?

 운이 불리하네요

실력이 이미 상당하시군요. 많은 생각을 한 흔적이 보입니다. 水 용신이 술토대운에서 고전하는 것은 어쩔 수 없다고 생각되는군요. 문제는 관운이면 관발이 받지 않겠느냐는 질문이시지요?

그런데 사회적인 성취도는 역시 용신으로 가늠해야 하겠습니다. 대운이 약하다면 세운으로 버텨야 하는데, 천간에 土가 없으므로 정화운은 나쁘다고 할 수 없겠군요. 한신으로 보겠습니다. 다만 세운에서라도 도와줘야 한다고 말씀드리는 것은 다른 고시생들은 용신운일지도 모르겠기 때문입니다.

따라서 된다고 말씀드리기는 어렵겠습니다. 세운에서 水가 와서 도와준다면 가능성이 더욱 높아진다는 말씀밖에는. 아무래도 용신운에 있는 사람이 우세하겠지요? 이것이 숙명이 아닌가 싶습니다.

109 합화하지 않나요?

時	日	月	年
丁	甲	己	丁
卯	戌	酉	巳

坤命

```
┌─────────────────┐
│ 甲 癸 壬 辛 庚    │   八大運
│ 寅 丑 子 亥 戌    │
└─────────────────┘
```

이렇게 주변에 火와 土가 많더라도 합화의 기를 설기(洩氣)하는 기(식상)가 월령을 점하는 경우라면 합화하지 않는다고 봐야 하는지요? 그럼 용신은 묘목으로 보고 희신을 水로 보는데 어떤지요?

 신약용겁으로 봐야겠군요

교과서에 따르면, 이 정도라면 갑기화토격으로 보기 쉽겠습니다. 실제로도 그럴 가능성이 없다고는 못하겠고요. 갑목은 웬만하면 화토(化土)를 하는 가능성도 있거든요. 그러나 낭월의 경험을 바탕으로 한다면 신약용겁격으로 보고 싶습니다.

그리고 북방의 운에서는 잘 보냈을 것으로 봐야 할 텐데, 어땠는지 확인해보시기 바랍니다. 그런데 아직은 어린 것 같군요. 22세인가요? 그러면 좀더 두고봐야겠는데, 우선 지난 시간 중에 을해년이 있네요. 을해년이 마음대로 편안해서 즐거웠는지 한번 확인해보시지요. 특별히 힘이 들었다고 한다면 화토격도 가능합니다. 살펴보시기 바랍니다.

만약 화토가 된 것 같으면 이 질문하신 파일을 누르고 '답변' 아이콘을 선택한 다음 '참고' 라는 이름으로 추가의견 부탁드립니다.

110 무계합의 역할은 무엇인지요?

매번 좋은 말씀 감사드립니다. 어제 문의했던 사주(Q109)의 당사자는 을해년 당시에 집안에는 어려운 문제가 있었다고 하나, 본인은 모르고 있었기 때문에 큰 고민 없이 공부했고, 수원에 있는 대학교에 특차로 합격했다고 합니다. 그러니 화토격은 아니라고 생각되는군요.

時	日	月	年		
癸	戊	壬	己		坤命
丑	子	申	亥		
戊 丁 丙 乙 甲 癸					二大運
寅 丑 子 亥 戌 酉					

　식신월이지만 재성도 과다하므로 식·재가 모두 강하다고 보고 인성을 찾아보았으나 어디에도 없으니, 하는 수 없이 연간 기토를 용신으로 삼고 신약용겁격으로 보았습니다. 그런데 신자합되어 이미 재성으로 화했다고 보고 재중용겁격으로도 볼 수 있지 않을까 생각되기도 합니다. 여기서 무계합의 역할을 어떻게 해석해야 하는지 설명 부탁드립니다.

 나쁜 역할로 봐야겠는데요

　일간이 용신을 쳐다봐야 하는데 재성을 보고 있는 것은 좋다고 보기 어렵겠습니다. 용신을 쳐다보지 않고 다른 곳을 향하고 있는 것은 바람직하지 않습니다. 즉 나쁜 역할이라고 할 수 있겠지요. 인성을 향해서 직관적인 방향으로 연구를 해야 할 텐데, 구체적이고 현실적인 분야에만 관심을 갖는다고 할까요? 그런 의미로 봐도 되지 않을까 싶습니다.

Q 111 용신을 결정하는 주요 기준은?

'사주 시스템'에 있는 사주입니다.

```
時 日 月 年
癸 丙 壬 辛
巳 申 辰 巳
```

이 사주에서 용신을 정할 때 사화로 보셨는데요. 제가 보기에는 진토 중의 을목과 사화가 모두 가능성이 있어 보입니다. 이런 경우 어떤 과정을 거쳐서 시지의 사화로 결정하게 되는지 알고 싶습니다. 신약한 사주는 용신으로 인성이 더 적합할 수도 있다는 생각도 들고, 지장간 속에 있는 것보다는 밖에 나와 있는 비겁이 더 좋을 것 같기도 하거든요.

 임진월의 진토 속 을목의 가치를 생각해봤어요

임진이라는 월령의 상태에서 물을 가득 머금고 있는 을목보다는, 멀고 무력하기는 하지만 그래도 나타나 있는 火를 의지해야 하지 않을까 생각해봤습니다.

공부가 잘 되시는 것 같네요. 발전하세요.

112 연지의 묘목이 용신입니까?

時 日 月 年
己 丙 戊 辛
亥 辰 戌 卯

신약용인격이라고 생각됩니다. 그러나 『자평진전평주(무릉서국판)』는 시지의 해수를 용신으로 보고, 대운도 지지의 신운(申運)을 길하다고 판단합니다(304쪽). 이해가 안 되어 질문드립니다. 부디 가르침 주십시오.

 잘 보셨습니다

그렇군요. 책에는 그렇게 나왔더라도 현실적으로 생각해보면 신약용인격이 되는 형상입니다. 잘 보셨습니다.

그럼 『자평진전』이 틀렸느냐고 하실지도 모르겠는데, 실은 『적천수징의』에도 납득이 되지 않는 사주가 더러 있습니다. 낭월이 가장 큰 혐의를 두고 있는 그 이유는 '사주가 틀렸을 수도 있다'는 것입니다. 예전에 나온 사주인들 모두 다 정확할 수가 있겠어요? 확인을 할 길이 없어서 낭월도 그냥 참고만 하고 있습니다.

중요한 것은 현실적으로 그러한 사주를 만났을 때 어떻게 해석할 것이냐 하는 것인데, 실전감각이 중요하다고 말씀드리고 싶습니다. 그대로 보면 되지 않을까 생각되는군요.

113 신약하다고 판단했습니다

```
時 日 月 年
庚 戊 己 壬
申 午 酉 午
```

식상과다로 신약하다고 판단하여 오화 용신으로 생각했습니다. 가르침 부탁합니다.

 그렇겠네요, 잘 보셨습니다

신약용인격이군요. 인성이 있어서 그래도 다행입니다. 다음과 같은 사주도 있는데 참고하세요.

```
時 日 月 年
己 丙 丁 丙
丑 午 酉 申
```

처음에는 통관격에 해당하는 사주가 아닌가 했는데, 상세히 살펴보니 역시 신약용겁격이라는 생각이 들더군요. 만약 기미시였다면 통관으로 볼 수도 있지 않았을까 싶습니다. 일단 신약용겁으로 봐야겠다고 결론을 내렸습니다. 오늘 상담한 사주였습니다. 참고하시기 바랍니다.

Q 114 신약용겁격이 맞습니까?

```
時 日 月 年
丙 壬 癸 戊
午 午 亥 辰
```

임수가 월령에서 세력을 얻었으나, 재왕생관하고 진토 중의 을목도 수생목·목생화로 오화를 도우니 신약하다고 생각됩니다. 가르침 부탁드립니다.

 그렇겠네요. 인성을 기다리지요

구태여 언급이 필요없겠습니다. 잘 보셨어요.

Q 115 점점 혼란스럽습니다

```
時 日 月 年
乙 甲 甲 辛
丑 午 午 卯

戊 己 庚 辛 壬 癸
子 丑 寅 卯 辰 巳
```

乾命
當令:己土
六大運

4木으로 되어 있지만, 월·일지에는 오화가 이글거리고 시지 정

재와 연간 정관도 보이므로 신약하다고 보고, 인성운을 기다리면서 신약용겁격으로 보아야 하는지요? 기·구신은 金·土가 되겠고요. 점점 혼란스럽게 보이는 경우가 많은 것 같습니다.

 신약용인격이 좋아 보이네요

점차로 혼란을 겪어가는 것도 공부의 안목이 넓어지는 과정이라고 생각되는군요. 이 사주의 경우에도 역시 혼란스럽게 되는 구조인데, 여하튼 중요한 것은 여름나무에게는 절대적으로 물이 필요하다는 것이고, 그 물은 축토 속에 들어 있으므로 인성을 봐야 할 것 같습니다.

116 격의 이름은 무엇인지요?

```
    時 日 月 年
    辛 辛 己 庚         乾命
    卯 丑 卯 子

    甲 癸 壬 辛 庚       八大運
    申 未 午 巳 辰
```

水·木을 용신으로 보는 데는 문제가 없다고 생각하지만, 격에 대해서는 약간 혼란스럽군요. 일지와 월간의 인성이 강하다고 보고 월지 묘목(편재)을 용신으로 삼아 인중용재격으로 봐서 식상운을 기다린다고 볼 수도 있겠고, 비겁이 왕하다고 보고 연지 자수(식신) 용신으로 삼아 월지의 재성을 생한다고 봐서 식신생재격으로 보는 방법도 있을 것 같아서요.

水·木 용신이기는 마찬가지이지만, 판단하는 기준을 더 확실히 알고 싶습니다. 둘 다 맞는 것인지, 아니면 하나만 맞는 것인지요? 둘 중 하나만 맞다면 그 이유에 대한 설명을 부탁드립니다.

 식신생재격이 맞겠습니다

인중용재가 되려면 인성이 서너 개 이상 있어야 가능합니다. 오히려 겁중용재격이라고 하면 어떨지 모르겠습니다만, 그럴 필요가 없이 그냥 식신생재격이라고 하면 무난하겠습니다.

117 종격으로 보면 어떨까요?

```
      時 日 月 年
      丙 壬 丙 甲        乾命
      午 辰 寅 辰
      47 37 27 17  7
      辛 庚 己 戊 丁
      未 午 巳 辰 卯
```

병인월 임진 일주가 매우 신약한데 인성이라고는 하나도 없고 비겁도 辰 중의 계수뿐입니다.

이럴 경우 신약용겁격으로 보고 인성운을 기다린다고 해야 하는지요? 종격으로 볼 수는 없는지요?

신약용겁격으로 보지요

여하튼 종격으로는 보지 않는 게 좋습니다. 신약용겁격으로 보는 게 좋겠습니다.

118 강왕격의 희용기구한은?

```
時 日 月 年
壬 癸 癸 癸       坤命 二大運
子 亥 亥 亥
```

어느 교재에선가 인겁운이 좋다고 되어 있던 것으로 기억됩니다. 용신은 水이고 희신은 金(인성)이라고 생각되는데 나머지 식상과 재성, 관살운은 모두 나쁜가요? 아니면 차이가 있는지요?

 木운도 좋을 것 같습니다. 火·土는 큰일이지요

종왕격으로 보면 되겠군요. 水가 좋고 金은 무난합니다. 木도 좋아 보이는군요.

火는 쟁재가 일어날 것이고, 土는 자극을 시켜서 절단이 날 것으로 보입니다.

119 길흉이 달라지는지 궁금합니다

```
時 日 月 年
戊 庚 癸 甲
寅 寅 酉 午
```

 이 사주의 대운에서 지지에 들어오는 식상은 길흉 중 어떤 작용을 할지 궁금합니다.
 유금을 극하는 오화를 극하므로 길하다고 봐야 합니까? 아니면 신약한 金을 설하므로 흉하다고 봐야 합니까?
 또한 연지가 정관일 때와 편관일 때에 같은 식상운이라도 길흉이 달라지는지 궁금합니다.

 물론 달라지겠지요

 결과적으로는 흉하다고 봐야겠네요. 유월의 유금이어서 水가 온다면 오히려 더욱 설기만 되지 실제로 火의 제어는 크게 두려워하지 않을 것으로 생각됩니다.
 그러니까 水운은 도움이 없는 것으로 보면 되겠습니다. 木을 생해주는 역할이 더 강할 것으로 보입니다.

120 식신생재와 관성운에 대해서 질문드립니다

```
  時 日 月 年
  戊 庚 乙 乙      乾命
  寅 辰 酉 丑

  50 40 30 20 10
  庚 辛 壬 癸 甲
  辰 巳 午 未 申
```

경진 일주가 유금의 월령을 얻은 상태에서 주위의 인성(土)이 토생금으로 金의 세력이 강왕해 보입니다. 왕한 金을 극하는 관성(火)은 원국에 없고 설기하는 식상(水)도 나타나 있지 않아 재성(木)을 용신으로 보았는데 맞는지요?

만약 그렇다면 신왕재용(身旺財用)으로 보아야 하는지, 아니면 辰과 丑 속의 지장간 식상도 포함하여 식신생재(食神生財)를 한다고 볼 수 있는지 궁금합니다.

그리고 희·용신을 水·木으로 볼 수 있다면 대운에서 관성(火)이 왔을 때 좋은 작용을 하는지 나쁜 작용을 하는지 궁금합니다. 선생님의 가르침을 부탁드립니다.

 용재격이고 관살은 한신입니다

연구 많이 하셨네요. 잘 보셨습니다. 재성으로 용신을 삼고 희신은 水를 봐야 하겠군요. 그리고 火는 한신이므로 운에서 온다고 해도 희·기 간에 그다지 작용을 하지 않습니다. 즉 무난한 운이라고 보면 되겠지요. 좋다고 하기는 어려울 것으로 보입니다. 참고하시기 바랍니다.

121 편관격이 맞는지요?

```
時 日 月 年
癸 己 己 乙      坤命
酉 巳 丑 巳
```

축월의 기사 일주가 득령·득지·득세하여 신강합니다. 용신으로 편관을 쓸지 아니면 식신생재격인지 모르겠습니다. 또 여기에서 사유축삼합의 영향은 어떠한지 궁금합니다. 남편운은 좋다고 봤는데 어떻게 생각하시는지요?

 사주가 좋군요. 남편보다는 능력이고, 식신생재입니다

남편에 대한 의존도는 보통이라고 하겠습니다. 土가 많으므로 木도 그다지 나쁘지 않습니다. 다만 자신의 능력 위주로 흐르지 않을까 싶습니다.

삼합의 경우에는 사유합만 유효하겠지만, 토기가 워낙 강해서 좋은 의미라고 하겠습니다. 그래도 유축보다는 유정하지 못하겠지요? 합은 없는 것보다는 낫겠지만, 생의 이치만은 못해 보이는군요.

122 충의 역할은?

```
時 日 月 年
甲 庚 辛 己      坤命
申 寅 未 巳
```

이 사주에서 인신충의 영향과 강약 여부를 알고 싶습니다. 강약 판단시 충이나 합을 고려하는지요? 인신충을 고려하지 않는다면 신강으로 보고 갑목을 용신으로 해야 할 것 같은데, 맞는지요?

 충의 역할은 나쁘다고 하겠습니다

인신충이면 인목이 파괴되어 버리므로 더욱 강하다고 봐야 합니다. 미월의 경금 입장에서 보면 상당히 강한 사주라고 하겠습니다. 재성을 용신으로 하고 식상을 희신으로 해야 하겠는데, 희신이 없는 용신이 충까지 맞고 갑목은 절지에 앉아 있으므로 아쉽다고 하겠습니다.

123 궁성이론과 용신의 운세 적용법에 대해 알려주십시오

스님께서 자료실에 올려놓으신 '합충변화' 관련 내용 중 궁성(宮星)이론을 보고 그 동안 궁금했던 부분을 해소하는 데 상당한 도움을 받았습니다. 짧은 지식으로도 하건충님께서 전개하신 논리가 역시 타당하다고 생각됩니다. 다만 연구 명식이 몇 개라도 있어서 좀 더 설명을 들었으면 하는 생각입니다. 가능하다면 명식설명 때 궁성이론 식으로 표현해주실 수는 없는지요? 아니면 한문실력이 초보인 제가 알아볼 수 있는 책을 소개해주시면 고맙겠습니다

더불어 명식풀이 때마다 헤매는 용신의 운세 적용법에 관해 몇 가지 여쭙겠습니다. 가령 용신이 갑목, 희신이 병화이고 金·水운이 나쁘며 현재의 대운이 기묘라고 할 때, 土(재성)와 木(비겁)운이므로 단순히 좋다라고만 생각되는데, 희·용신과 대운에 관한 좀더 구체적인 내용을 궁성이론처럼 자세하게 설명하여 자료실에 올려놓을 생각은 없으신지요? 물론『왕초보사주학(연구편)』이나『마음을 읽는 사주학』에 내용이 일부 나오긴 하지만, 궁성이론처럼 기본적인 원리가 있으리라 여겨집니다. 그 기본이 무엇인지 궁금합니다.

 좋은 제안 감사합니다

좋은 제안을 주셨습니다. 앞으로 시간이 되는 대로 궁성에 대한 임상결과를 올려야겠는데, 아직은 대운에 용신을 대입하는 것에 급급해서 궁성까지 운세에 대입시킬 겨를이 없는 것이 현실이군요.

대운에서 나타나는 것은 대운의 십성에 따른 심리변화가 가장 뚜렷한 것으로 보입니다. 궁성까지 대입하기에는 좀 복잡해질 것 같네요. 앞으로 고려를 해보도록 하겠습니다. 좋은 의견 고맙습니다.

124 자오충일 경우 심리적 영향이 궁금합니다

時	日	月	年
丙	戊	戊	乙
辰	午	子	巳

乾命 八大運
當令 : 癸水

  1) 득지·득세하여 신강으로 보고 木을 용신으로, 당령한 계수를 희신으로 판단했는데, 맞는지요?

  2) 재성이 희신이기 때문에 처의 협조력이 클 것으로 보이는데 처궁이 자오충으로 깨지고 있습니다. 일간과 처성이 암합을 하고 있으며 희신이니 협조력은 상당하나 처궁이 충을 당하니 품질은 좀 떨어진다고 판단할 수 있을까요?

  3) 심리적인 측면에서 오화에 암장된 정인이 깨질 경우 속으로는 자애로운 마음과 보수적인 성향이 있으나 겉으로는 잘 표현되지 않게 되는 건가요?

  4) 재성을 기준으로 판단해 볼 때 약하기 때문에 전체적인 재운은 약하다고 봐야 합니까? 대운 또는 세운에서 金 또는 水가 올 경우 재운이 발하게 됩니까? 재물을 묻는다면 재성이 용신이라는 점에서 판단해 본 것인데 金운이 올 경우 용신인 을목을 극하게 되는데 이 경우 어떻게 해석해야 합니까?

 직관력을 부정하는 것으로 봅니다

  1) 잘하셨네요. 그러나 火가 많아서 木보다는 水를 용신으로 삼는 게 좋습니다. 기인취재격 정도가 될 수도 있겠다는 생각이 듭니다.

  2) 그럴 수 있겠네요. 다만 일지의 깨지는 글자가 실제로 용신이 아니라는 점에서 별로 비중이 크지 않은 것으로 보는 것이 더 타당합니다.

  3) 그렇게 볼 수도 있고, 직관력의 발동은 잘되는데 그 직관을 부정하게 되는 심리가 포함된 것으로 볼 수도 있겠습니다.

  4) 중요한 것은 용신의 운을 만나면 돈도 모인다는 것입니다. 용신이라면 더욱 많이 모으겠다는 말도 가능합니다. 그리고 金운의 경우에는 무난한 것으로 보고 싶군요. 이 사주에서 木은 그다지 큰

역할을 하지 않습니다. 한신에 가까우므로 별로 염려를 하지 않아도 됩니다. 水가 약한 형상을 하고 있으므로 오히려 金운이 좋을 것으로 생각됩니다.

125 오행 중 木과 火에 관한 질문입니다

『알기 쉬운 음양오행』의 '제4부 오행론'에서 木의 산만함과 火의 일직선적 집중력이란 말씀을 하셨는데요. 이 부분이 잘 이해가 되지 않습니다. 제 생각으로는 木이 일직선적 집중력이고 火가 산만할 것 같거든요. 답변 기다리겠습니다.

A 잘 보셨습니다. 그게 맞지요

정확한 위치를 몰라서 구체적인 답변은 못 드리겠지만, 적어주신 내용으로 봐서는 질문하신 분의 의견이 맞습니다. 잘 판단하셨군요. 책이 잘못된 것 같습니다.

구체적으로 소제목이라도 살펴서 메일로 보내주시면 확인을 해보고 다시 의견 드리도록 하겠습니다.

126 용신의 품질이 궁금합니다

친절하신 설명 감사드립니다. 스님의 설명을 듣고 보니, 무엇인가 잘 맞지 않았던 것은 용신을 잘못 찾은 결과임을 알 수 있었습니다. 계속 정진하겠습니다.

```
時 日 月 年
辛 辛 戊 庚          乾命 五大運
卯 未 寅 戌          當令 : 甲木
```

1) 용신 : 득지·득세하여 신강하고 2金3土로 土가 많아서 신강하므로, 월지의 인목과 시지의 묘목을 용신 후보로 세워 비교해보니 월지의 인목은 일지의 미토와 암합이어서 土에게 마음을 빼앗기고, 시지의 묘목은 일지의 미토와 합을 이루어 木을 강화시킨다고 판단하여, 묘목을 용신으로 보았습니다. 맞는지요?

2) 용신의 품질 : 묘목이 월령을 장악했으며 미토와 합을 이루어 木으로 변하니 일견 강해보이지만, 사주 전체가 木에게는 불리하게 보이니 약하다고 판단됩니다. 이 경우, 희신은 水가 될 것으로 보이는데 용신 자체가 허약하고 사주에 水가 없어 용신의 품질이 떨어진다고 판단되는데 맞습니까?

3) 대운 및 세운 : 사주의 주인공은 현재(1999년) 사대운, 기묘세운을 보내고 있습니다.

만약 木이 용신이 맞다면, 30~34세까지의 환경은 약한 木을 설기하므로 어렵지만 기묘세운의 경우 하반기에는 왕에 해당되니 다소 나아질 것으로 판단됩니다. 맞는지요?

 잘 보셨습니다

1) 잘 생각하셨습니다. 맞습니다.

2) 그럴듯하군요. 잘 보셨습니다.

3) 대운은 사화라고 해도 세운은 아직 무인년이지요? 통상 입춘이 지난 다음부터 새로운 해의 세운을 적용합니다. 아직은 무인년

이라고 알아두는 게 좋겠습니다. 기묘년의 묘목은 도움이 됩니다. 잘 보셨습니다.

Q127 신약용인격에서의 희신은?

신약용인격에서 희신을 해석하는 것이 여간 혼동스럽지 않습니다. 어떻게 생각해야 하는지요?

①

時	日	月	年	
乙	甲	甲	辛	乾命
丑	午	午	卯	
戊	己	庚	辛	壬	癸	六大運
子	丑	寅	卯	辰	巳	

②

時	日	月	年	
乙	己	己	丁	乾命
丑	酉	酉	酉	
癸	甲	乙	丙	丁	戊	九大運
卯	辰	巳	午	未	申	

```
        ③
      時 日 月 年
      丙 乙 癸 丙        坤命
      戌 未 巳 申
    丁 戊 己 庚 辛 壬    八大運
    亥 子 丑 寅 卯 辰
```

①② 경우와 같이 견겁도 어느 정도 있을 경우, 어떻게 해석해야 하는지 혼동스럽습니다. ①번 명식은 지난번에 용신에 대해 문의했던 것이기도 한데 용신은 丑 중 계수라 하셨고, ②번 명식은 용신이 연간 정화로 생각되지만, 두 명식이 모두 식상이 강하고 견겁도 약하지 않게 보입니다.

이런 경우는 견겁운이 와봐야 식상으로 설기되니까 차라리 관살운이 오는 편이 낫지 않을까요? 물론 관살이 와도 강한 식상에 별 볼일이 없겠지만 그래도 약한 인성을 도와주는 힘이 있으니까 관살을 희신으로 보아도 되지 않을까요?

③번 명식은 월간 계수가 용신으로 견겁이 없기 때문에 견겁이 그냥 희신이 되겠다고 보여지는데…….

도움 말씀 부탁드립니다.

 경우에 따라서 다를 수 있습니다

①번의 경우 공식적으로는 金이 희신이 됩니다. 그러나 이 사주에서는 金이 희신의 역할을 못하고 있는 것으로 봐야 합니다. 水가 천간이든 지지에든 나타났을 경우에 水가 있는 방향으로는 金이 들어오는 게 도움이 되는데, 암장되어 있으므로 오로지 水가 들어와

야 합니다. 정확히 말씀드리면 희신은 없거나 작용을 못한다고 봐야 합니다.

②번의 경우에 火가 있기 때문에 천간에 木이 들어오는 것이 도움이 됩니다. 다만 지지에 木이 들어오면 쟁재의 현상이 발생해서 오히려 흉합니다. 土는 도움이 됩니다. 그래도 희신은 木이지요.

③번의 경우는, 지지로는 도움이 되지 않지만 천간으로 들어오는 관살은 도움이 됩니다. 일반적으로 식상이 많은 방향에서 비겁의 운은 큰 도움이 없다고 봐야 합니다.

끝으로 부탁의 말씀인데, 한 제목에 사주를 하나씩만 올려주시면 좋겠습니다. 그래서 질문이 하나가 되고 답변도 하나가 되면, 읽기도 좋고 답변을 적기도 빠르지 않을까요? 협조 바랍니다.

128 신약과 신강의 구별을 도와주세요

時	日	月	年
丁	甲	丁	丁
卯	寅	未	亥

癸	壬	辛	庚	己	戊
丑	子	亥	戌	酉	申

坤命
當令 : 己土
二大運

이 사주가 신약인지 신강인지 모호합니다. 신약으로 보면 해수 용신으로 보아야 할 것 같고, 신강이면 정화 용신에 土 희신이 될 것 같은데, 임대운에서 자식들이 잘 안 풀려서 고민을 많이 했습니다. 水 용신운이지만 신약해서 정임합으로 자식인 상관이 묶여버려서 운이 안 풀린 것이라고 생각되거든요. 희신 역시 모호합니다. 자세한 설명 부탁드립니다.

 목마른 나무라고나 할까요……

잘 보셨습니다. 木의 특징은 물이 없으면 안 된다는 점이지요. 그래서 물이 필요하게 됩니다. 억부로만 풀기가 곤란한 성분이 木이 아닌가 싶습니다. 물이 필요한 것으로 보고 공식적으로는 金이 희신으로 정해지겠습니다.

129 신약한 갑목에 火가 용신이 될 수 있습니까?

	時	日	月	年
	壬	甲	庚	丁
	申	辰	戌	亥
壬	癸	甲	乙	丙	丁	戊	己
寅	卯	辰	巳	午	未	申	酉

이 명조는 『적천수』「통신송」편 14쪽에 예시된 사주입니다. 지금까지 생각해왔던 것과 달라 혼란스러워서 질문드립니다. 왕초보니까 미련한 점을 이해해주실 줄 믿습니다.

제 생각으로는 술월의 갑진 일주가 신약하고, 진토·술토의 생을 받는 경금이 왕성하여 갑목을 극하는 상황이므로 억부의 논리로 인성을 용해 갑목을 도와주어야 할 것 같은데, 임철초 선생님께서는 상관제살격으로 연간의 정화로써 경금을 극해야 한다고 생각하신 것 같습니다. 火는 甲을 설기시키는데, 신약한 갑목에 火가 용신이 될 수 있습니까?

 자연에 비추어 생각해보십시오

철초님의 의견을 액면 그대로 받아들여보면 병약의 차원에서 상관을 쓴 것이 아닌가 하는 생각이 드는군요. 그러니까 인성은 이 정도면 木이 살기에는 충분하다는 생각을 하지 않으셨겠느냐는 것입니다.

억부로만 봐서는 다소 약하지만 木에 엄청 많은 물이 필요한 것은 아니므로, 앞으로 추워지는 금기를 제어하는 의미에서 火를 용신으로 삼은 것입니다. 계절도 추워지니까 한목향양(寒木向陽)의 의미도 있겠군요.

물론 낭월도 이 사주는 잘 이해가 되지 않았던 것이 사실입니다. 그래서 아마도 철초님이 착각한 게 아닌가 하는 의심도 들었는데, 자연에 비춰서 생각을 해보니까 이해가 되더군요. 참고하시기 바랍니다.

130 관살이 희신인가요?

복잡한 질문(Q127)으로 해서 혼란을 드려서 죄송합니다. 앞으로 유의하겠습니다.

①②번은 말씀이 쏙 들어오는데 ③번(아래 명식)은 잘 이해가 안 됩니다. 결국 관살이 희신이라는 뜻인지요? 또 식상이 많으면 비겁보다는 관살이 희신이라고 생각할 수 있는 건지요?

```
時 日 月 年
丙 乙 癸 丙         坤命
戌 未 巳 申

丁 戊 己 庚 辛 壬    八大運
亥 子 丑 寅 卯 辰
```

 그렇지요. 결국 관살은 용신의 용신입니다

바로 그렇습니다. 잘 생각하셨습니다. 용신의 입장에서만 희신을 생각하면 오히려 간단할 것입니다.

131 몸이 아픈 운이 있습니까?

```
時 日 月 年
己 乙 庚 癸         乾命
卯 巳 申 卯

癸 甲 乙 丙 丁 戊 己   七大運
丑 寅 卯 辰 巳 午 未
```

특별히 건강에 관련된 운이 있는지 궁금합니다.

이 사주는 계수를 용신으로 봤는데, 살아온 걸 보면 무대운 혹은 세운에 무척 아팠습니다. 예를 들면 대운 시작 전의 무신년, 기대운의 기유년, 무대운의 경신년, 무대운의 임술년이 살면서 매우 아팠던 때였습니다. 金이 들어오는 해도 좋지 않았습니다.

하지만 무대운의 임술년은 이해가 되지 않습니다. 일간을 해치는 운에는 몸이 아픈지요? 다시 생각해보니 용신이 합거되는 무대운은 간접적으로 일간을 해칠 수도 있겠다는 생각이 드는군요. 고견 부탁드립니다.

 용신과 직결되었던 모양입니다

상당히 민감하게 작용하는 경우라고 봐야 하겠습니다만, 일단 임술년 같은 경우에도 무토가 대운으로 버티고 있는 이상 별로 작용을 못할 것으로 생각할 수가 있겠습니다. 예를 들면 힘이 생겨서 무리를 하면 병에 걸리게 되는 것으로 설명할 수도 있습니다.

여하튼 용신이나 일간이 손상을 받으면 병이 되는 것 같은데, 실제로 이러한 현상을 정론으로 채택할 수는 없습니다. 좀더 많은 임상이 필요하겠네요.

132 신강하므로 재성을 용신으로 삼고 싶은데……

時	日	月	年
壬	乙	己	丙
午	亥	亥	午

坤命

51	41	31	21	11	1
癸	甲	乙	丙	丁	戊
巳	午	未	申	酉	戌

이 명식에서 해월의 을해 일주이므로 조후를 적용하여 연간인 火를 용신으로, 시간인 水를 희신으로 삼는다고 하셨습니다.

그런데 제 생각으로는 연지와 시지에 火가 있으나 시지의 火는 거의 무력하므로 조후의 영향으로 무시해도 되지 않을까 합니다. 火가 이미 사주에 투출되어 있고 물이 그렇게 차갑지 않아 방바닥과 천장이 고루 조화를 이루고 있다고 보기 때문입니다.

또 정관인 인성이 많은 신강(월령 포함)으로 보고 재성인 월간의 기토를 용신으로 취하면 어떨까요? 강한 일간[木]의 흐름을 관살로 극함으로써 연간의 병화로 기운이 흘러간다고 보는 것은 무리일까요? 희신은 변화로 잡고, 따라서 木·水운은 나쁘다고 보면 어떻겠습니까?

물론 명식 주인공의 과거 역사를 고려하지 않은 점이 있기는 합니다. 낭월님의 답변 기다리겠습니다.

 너무 복잡하게 생각한 것 같습니다

신강하므로 재성을 용하면 어떻겠느냐는 의견이지요? 그렇게 봐도 되겠지만, 우선 한목향양의 흐름이 있으므로 그대로 보는 게 더 좋지 않을까 싶습니다. 설명을 하는 과정에서 그렇게 봐도 별 문제는 없겠지만, 식상으로 설하는 것과 조후를 동시에 겸하는 것으로 火가 좋겠다고 보여지는군요. 무리는 없지만 복잡하다는 생각이 들었습니다. 좋은 의견입니다.

133 신약하다고 판단했는데 어떤지요?

```
    時 日 月 年
    壬 甲 己 庚        坤命
    申 辰 卯 戌

  66 56 46 36 26 16 6
   壬 癸 甲 乙 丙 丁 戊
   申 酉 戌 亥 子 丑 寅
```

이 사주는 하이텔〈명리마당〉에 올라온 미스코리아 사주입니다. 갑목이 묘월 목왕지절에 태어났으나 일지를 얻지 못하고 세력 또한 얻지 못했을 뿐만 아니라 묘술합으로 월지의 木 기운도 약하게 되니 신약하다고 봅니다.

그래서 임수(인성)를 용신으로 보고 木을 희신으로 삼으려고 하는데 맞는지요? 기신은 土, 구신은 金이 되겠지요. 용신이 일간과 가깝고 신금을 깔고 앉아 금생수·수생목으로 모양도 아름답다고 생각됩니다.

실력이 미진한 제가 잘못 보았기 때문일지도 모르지만, 이 사주는 신강하다고 보아야 하는지 신약하다고 보아야 하는지 잘 이해가 되지 않습니다. 스님의 가르침 바랍니다.

 약하다고 보기는 어렵습니다

좋은 의견이군요. 누가 뭐라고 하든지 내가 이해가 되지 않으면 다시 생각해보는 것이 결국은 빠른 성취를 가져옵니다. 그런데 갑진이라고 하는 것이 약간 어려우신가 보군요. 갑목에게 진토는 갑자보다도 더 좋은 자리입니다. 그러니까 득지라고 봐야 하겠군요. 더구나 묘월이라면 약하다고 보기는 어렵겠습니다. 좀더 두고 보시기 바랍니다.

134 木 용신과 土 희신이 맞는지요?

```
    時 日 月 年
    庚 辛 庚 癸            乾命
    寅 丑 申 卯

 56 46 36 26 16 06
  己 戊 丁 丙 乙 甲
  未 午 巳 辰 卯 寅
```

신월의 경축 일주로 월령을 얻었고, 세력도 이 정도면 형성되었으며, 일지도 인성을 얻어 일간이 다소 신강하다고 봅니다. 따라서 기운을 설해주는 木(천간)을 용신으로, 축토(일지)를 희신으로 삼는 게 맞는지요?

 용신은 계수, 희신은 木으로 보시지요

木을 용하고 土로 희신을 삼는다면 참으로 난해한 해석이라고 하겠습니다. 水·木으로 가는 것이 흐름에 타당하지 않을까 싶습니다. 다시 생각해보시기 바랍니다.

135 용신의 합에 관한 질문입니다

용신은 합이나 충이 나쁘다고 하셨는데, 만약 용신의 합이 대운이나 세운에서 들어왔을 경우에는 어떻습니까? 또 지지 용신의 합의 경우 힘의 차이는 『왕초보사주학』에서 설명하신 대로 부모·친구·형제 합의 힘으로 생각하면 됩니까?

 당연히 합충은 원치 않습니다

용신이 합이 되면 활동력이 묶여버리고, 충이 되면 파괴되어버립니다. 용신은 활동력이고 사회성입니다. 따라서 용신이 약하면 활동력이 약하고, 운에서 용신운이 오면 활동력이 강화되는 것으로 이해하면 되겠습니다.

육친의 대입도 가능하겠지만, 좀더 근본적인 문제는 자신의 사회활동이라고 생각하는 게 좋겠습니다.

136 신강에 金 용신으로 판단했습니다

안녕하신지요? 용신 못지않게 희신도 어렵군요.

時	日	月	年
乙	戊	丁	戊
卯	寅	巳	申

乾命 十大運
當令 : 戊土

사월의 무토가 비록 실지(失地)했지만 2土1火로 세력을 얻어 신강으로 판단했습니다. 관살의 경우 일간을 극하긴 하지만 정인을 생하고 월령을 얻지 못해 설기가 약하다고 봅니다. 식신의 경우는 일간과 정인을 설기하고 득령하여 관살보다는 도움이 크다고 생각합니다.

을목의 경우 지지에서 받쳐주는 힘이 강하고 일간과 밀접하니 유정하다고 생각하며, 신금의 경우 무기토가 있어 아쉬운 점이 있고 일간과 멀어 용신으로서 다소 약한 면이 있으나, 월령 장악을 큰 자랑으로 보고 용신으로 삼았는데, 판단이 쉽지는 않군요.

또한 이 명식에서 신금은 다소 강하게 보이는데 이것 역시 판단이 쉽지 않습니다. 용신이 신금이 맞다면 희신은 다소 강한 신금을 설기하는 水로 봐야 할 것 같은데 맞는지요?

 기본적으로는 약해 보이지 않는데 관살이 좀······

이 정도의 사주라면 약하지는 않은 형상입니다. 그런데 상대적으로 관살이 많아 강하다고 하기도 어려운 상황입니다. 월령을 얻음에도 불구하고 크게 강하지 않다면 약한 사주로 봐야 하지 않겠느냐는 생각도 조심스럽게 듭니다. 그래서 다시 확인을 해보시는 것이 좋겠다는 말씀을 드립니다.

다만 원리적으로 설명을 드려본다면 목생화 · 화생토가 잘되고 있으므로 金을 쓰는 것이 원칙이라고 하겠습니다. 그렇게 되면 金 · 水운이 좋다고 하겠는데, 金 · 水가 좋으면 임신 · 계유년에 재미있었겠지만 약간 약하다는 생각이 들어서 오히려 피곤했을 거라고 생각됩니다.

살펴보고 연구해야 할 사주로군요. 별로 도움이 되지 못한 답변 같습니다.

137 청적부자격의 의미는?

```
時 日 月 年
甲 丙 丁 甲      乾命
午 寅 卯 寅
```

용신격 자료의 사주입니다. 종강격 또는 종왕격으로 보이는데 청적부자격이라고 한 이유가 있는지요? 그리고 이 경우 희·용신은 어떻게 되는지 궁금합니다. 종강왕격인 경우 희·용신은 木·火이고, 土도 왕한 기운을 설하므로 희신으로 보고 싶은데 바른 판단인지 궁금합니다.

 종강격과 같은 말입니다

종강격으로 인성이 용신이고 비겁이 희신이 되는 구조라고 본 것은 맞습니다. 그런데 왜 청적부자격이라고 했느냐 하면 책에 그렇게 나와 있어서입니다. 그렇다면 책에는 왜 그렇게 썼느냐는 생각을 하게 되는데, 멋을 부리기 위해서라고 하겠습니다. 원칙적으로 같은 말입니다.

138 용신의 합에 관한 두 번째 질문입니다

용신이 합이 되어 다시 용신의 오행으로 변화했을 경우는 어떻게 봐야 합니까? 대운, 세운과 원국 내에서의 경우에 차이가 있을까요?

변화만 했다면 나쁘다고는 할 수 없습니다

변화의 여부를 잘 살펴야겠네요. 여간해서는 변화하기 어렵기 때문입니다. 어쨌든 변화했다면 나쁘다고는 할 수 없습니다. 그러나 좋다고 하기에도 좀 개운치 못한 면이 있습니다. 여하튼 용신은 합이 되지 않기를 바랄 뿐입니다.

139 목화통명격이 맞나요?

時	日	月	年
丁	甲	甲	丙
卯	寅	午	午

坤命

6	13	26	36	46
己	庚	辛	壬	癸
丑	寅	卯	辰	巳

오월의 갑인 일주로 직장에 같이 근무하는 직원의 사주입니다. 木이 일간을 포함하여 네 개, 火가 네 개인데, 이 경우 용신격과 희·용신은 무엇인지요? 제 생각에는 목화통명격으로 木·火가 희·용신이 아닐까 싶은데요.

 목화통명의 조건—인묘월 木일 것

여름의 木은 설기태과라고 하겠습니다. 목화통명은 해당되지 않습니다. 양기성상격은 되겠군요. 그래도 지나치게 건조하고 무습해서 아름다운 사주는 되기 어렵겠습니다. 조열이 병이군요. 용신은 火·木이겠지만, 등급은 차이가 많이 난다고 하겠습니다. 이 사주는 월령 용신의 개념보다는 전체적인 구조를 바탕으로 생각하고 싶군요.

140 같은 사주를 다르게 설명하고 있는데……

```
時 日 月 年
癸 丙 壬 丙      坤命
巳 午 辰 申

41  31  21  11   1
丁   戊   己   庚   辛
亥   子   丑   寅   卯
```

상담자료에는 '1. 용신'에는 신약용겁이라고 되어 있고 '6. 기타'에는 신약용인이라고 되어 있어서 혼동이 됩니다. 木운이 오면 좋겠다는 생각은 드는데 격이 달라지면 해석에 혼동이 되어서요.

어느 교재에서는 용신은 될 수 있는 한 강한 것으로 잡아야 한다고 써 있는데, 그렇다면 인성인 辰 중 을목보다는 오화를 용신으로 삼아야겠고 그렇게 할 경우 신약용겁격이 맞다고 생각됩니다. 하지만 이렇게 살기가 강한 경우는 겁재보다 인성이 더 급하다는 생각도 듭니다. 그러면 신약용인격이 되겠지요?

제 생각으로는 전자(용겁)가 타당한 것 같지만 명확한 해설을 듣고 싶습니다.

신약용겁이 원칙입니다

한창 힘이 오르고 계신 것으로 보입니다. 정확하게 핵심을 찾으셨군요. 질문자께서 보신 것이 맞습니다. 구조는 신약용겁격이 맞지만 실제로 필요한 것은 신약용인격입니다. 그러니까 신약용인격은 희망사항이라고 하면 어떨까 싶군요. 이해되셨지요?

141 火운에 재기할 수 있을까요?

```
    時 日 月 年
    庚 壬 壬 壬        乾命
    戌 午 寅 子

    丁 丙 乙 甲 癸      四大運
    未 午 巳 辰 卯
```

인오술화국을 이루고 있어서 재성이 강하고 연주 임자에 월간도 임수로 재성을 제어할 수 있는 좋은 사주라고 생각됩니다(財重用劫格). 진대운에는 유명해지고, 임신·계유년과 을해년 등에 돈도 많이 벌었다고 합니다. 그러나 현재는 을경합하여 조용히 지내고 있습니다.

이 사주에서 사대운과 병오대운은 어떻게 해석해야 하나요? 운은 구신운이니까 사회적으로야 별 볼일 없을지도 모르지만, 비겁도 만만치 않으므로 괜찮지 않을까요? 이렇게 서로 만만치 않은 경우는 해석도 만만치 않네요. 도움 부탁드립니다.

그 마음이야 이해가 되지만……

별수없겠습니다.

142 木운의 희·기는?

	時	日	月	年	
	己	戊	辛	壬	乾命
	巳	辰	亥	子	

丁	丙	乙	甲	癸	壬	二大運
巳	辰	卯	寅	丑	子	

壬 당령에 水의 힘이 상당히 강해서 재성이 강하다고 보고, 기토는 재중용겁격으로 봐서 희신을 火로 잡아보았는데 맞는지요? 신약용인격으로 볼 수도 있지 않을까 해서요.

현재(1999년)는 갑인대운의 인대운으로 갑기합해버리긴 했지만, 이어서 오는 인대운과 을묘대운을 살펴볼 때 용신을 극한다고 보면 좋지 않으나 대운의 木이 목생화해서 사화를 돕고, 사화는 화생토해서 용신과 일간을 돕고, 2土는 다시 토생금하여 월간의 신금을 돕고, 다시 금생수하는 것으로 되어 흐름에 도움이 된다고 생각합니다.

이렇게 흐름에 도움이 되는 운과 용신의 관계는 또 다른 무엇이 있지는 않은지요?

지지 木은 좋고 천간 木은 부담스럽습니다

신약용인격도 가능하고 재중용겁격도 하자가 없습니다. 중요한 것은 火·土인데, 지지의 木운은 화생토가 되어서 도움이 되겠지만, 천간의 木은 유통시설이 전혀 없어서 유익하게 활용할 수가 없군요. 잘 보셨습니다.

143 사주의 용신을 찾아라……

時	日	月	年
己	乙	己	庚
卯	未	卯	戌

乾命

이 사주에서 묘월에 을목이고 사주가 건조하니 水를 용신으로, 金을 희신, 土를 기신, 火를 구신, 木을 한신으로 잡으면 어떤지 궁금합니다. 조언 부탁드립니다.

 묘한 사주네요. 火가 필요한데……

을미 일주가 득지했으므로 약한 사주는 아닙니다. 월·일·시지를 모두 얻은 상태에서 재성도 만만치는 않지만, 木의 힘에 비해서는 약합니다. 또 金이 버티고 있는 것이 묘하게 되어 있는데, 원칙적으로는 金을 써야겠지만 기분으로는 火가 있었으면 좋겠네요.

이런 사주는 본인에게 물어보는 것이 좋겠지만, 일단 낭월의 소견으로 판단해본다면 화생토를 하는 것이 일간의 희망이 아닌가 싶어서 火를 용신으로 보고 싶습니다. 확인해보시기 바랍니다.

144 火 용신에 중격은 되어 보이는데요?

時	日	月	年
癸	甲	己	丙
酉	戌	亥	寅

乾命

甲	癸	壬	辛	庚
辰	卯	寅	丑	子

四大運

해월의 甲 일주인데다 연지에 인목이 있고 시간에 해월이 있어 신강하다고 보았습니다. 겨울의 나무이므로 火를 용하려고 생각해보니, 연간의 병화는 앉은 자리에서 생조를 받아서 좋을 듯도 하나 겨울이므로(壬 당령) 차라리 술토나 기토로 보고 火를 희신으로 삼으면 어떨까요?

또 제 생각에 이 사주는 용신이 火 또는 土이더라도 사주 내의 흐름이 좋아 보입니다. 즉 연월에서 亥는 寅을 생하고 寅은 丙을 생하며 丙은 己를 생하는 상생이 되고, 일시에서도 戌은 酉를 생하고 酉는 癸를 생하며 癸는 甲을 생하는 관계로 상생의 흐름이 좌우(연월과 일시, 일간과 용신 쪽)로 원활히 흐르고 있는데, 용신이 월지에 있지 않더라도 이와 같이 흐름이 원활한 사주는 격으로 치면 중격 정도는 되지 않을까요?

낭월님의 명쾌한 해석을 듣고 싶습니다. 계속되는 좋은 설명이 많은 도움이 되고 있습니다.

火를 용신으로 삼고 보면 되겠습니다

土가 가깝고 火가 멀다고 해서 土를 쓸 필요는 없습니다. 결국은 사주에서 알아서 하니까요. 읽는 것만 바로 읽으면 됩니다. 즉 해월 갑목은 병화 외에는 다른 생각을 하지 않습니다.

그리고 격은 용신의 등급이므로 병화를 위주로 봐야 하는데, 흐름이 좋아서 7급은 되겠습니다. 중격이 되려면 일간과 가까이 있어야 하는데, 약간 아쉽군요.

145 용신과 신강·신약의 판단을 부탁드립니다

```
       時 日 月 年
       丙 壬 乙 庚
       午 寅 酉 子

     41 31 21 11  1
      庚 辛 壬 癸 甲
      辰 巳 午 未 申
```

임수가 금왕지절에 태어나 득령과 세력을 얻은 것으로 보아 용신을 木으로 보았는데 맞는지 궁금합니다.

한편으로 생각하면 일지의 인목이 시지의 오화에게 힘을 합하고, 시간에 병화까지 있어서 재성이 강한 것으로도 보여 신강인지 신약인지가 잘 안 보입니다.

그리고 木·火가 희·용신이라면 이 사주는 천간에는 병임충·

을경합, 지지에는 인오합으로 희·용신이 모두 합과 충으로 되어 있습니다.

이런 경우 어떤 나쁜 작용을 하는지 궁금합니다. 선생님의 고견을 듣고 싶습니다.

 신강으로 보고 재성을 용신으로 하지요

신강한 것으로 봐야 합니다. 가을의 물이 土가 없는 상황에서 약하다고는 할 수 없습니다. 따라서 재성으로 용신을 삼아서 읽으면 되겠습니다. 참고되시기 바랍니다.

146 병화 용신에 土를 희신으로 보았는데요?

時	日	月	年	
丙	乙	甲	己	乾命
子	丑	戌	亥	當令: 辛金
戊	己	庚	辛	壬 癸 — 大運
辰	巳	午	未	申 酉

술월 을축 일주가 辛 당령이고 기토가 갑기합하고 있어 재왕하여 신약한 것 같지만, 해자수와 갑목에 표 중 계수가 있어 결코 약하지 않게도 생각되는군요.

병화를 용신으로 삼아 상관격으로 보고 土를 희신으로 보고 싶은데, 저울질을 잘한 건지요?

정답!

잘 보셨습니다. 설명이 필요없네요.

147 정재격인가요?

```
  時 日 月 年
  乙 丁 庚 丙      坤命 四大運
  巳 未 寅 午
```

丙 당령에 화기가 강하므로 물을 찾아봤는데 없어서 월간의 경금을 의지하여 정재격으로 보고 水운을 기다린다고 생각했는데 맞는지요?

이 정도면 가종왕격이라고 볼 수도 있을 것 같아서 혼동이 되는군요. 설명 부탁드립니다.

 또 정답!

생재격이 못 되고 정재격인 것이 좀 아쉽지만, 있는 대로 읽어야 하는 것이 공부하는 사람의 목적이므로 정재격이라고 해야겠군요. 종격이든 가종격이든 신경 쓸 필요는 없습니다. 식상운이 좋겠고 관살은 약이 되겠습니다.

148 용겁격인지 용인격인지 궁금합니다

```
時 日 月 年
辛 壬 丁 丁      坤命
亥 午 未 卯

42 32 22 12  2
壬 辛 庚 己 戊
子 亥 戌 酉 申
```

미월에 태어난 임오 일주가 월지·일지·세력을 얻지 못하고 재성이 많아서 신약용겁격으로 보았습니다. 그런데 용신으로 본 시지의 해수가 삼합하여 재성을 제어하지 못하는 것도 같습니다. 이런 경우 신약용겁격인지 아니면 시간의 신금(인성)을 용신으로 보아야 하는지 궁금합니다.

또 이 사주에서 인성이 용신이라면 土의 역할에 대해서도 알고 싶습니다. 선생님의 고견을 듣고 싶습니다.

 모두 가능할 때는 신약용인격으로 봅니다

우선은 인성이 필요합니다. 재성이 많아도 인성을 극하지는 않고 있습니다. 즉 비겁이 인성을 보호하고 있어서 용신을 삼을 만하겠습니다. 비겁은 희신이고 관살은 한신입니다. 다만 지지의 土는 기신이 될 가능성도 있습니다. 이러한 경우에는 미월이므로 인성이 좋습니다.

149 신약용인격인지 종재격인지 모호합니다

時	日	月	年
辛	丁	癸	己
亥	酉	酉	酉

乾命 四大運
當令 : 辛金

실령·실지·실세하여 신약이므로 亥 중 갑목을 용신으로 삼아 신약용인격으로 판단했습니다.

하지만 일간의 뿌리가 신약한데다 해수에 암장된 갑목이 과연 네 개나 되는 강력한 재성을 다스릴 수 있을지 염려되어 종재격이 아닐까 의심이 되기도 합니다. 그렇다면 용신이 재성이 되는데 어떻게 보는 것이 옳은지요?

또 이 명식의 대운은 남방으로 흐르고 있으므로 신약용인격으로 보든 종재격으로 보든 운이 나쁘다고 생각합니다. 그런데 정작 사주의 주인공은 현재까지의 운이 좋았다고 합니다. 어떻게 판단해야 합니까?

 남방운에 좋았다면 木·火 용신인가 보네요

스스로 남방운이 좋았다면 더 말할 것도 없습니다. 신약용인격으로 하면 됩니다. 하지만 구조를 볼 때는 참 모호하군요. 그래도 '웬만하면'이라는 말에 힘을 주면서 일단 정격으로 木·火운에서 발했다고 본다면, 정격입니다.

외격은 어쨌든 참 어렵습니다. 여간해서는 없거든요.

150 金 용신에 土 희신이 맞는지요?

```
    時 日 月 年
    辛 丁 癸 壬     乾命
    丑 卯 卯 寅

己 戊 丁 丙 乙 甲    二大運
酉 申 未 午 巳 辰
```

묘월의 정묘 일주입니다. 연·월·일의 지지에 木이 있어 신강하므로 시간의 신금을 용신으로 하고 시지의 축토를 희신으로 보았습니다. 용신격은 편재격으로 보이는데 지도바랍니다.

 잘 보셨습니다

용신은 인성이 많으므로 인중용재격이라고 해도 되겠고, 흐름을 중시한다면 식신생재격이라고 해도 되겠습니다. 엄격히 본다면 기인취재격이라고 하겠습니다. 더욱 발전하시기 바랍니다.

151 대운에서의 합충을 알고 싶습니다

```
    時 日 月 年
    戊 庚 辛 丁     乾命
    寅 辰 亥 巳
```

```
  4  14  24  34  44  54  64  74
  庚  己  戊  丁  丙  乙  甲  癸
  戌  酉  申  未  午  巳  辰  卯
```

1) 연지의 편관 사화가 충을 맞아 자식이 병약할 가능성이 높고, 특히 29세부터 들어오는 신금대운은 시지의 인목과 충이 된다고 보았습니다. 따라서 이때 자식의 건강에 크게 문제가 생길 것 같습니다. 사주 원국과 대운이 이렇게 구성되어 있을 때 실제로 자식의 건강은 어느 정도나 나빠질 수 있는지 궁금합니다.

2) 44세 병대운, 54세 을대운은 각각 병신합, 을경합이 되고 경금은 진토를, 신금은 해수를 깔고 앉아 화(化)가 되어 결국에는 좋지 않은 암시를 가지는 것 같은데, 어느 정도나 나쁜지 알고 싶습니다.

특히 병신합의 경우는 원국에서 정화가 신금을 극하고 진토가 해수를 극하는데, 이 정도로 합을 방해하면 합이 어느 정도나 이루어지는지요? 또한 74세 계수대운도 정화 용신을 극하는데 원국에 있는 천간의 무토와 합하여 흉이 얼마나 감소될 수 있는지 알고 싶습니다.

 용신부터 확인하는 것이 좋겠습니다

1) 실제로 그럴 수 있느냐는 질문인 것 같은데, 일리가 있는 생각입니다. 그러나 자식으로 국한해서 생각할 것은 아니고, 자식의 건강이 나쁘지 않으면 직장에서 본인의 문제가 생길 수도 있습니다.

2) 운에서 화는 거의 하지 않는 것으로 봅니다. 다만 합은 성립이 됩니다. 화가 합이 되어 일간을 극하지 않는다면 나쁜 결과로 보기 어렵습니다.

그리고 이 사주의 용신이 무엇인지는 확인이 되신 건지요? 상황으로는 신약용인격으로 봐야 할 것 같은데 정화가 용신이라고 하는 이유가 무엇인지 확인해보는 것이 좋겠습니다. 만약 관살이 용신이라면 합이 됨으로써 오히려 기능이 저하된다고 하겠습니다. 참고하시기 바랍니다.

152 살중용인격이 맞나요?

時	日	月	年	
癸	辛	丁	甲	坤命
巳	未	丑	午	

辛	壬	癸	甲	乙	丙	一大運
未	申	酉	戌	亥	子	

축월의 신미 일주입니다. 득령·득지했지만 계수가 당령이고 관살이 많아 신약으로 보입니다. 살중용인격으로 월지의 축토를 용신으로, 金을 희신으로 생각했습니다. 바른 판단인지요?

 식신제살은 어떨까요? 약해 보이지 않는데……

글쎄요, 약하다고 할 것까지는 없지 않나 싶습니다. 따라서 조후를 생각할 필요는 없겠고, 시간의 식신을 용신으로 삼으면 되지 않을까 싶습니다. 좀더 확인해보시기 바랍니다.

Q 153 재관격이 맞나요?

```
時 日 月 年
己 己 癸 甲        乾命
巳 丑 酉 辰
```

유월의 기축 일주로 용신격 자료입니다. 재관격으로서 木을 용신으로 하셨는데 구체적인 설명을 부탁드립니다.

제 생각에는 일주가 약하지 않으므로 흐름으로 봐서 식신생재격이 좋지 않을까 합니다. 혹시 유축의 반합으로 인해서 木을 용신으로 했는지요?

 신약용인격으로 보면 좋겠습니다

해당 자료를 살펴봤는데, 질문하신 대로 약해 보이는군요. 특별히 확인된 것은 없는 걸 보니, 아마도 당시에는 재관격으로 봤던가 봅니다.

신약용인격으로 보고 싶은 생각이 듭니다. 만약 약하지 않다면 金·水가 좋겠지요. 뭔가 착오가 있었던 것 같네요. 좋은 문의였습니다. 신약용인격으로 보면 좋겠습니다.

154 행운상 남방운의 영향이 궁금합니다

```
時 日 月 年
甲 甲 甲 癸         乾命
子 午 子 卯

戊 己 庚 辛 壬 癸    三大運
午 未 申 酉 戌 亥
```

자월의 갑목 일주로 한목흔영(寒木欣榮)하고 싶지만 인겁이 태과한데다 오화를 좌우의 양자수가 충하고 있는 형상으로 종왕(곡직)으로 생각해 보았습니다. 행운상 천간으로 土운이 들면 곤하지만 갑기·무계합으로 인해 군겁쟁재(群劫爭財)는 면할 수 있고, 金운이 들더라도 어쨌든 계수가 유통을 시킬 거라고 생각되는데, 지지로 남방 土·火운이 들면 쟁전의 양상으로 시끄러워질 암시가 보여서 통변을 어찌해야 할지 궁금합니다. 그리고 이 경우 사주등급은 어느 정도나 되는지요?

 한목향양격으로 상관을 써야 합니다

지지의 火운은 묘목의 역할에 기대를 해야겠습니다. 미토는 묘미로 넘어가겠는데, 오화는 약간 부담은 되겠지만 그런대로 진행은 되지 않을까 싶군요.

등급을 논한다면 용신이 충을 맞았으니 8급이라고 하겠습니다. 9급이 아니라고 보는 것은 겨울나무가 희망하는 불을 갖고 있기 때문입니다. 부가가치가 그 정도는 되겠습니다.

155 상관생재로 보이는데 등급은 어떤가요?

```
時 日 月 年
丙 戊 丙 己      乾命
辰 辰 子 酉
```

자월의 무진 일원이 약해 보이지 않아 土를 유통시키는 연지의 유금을 용하여 상관생재로 생각해보았습니다. 동절의 火·土는 약해 보이는 반면 재성인 자수가 자진수국으로 유금의 생조까지 받아 상당히 왕해 보이고, 인겁이 많으며 뿌리 없는 허약한 병화지만 어느 정도 조후는 할 것이라고 생각했기 때문입니다.

용신이 金이라면 중년 이후 서방운이 상당히 좋아 보이는데, 상관생재가 맞는지요? 그렇다면 이 사주의 등급은 어느 정도나 되는지 궁금합니다.

 잘 보셨습니다. 8급 정도 보면 되겠네요

맞습니다. 등급은 비록 멀리 떨어져 있기는 하지만, 손상이 없으니까 8급 정도로 보면 되겠습니다.

156 용신과 희신이 잘 안 보입니다

```
        時 日 月 年
        庚 庚 丁 己        乾命
        辰 子 卯 亥

    64 54 44 34 24 14  4
    庚 辛 壬 癸 甲 乙 丙
    申 酉 戌 亥 子 丑 寅
```

묘월에 태어난 경자 일주가 월지·일지·세력을 모두 얻지 못해 매우 신약해 보이고, 연지의 해수와 일지의 자수는 월지의 묘목으로 흡수되어 묘목이 강해 보입니다.

1) 강한 정재 때문에 재중용비격으로 보아야 하는지, 아니면 일간이 너무 신약하므로 신약용인격으로 보아야 하는지 기준을 잡기가 어렵습니다.

2) 이 사주에서 재중용겁격일 때의 희신과 신약용인격일 때의 희신은 다르게 볼 수 있는지와 등급은 어느 정도인지 궁금합니다. 혹 너무 신약하여 등외는 아닌지…….

3) 다가오는 임술대운에 대해서도 궁금합니다. 임대운에 신약인데다 식신이 들어와 설기시키니 흉할 것 같은데, 월간의 정화와 합한 경우의 작용은 어떠한지요?

4) 술대운에 희·용신이어서 기대를 했는데 강한 월지의 묘목이 합하여 희·용신 역할을 못하도록 묶어버린 것 같습니다. 이런 경우 어떤 작용이 있는지요? 선생님의 도움 말씀 부탁드립니다.

그만하면 잘하시네요. 신약용인격입니다

1) 신약용인격입니다.

2) 용신은 인성이고, 희신은 겁재입니다. 용신과 희신을 서로 바꾸면 된다고 생각하면 되겠군요. 9급은 되겠습니다.

3) 즐거움보다는 따분함이 있을 암시입니다. 그나마 정화와 합하여 다행입니다. 기신끼리 묶어놓은 셈이 되니까요.

4) 신경 쓸 것 없습니다. 묘술합은 무효입니다. 기대를 해도 되겠습니다.

157 원국에 없는데 희신으로 삼아도 될까요?

```
        時  日  月  年
        辛  辛  戊  庚      乾命
        卯  未  寅  戌

     甲  癸  壬  辛  庚  己
     申  未  午  巳  辰  卯   五大運
```

인월의 辛 일간이 실령(失令)했으나 인성과 비겁이 태왕하여 신강하니, 시지의 묘목을 용신으로 하여 기인취재격(棄印就財格)으로 판단해보았습니다. 맞는지요? 또한 용신이 약하므로 水를 희신으로 해야 할 것 같은데 원국에 水가 보이지 않습니다. 이 경우 억지로라도 寅 중 갑목을 희신으로 판단해야 하는 건지, 원국에는 없지만 운에서 水가 오기를 기다려야 하는지 궁금합니다.

인성이 많아 신강이면 재식으로 갑니다

이 사주의 경우 木을 용신으로 삼았으면 木과 일간과의 대립을 피한다는 의미에서 식상이 필요합니다. 일종의 통관신이라고 할까요? 원국에 없더라도 희신은 그대로 정해둡니다. 그만큼 간절했을 테니 희신운에서 더욱 발하겠지요. 더욱 발전하세요.

158 사대운의 영향이 궁금합니다

時	日	月	年	
戊	己	戊	辛	乾命
辰	亥	戌	丑	

癸	甲	乙	丙	丁	八大運
巳	午	未	申	酉	

술월의 기해 일원이 비겁이 과다하여 土의 기운을 설하는 연간의 신금을 용신으로 하는 식신격으로 생각해보았습니다(물론 희신은 재성인 水, 한신은 藥의 역할을 보아 관성인 木으로 보았습니다). 이 경우 용신 金의 입장에서 극하는 火는 나타나 있지 않고 습한 축토 및 월령 술토에 뿌리를 두고 생을 받아 좋아 보이지만, 한편으로는 '토다금매'의 형상으로 다소 답답해 보입니다.

행운상 남방 사대운이 들면 기신이 일지를 충하는 나쁜 암시가 보여 어떤 변화가 올지, 즉 土가 유통시킬 수 있을지 궁금합니다. 또한 사주등급은 어떤지 궁금합니다.

남방운은 부담이 크겠네요

유통이 어렵습니다. 더구나 사해충으로 인해 감정까지 나빠진 상태이므로 아무 일도 없이 그냥 넘어가지는 못할 것 같습니다. 인성이 병이면 윗사람과 좋지 않은 일이 생기든지 남의 말을 듣다가 낭패를 당할 수가 있습니다.

명리를 안다는 것은 이런 것입니다. 윗사람과 시비가 생기면 '옳거니, 인성이 장애물로 나타날 조짐이구나' 하고, 누군가가 달콤한 이야기를 하면 '이게 바로 사화의 작용이구나' 하며 듣는 척하고 넘어가면 됩니다. 즉 인성과 관련된 모든 것에 대해서 미리 안다는 것이지요.

사주등급은 8급 정도입니다. 희·용신이 서로 격리되어 조금 아쉽다고 하겠습니다.

159 묘술합이 무효인 이유는 무엇입니까?

앞(A40, 156)에서 묘술합이 무효라고 설명하신 이유를 알고 싶습니다.

 육합의 존재 자체가 의심스럽습니다

이론적으로는 발생한 것 같은데 실제로도 과연 합이 되는지에 대해서 연구해본 결과, 육합은 효력이 없다고 잠정적으로 결론을 내리고 있습니다.

특히 육합에서 가장 강하다는 진유합이 낭월의 사주에 있어서 그 분야에 대한 연구를 많이 해봤는데, 실제로 육합에 대해서는 고려를 하지 않아도 되겠다는 생각을 하게 되었습니다. 더구나 화한다는 것은 있을 수가 없다고 하겠습니다. 사주 보기가 훨씬 수월하실 것 같네요.

160 왕한 木과 왕한 水가 만났을 때 궁합은 몇 점입니까?

```
時 日 月 年
戊 乙 己 庚     乾命
寅 未 卯 戌
```

```
時 日 月 年
庚 癸 戊 庚     坤命
申 亥 子 戌
```

먼저 남녀의 일간이 상생이 되니 괜찮겠고, 남자는 木이 왕하고 여자는 金·水가 왕하니 서로 어울려 80점은 될 것 같은데 선생님의 생각은 어떤지 궁금합니다.

 76점 정도 되겠습니다

잘 보셨습니다. 다만 남자의 입장에서 원하는 일간이 아니므로 다소 아쉽지 않을까 싶어 4점 정도를 감점했습니다. 신왕한 木이 火를 만나는 것이 최상이라고 보기 때문입니다. 어쨌든 합격입니다. 오순도순 살아갈 만하겠습니다. 가끔 불평은 생기겠지만, 그 정도는 늘상 있는 일이라고 봐야겠지요.

161 급수에 대한 질문 ① : 7급 정도로 봤는데 어떤가요?

```
時 日 月 年
甲 辛 戊 庚
午 酉 寅 戌

42 32 22 12  2
癸 甲 乙 丙 丁
酉 戌 亥 子 丑
```
坤命

오화 용신에 편관격이라고 보신 것으로 생각되는데, 시간에서 갑목이 생하는데다 가까이에 극설이 없고 월지에 통근했으므로 7급 정도로 보았는데, 선생님은 어떻게 보시는지 궁금합니다.

 이의 없습니다

그렇겠습니다. 이의 없습니다. 잘 보셨습니다.

162 급수에 대한 질문 ② : 이것도 7급을 줄 수 있을까요?

```
時 日 月 年
戊 戊 壬 庚
午 辰 午 戌
```

```
47  37  27  17   7
 丁  丙  乙  甲  癸
 亥  戌  酉  申  未
```

식신생재격으로 월간의 임수 용신이 경금의 도움을 받고 있는데 이것도 7급을 줄 수 있을까요?

 약간 아쉽네요. 경진이라면 충분한데……

바둑으로 치면 7급 약이라고 하고 싶네요. 경금이 술토에 앉아 있으면 도움이 되지 않습니다. 더구나 오술합이 보여서 좀 약해 보입니다. 7.5급이라고 해두지요. 만들면 되니까요.

163 급수에 대한 질문 ③ : 5급으로 보면 될까요?

```
 時  日  月  年
 壬  甲  丁  甲
 申  戌  卯  寅

42  31  21  11   1
 壬  辛  庚  己  戊
 申  未  午  巳  辰
```

용신은 정화 상관격인데 월지에 통근하여 건왕하므로 상등격에 가깝다고 하셨는데, 5급 정도로 보면 될까요?

희신 土로의 흐름이 좋지 않아 더 이상은 어렵다고 생각되는데 어떤지요?

 그렇겠습니다. 약간 아쉽지요?

그 정도면 급수에 대해서는 충분히 이해하신 것 같습니다. 잘하셨습니다.

164 사주 내에서의 운명변화는?

대운의 흐름에 따라 길흉화복이 바뀐다고 배웠습니다. 그런데 대운과는 무관하게 사주원국 자체 내의 오행배합에 따라 시간상의 길흉화복의 변화가 있는지 궁금합니다.

예를 들어 용신이 연주에 있으면 초년에 이로운 작용을 많이 하고(연주는 부모궁이므로), 시주에 있으면 인생의 후반기에 이로운 작용을 많이 할 것 같습니다. 이러한 이치가 있는지, 아니면 또 다른 이치가 있는지 알고 싶습니다.

 그보다는 대운의 작용이 더 중요합니다

대운의 개념이 잡히기 전에는 그렇게만 보기도 했습니다. 그러나 대운이 나타나고 나서는 대운을 우선시하게 되었습니다.

원칙적으로 연월은 어려서라고 하기보다는 부모의 인연이라고 해야 옳지만, 그렇다고 딱 잘라서 말할 수 없는 것은 어려서일 수도 있기 때문입니다. 확증이 없으므로 장담할 수 없다고 해야 정답이겠습니다.

따라서 그렇게 볼 수도 있겠지만, 대운의 작용을 더 중요한 것으로 보고 기준을 삼는 것이 좋겠습니다. 즉 서로 대치될 경우에는 대운이 우선한다는 것이지요. 앞부분에 용신이 있는데 초운이 버렸다고 한다면 버린 것으로 봐야 한다는 것입니다. 이해가 되시지요?

165 상생의 차이점은?

'양생양 음생음 = 식신', '양생음 음생양 = 상관' 입니다. 반드시 일간과의 작용이 아니더라도 사주 내에 여러 곳에서 발생할 수 있는데, 생이 원활한 순서는 무엇입니까? 같은 상관·식신이라도 차이가 있습니까?

 음양이 다른 상생은 유정하다고 봅니다

다르게 볼 것은 없습니다. 있는 그대로 보되 음양이 다르면 당연히 더 활발하게 교류된다고 하겠습니다. 음양의 애착 정도라고 봐야 하지 않을까 싶습니다. 그 정도로 이해를 하면 되겠네요.

166 강약이 궁금합니다

時	日	月	年	
乙	丁	己	己	
巳	酉	巳	酉	
55	45	35	25	15	5	四大運
乙	甲	癸	壬	辛	庚	
亥	戌	酉	申	未	午	

『알기 쉬운 천간지지』에 보면 연·일주는 천간이 중요하고, 월·시주는 지지가 중심이라고 씌어 있습니다.

이 사주의 경우 사월 사시에 태어난 정유 일주가 강해 보이기는 하지만, 실지한데다가 2土2金으로 식·재의 세력도 만만치 않습니다. 시간에서 연간으로 목생화·화생토 하고 연간에서 연지로 토생금 하는 흐름을 고려하면 약해 보이지도 않고요. 무엇보다도 월지 사화가 연지·일지인 유금과 반합을 하고 있는 것이 강약을 결정하는 데 상당히 모호하게 만들고 있습니다. 고견 부탁드립니다.

 다소 약하다고 보입니다

이 정도의 사주라면 약으로 봐도 되겠습니다. 火가 있다고 해도 木의 생을 받지 못하면 강하다고 하기 어렵습니다. 그리고 사유의 합도 火가 약해지는 의미를 보태고 있는 것으로 보입니다. 따라서 인성이 필요하다고 하겠습니다.

167 사주에 재성이 없을 때 경제활동의 습성은?

사주 내에 재성이 없는 경우 경제활동(돈 씀씀이, 돈에 대한 사고방식 등)의 습성은 어떻게 판단할 수 있습니까?

 다른 것은 있겠지요?

재성이 없으면 다른 것은 있겠지요?

168 천간의 변화가 사주에 미치는 영향은?

스님의 저서『알기 쉬운 천간지지』의「천간의 형태」를 보면 천간은 변화가 신속하다고 되어 있습니다. 사주를 감정할 때 네 기둥의 위치를 고정시켜놓고 관찰해보면 흐름은 대운에서만 나타납니다. 천간은 순환하고 지지는 고정되어 있다고 하는데 '순환하는 천간'이 응용 차원에서는 별다른 의미가 부여되는 것 같지 않아서 질문 드립니다.

 질문이 막연하네요

결과적으로 중요한 것은 천간도 지지도 변화에 의한 또 다른 변수가 있다는 것이라고 하겠습니다. 즉 항상 고정되어 있는 것은 아니라는 뜻입니다. 지지의 경우도 마찬가지겠지만, 가령 천간에 경금이 있는데 운에서 임수가 온다면 금생수로 움직일 것이고, 병화가 온다면 화극금으로 방어력이 발생하지 않을까 싶네요. 구체적으로 질문을 주시면 답변을 얻기가 더 나을 것으로 생각됩니다.

169 합에 관한 질문입니다

왕초보의 질문입니다. 확인하는 차원에서 여쭙니다. 천간과 지지의 본기(本氣)는 합으로 생각할 수 없다고 보는데 맞습니까? 예를 들어 천간의 丁과 지지 子 중 임수가 정임합목이라고 보는 것은 무리가 있을 않을까요?

 그렇지요. 정해일이라면 또 몰라도……

천간의 정화가 지지의 해수를 본다면 본기와 합이 됩니다. 아마도 질문에 착오가 있지 않았나 싶군요. 그러니까 중기나 여기와는 합이 발생하기 어렵지 않느냐고 묻고 싶으셨던 게 아닌가요? 자수 속의 임수와는 정화가 합하기 어렵습니다.

170 마음의 변화는 운의 영향을 받습니까?

재성이 없는 경우 사주에 있는 다른 성분으로 분석하면 된다고 말씀하셨는데, 이것을 사주에서 인성의 영향이 가장 강한 사람은 충동구매를 많이 하고 식상이 과다하면 쉽게 소비하고 하는 식으로 생각하면 되는지요?

또한 사람의 마음은 끊임없이 변화하는데, 가령 그 기운이 미약하더라도 때로는 구석에 박힌 성분(십성 중의 하나)에 따라 마음을 쓸 때도 있지 않을까요? 이러한 마음의 변화는 운(대운·세운·월·일·시)의 영향에 전적으로 의지하는 것인지, 아니면 운과는 무관하게 사주원국 자체 내의 어떤 변화(순환)가 있는 것인지 궁금합니다.

이것은 천간의 변화가 사주에 미치는 영향에 대한 질문(Q168)도 보충하는 것입니다. 가르침 부탁드립니다.

 변화하는 마음은 운의 영향에 민감합니다

잘 생각하셨습니다. 일간으로부터 멀리 있는 성분도 작용이야 하겠지요. 가령 편인이 연지에 붙어 있으면 보통은 고독하지 않은데, 고독할 일이 발생하면 그곳으로 가게 됩니다. 다시 말해서 고독에 대해서 얼마나 깊이 몰두하느냐는 하는 것은 이러한 영향의 차이라고 보면 되겠습니다.

그리고 운의 영향은 상당히 민감하다고 보고 있습니다. 정재가 들어오면 평소에는 무감각하던 사람이 잔돈에 신경을 많이 쓰는 경우가 발생한다고 이해를 하면 될 것입니다.

Q171 합으로 인정한다면 화도 가능합니까?

Q169의 추가질문입니다. 그렇다면 丁과 亥는 합으로 인정하신다는 뜻 같은데, 상황이 좋다면 木으로 화(化)도 가능합니까? 아니면 아무리 상황이 좋아도 그냥 끌리는 정도로만 생각해야 합니까?

 웬만하면 화하지 않는다고 이해하세요

끌리는 정도로 생각하시는 게 속이 편할 겁니다. 화할 수도 있다고 이해하지 말고, 화하지 않을 가능성이 더 많다고 보시는 게 좋습니다. 합하기는 쉬워도 화하기는 어렵다고 보고 있기 때문입니다. 끌리는 것은 쉽습니다.

Q172 재자약살격인가요?

時	日	月	年
戊	己	癸	辛
辰	未	巳	亥

丙	丁	戊	己	庚	辛	壬
戌	亥	子	丑	寅	卯	辰

乾命
當令 : 丙火

九大運

1) 비겁 태왕이므로 관살을 용신으로 삼아 재자약살격으로 봐야 할지, 식신을 용신으로 삼아 식신생재로 봐야 할지 궁금합니다.

2) 월령을 판단할 때 당령이 중요한 것으로 알고 있습니다. 그렇다면 예를 들어 이 사주에서 당령이 병화가 아니고 무토라고 한다

면 월지 자체를 무토로 봐야 하는지, 득령했는가를 판단할 때에만 월령을 무토로 보고 세력을 판단할 때에는 본기를 적용해야 하는지 알고 싶습니다.

3) 이 사주에서 신금의 입장에서 보면 사화는 金의 생지입니다. 그렇다면 신금은 월령을 장악했다고 봐야 하는지 화극금으로 이해해야 하는지 알려주십시오.

 식신생재격으로 보는 게 좋겠습니다

1) 암장된 관살보다는 투출된 식상이 더 좋아 보이는군요. 식신생재격으로 보는 게 좋겠습니다.

2) 늘 혼란스러워하는 부분인데, 기본적으로는 본기를 보고 당령은 참고로 봅니다. 그러니까 원칙은 기본이 우선이라는 것입니다. 당령이 월령과 어떠한 관계를 맺고 있느냐는 것은 상당한 고려가 필요한 것으로, 구분이 만만치 않다고 하겠습니다. 그래도 연구하다 보면 길이 보입니다.

3) 이 상태로는 월령을 얻었다고 보기가 어렵겠네요. 만약 신사월이라면 자좌를 얻은 것으로 봐도 되지만, 당령이 병화라면 얻기는 했더라도 도움은 되지 않는 것으로 이해를 하면 됩니다. 공부가 잘 되어가시는군요. 발전하세요.

173 남편성이 없는 경우의 사주

『마음을 읽는 사주학』 171페이지에 있는, 남편성이 없는 경우 용신을 남편으로 생각하는 항목의 사주입니다.

```
時 日 月 年
甲 癸 甲 乙
子 酉 申 酉
```

신금 중의 土는 주변의 원조가 없으면 무력해서 생각하지 않으므로, 남편성은 없어서 용신으로 본다고 하셨습니다. 무력한 이유가 무엇인지 궁금합니다. 지장간에라도 숨어 있으면 그걸로 생각해야 한다고 알고 있었거든요.

 글쎄요, 기본과 변화의 차이라고나 할까요?

기본은 있는 그대로를 봐야 하는데 상황에 따라서는 고려를 하고 싶지 않은 경우도 많습니다. 신월의 경우에도 초기에 태어나고 천간에 무토가 있으면 고려를 해야겠으나, 이 사주의 경우 거의 없는 것으로 봐야 할 상황입니다. 지지에 金·水가 좌악 깔린 상태에서 土는 고려하고 싶지 않다고 느낀 것이지요. 참고하시기 바랍니다.

174 한신으로 화하는 건가요?

```
時 日 月 年
辛 庚 壬 甲        乾命
巳 寅 申 辰
```

```
┌─────────────┐
│     30      │
│     乙      │
│     亥      │
└─────────────┘
```

1) 이 명식은 현재 해대운에 들어와 있는데 인해합과 사해충이 보입니다. 이 경우 목생화로 봐야 하는지, 木(희신)의 작용이 먼저 생긴 후 한신이 작용하는 것인지 알고 싶습니다.

2) 세운과 월운 또는 일운을 판단할 때 사주원국과 합과 충의 문제를 알고 싶습니다. 예를 들어 이 명식에서 일진이 병신일 경우 인신충의 의미가 강화되는 건가요? 사족이지만 세운·월운·일운도 사주원국과 합충을 하는지 알고 싶습니다.

 사해충도 발생하고 목생화도 발생합니다

1) 육합은 그다지 고려하지 않아도 됩니다. 다만 시간적인 문제를 생각해본다면 합이 먼저라고 하겠습니다. 다음은 생이 될 것이고, 그 다음이 충이 되겠지요. 그러나 결과적으로는 모두가 동시에 발생하는 것으로 봐야 한다고 생각하고 있습니다.

2) 먼저 1)번의 답변을 참고하시고요, 세운의 작용에 대해서만 고려를 하고 월·일의 상황은 참고 정도면 되겠습니다. 일일이 대입을 하다 보면 오히려 엉켜버리는 상황이 발생할 수도 있으니까요. 그래서 영향력이 있는 것은 대운과 세운 정도에 대해서만 고려를 한다는 것입니다. 고전에서도 월운을 고려한 곳은 잘 보이지 않습니다.

175 용신이 아리송합니다

時	日	月	年
丙	庚	壬	辛
戌	午	辰	酉

乾命
當令:戊土

임진월의 경오 일원이 신강인지 신약인지 아리송합니다. 그래서 세 가지 방향에서 용신을 고려해봤습니다.

①신강-편관 용신 : 辰 중 무토 당령에 연주 신유금이 있어 다소 신강해 보입니다. 따라서 시간의 병화(편관)를 용신으로 하고 木(재성)을 희신으로 생각해볼 수 있습니다.

②신약-편인 용신 : 경금 일주를 둘러싸고 있는 병화·오화·임수가 극설이 다소 과하여 월령인 진토(편인)를 용신으로 하는 살중용인(?)으로 생각할 수도 있습니다.

③? - 식신제살 : 경금 일원이 진토(편인)월에 생하고, 연주 겁재로 약하지 않으며, 시간 병화도 오술 당살로 많고, 진월에는 火가 진기하는 때이므로 강하다고 보아 월간 임수(식신)로 제살할 수도 있다고 봅니다.

저는 ③번의 식신제살로 보고 싶은데 낭월 선생님의 의견을 구합니다.

③번에 동의합니다

잘 보셨습니다. 약하지 않으므로 火가 많은 것이 싫어서 水로써 제어하고 싶어지는군요.

176 용해야 할지, 종해야 할지……

```
時 日 月 年
丁 壬 丙 丁
未 申 午 未
```
乾命 十大運

재다신약인데 申 중 임수를 용(用)해야 할지 재를 종(從)해야 할지 궁금합니다.

 웬만하면 종하지 않는 걸로 하세요

종은 무슨 종요. 신약용인격이지요. 재다신약은 하나의 상황이고, 실제로는 재중용인격이라고 하면 되겠습니다. 도움 되시기 바랍니다.

177 살중용인격입니까?

```
時 日 月 年
辛 甲 壬 己
未 子 申 酉
```
坤命 七大運

재성이 과하여 신약으로 보이지만 水의 힘도 만만치 않아 보입니다. 그래도 기토와 미토를 염두에 두고 신약으로 판단하여 천간의 임수를 용신으로 삼았습니다. 맞습니까?

 정답!

잘 보셨습니다. 긴말이 필요 없겠지요?

178 지지 土에 관한 질문입니다

지지로 들어오는 土에 관한 질문입니다. 편의상 월지에 土가 들어오는 네 가지 경우를 상정해보았습니다. 월령을 잡은 것과 그렇지 않은 것으로 구별하는 방법을 설명해주시기 바랍니다.

	①				②				③				④			
	時	日	月	年	時	日	月	年	時	日	月	年	時	日	月	年
	○	甲	○	○	○	甲	○	○	○	甲	○	○	○	甲	○	○
	○	○	辰	○	○	○	丑	○	○	○	未	○	○	○	戌	○

①진월은 장간에 을목·계수가 있으므로 뿌리를 내릴 수 있어서 득령했다고 생각됩니다.

②축월도 장간에 계수가 있으므로 어느 정도 뿌리가 있다고 생각됩니다.

③미월은 장간에 을목이 미약하게 있으며, 木의 고지이지만 조열한 土이므로 월령을 잡았다고 생각되지 않습니다.

④술토는 막바지 가을철이라 木을 극하려는 마음만 있는 것 같아서 실령이라고 생각합니다.

질문이 너무 장황하게 되었습니다.

충분히 납득이 되는 질문입니다

충분히 납득이 되는 질문입니다. 또 그 정도의 고민을 거치지 않고서는 자연의 마음을 읽기가 불가능한 것이 아닌가 생각되기도 합니다.

잘되고 있는 것으로 보입니다. 당령이 들어가고 천간에 투출된 것이 고려되면서 일은 더욱 복잡해지겠지만, 기본적인 것은 이 정도의 이해라면 충분하겠습니다.

179 종에 관한 질문입니다

時	日	月	年	
戊	甲	戊	丙	坤命
辰	辰	戌	辰	

59	49	39	29	19	9
壬	癸	甲	乙	丙	丁
巳	午	未	申	酉	戌

사주에서 과연 종을 했는지 하지 않았는지 구별하는 방법을 잘 모르겠습니다. 이 사주 역시 종을 했는지 아니면 辰 중 계수와 을목에 기대면서 살아왔을지 잘 모르겠습니다.

종을 했다면 성격이나 살아온 과정이 편했을까요? 종을 하지 않았다면 기·구신운이 들어온 것으로 보여 굉장히 힘든 삶을 살아왔을 것 같은데, 본인에게 확인해본 바로는 큰탈없이 평범하게 살아

왔다고 합니다.

혹시 구별을 위해 더 알아야 할 사항이 있습니까?

 종을 하지 않았을 것 같습니다

사주를 봐서는 종을 하고도 남지만 그래도 정격으로 보는 게 좋겠습니다. 특별히 종을 했다면 비겁운에서 곤란을 겪었을 수가 있기 때문입니다.

그런 상황에서 좀더 살펴보시기 바랍니다.

180 통근에 관한 질문입니다

時	日	月	年
癸	戊	辛	丙
亥	戌	卯	戌

이 사주에서 통근에 관해서 계산을 하셨는데, 어떤 이유에서 월지는 계산에서 빠졌는지 알고 싶습니다.

 오류를 발견하셨군요. 잘 보셨어요

좋은 지적을 해주셨습니다. 실수로 빠진 것입니다. 고맙습니다. 계속 잘 살펴보시기 바라며 바로 수정하도록 하겠습니다.

181 성격에 관한 질문입니다

	時	日	月	年
	庚	己	乙	癸
	午	巳	丑	卯

55	45	35	25	15	5
己	庚	辛	壬	癸	甲
未	申	酉	戌	亥	子

성격에 관한 질문입니다. 상관성분에 의한 성격이 가장 강하게 나타난다고 설명하셨는데(경금이 사화에 통근하고 있다고 하셨습니다), 제가 보기에는 축월이라고는 하지만 오화를 얻은 인성(사화)에 의한 성격과 굉장한 힘을 얻은 편관(을목)의 성격이 강하게 나타나리라고 보여집니다. 상관(경금)은 오화에게 극을 당하므로 성격이 많이 나타나지 않을 거라는 생각이 드는데요.

혹시 신유대운에 접어들어서 그런 성격이 강하게 나타날 수도 있다고 보는 것인지, 아니면 원국에서 성격이 그렇게 나타날 수도 있는 것인지 궁금합니다.

 또 예리한 질문입니다

질문자의 설명도 타당하기는 하지만, 성격의 영향을 받는 과정에서 그 성분이 강하고 약하고에 대해서는 큰 영향이 없는 것으로 확인되고 있습니다. 그래서 기본적인 구조에 대해서만 집중적으로 파악하려고 노력하고 있습니다. 좀더 임상을 해보시기 바랍니다.

182 식신에 대한 제 생각이 어떤지요?

천간은 기(氣)이고 지지는 질(質)이므로 정신적인 변화는 주로 천간에, 육체적인 변화는 주로 지지에 신속하게 반응한다고 생각합니다.

또한 식신이 천간에 있는 경우에는 연구분야나 정신적(철학·심리학)인 분야에 능하고, 지지에 있는 경우에는 구체적인 결실을 보는 분야, 즉 글을 쓰거나 예술 분야에 탁월할 것이라고 생각해보았습니다. 그리고 천간에 있으면 순수학문에 관심이 많고 지지에 있으면 응용학문에 관심이 많을 것으로 생각됩니다. 제 생각에 타당한 면이 있는지 가르침 부탁드립니다.

 타당성이 있습니다

좀더 연구하고 정리하면 멋진 결실이 이루어질 것으로 봅니다. 잘 생각하셨습니다.

183 기신의 긍정적인 부분에 관한 질문입니다

기신의 양면성에 관한 내용에서 긍정적인 면이 정진력이라고 하셨는데, 쉽게 이해가 되지 않습니다. 좀더 이해하기 쉽게 설명해주시기 바랍니다. 그리고 부정적인 면에서 정체감이란 역시 좋지 않다는 의미가 강하겠죠?

 정진력은 부지런히 노력하는 것을 말하지요

운이 좋으면 애를 쓰지 않아도 잘되므로 열심히 하지 않게 되는데, 운이 나쁘면 즉 기신이라면 되는 게 없으므로 더욱 열심히 정진을 하게 된다는 의미입니다. 그러니까 고생 끝에 낙이 온다는 말은 기신의 운에서 정진을 열심히 한다면 용신의 운이 왔을 때 찾아먹는다는 의미도 되겠지요.

또 한 가지, 기신의 운은 충전하는 시기이므로 열심히 충전을 해 둬야 활동할 시기가 오면 신나게 움직일 수 있습니다. 그런 의미에서 한 말입니다.

184 진퇴지기와 지장간과의 관계는?

평소에 품고 있던 몇 가지 의문사항입니다.

첫째, 지지 속에 들어 있는 지장간은 어떤 원리에 근거해서 들어 있는 것입니까? 왜 지장간을 여기·중기·본기로 나누어 월률분야를 하는 것입니까?

둘째, 『적천수』「통신송」 중 "이승기혜기유상 진혜퇴혜의억양(理承氣兮豈有常 進兮退兮宜抑揚)"에서 오행의 진퇴지기(進退之機)를 '왕상휴수사'에 준해 설명하고 있는데, 이 둘의 연결고리는 무엇이고 연관성은 어떠합니까?

제 생각으로는 자연의 이치에 통달한 선현께서 후학들을 위해 그 이치를 본떠 오행의 진퇴지기를 지장간으로 담아 설명한 게 아닐까 합니다. 오행의 진퇴는 지장간의 중기와 가장 밀접한 연관이 있지 않을까요.

가령 목기의 진퇴를 생각해보면 생지인 亥 중 갑목에서 진기하여 왕지인 묘목까지 성하다가 퇴기하기 시작, 쇠해져서 고지인 未 중 을목에서 마치지 않을까 생각됩니다. 물론 사(死)에도 기운은 있지만 말입니다.

즉 사생지의 경우 여기는 오행(四行?)의 변화를 원활히 하기 위해 土가 있고, 중기는 진기하는 오행이며, 본기는 왕한 오행이 차지하고 있는 것 같습니다. 또한 사고지의 경우에는 퇴기한 오행이 중기에 있고 다음 오행으로 변화를 위해 土가 본기를 맡고 있는 것으로 생각됩니다.

저의 짧은 생각에 대한 낭월 선생님의 의견을 듣고 싶습니다.

 좋은 생각이시네요. 동의합니다

아마도 이 문제는 앞으로도 오래도록 명리학에서 큰 숙제가 될 것으로 보입니다. 그러나 사람은 미루어 생각하여 어떻게든 결론을 내리고 싶어하지요.

낭월도 이 부분에 대해서 많은 생각을 해보았습니다. 결론은 질문하신 분과 유사한 것으로 내리게 되는군요. 결국은 고인의 지혜라고 말이지요.

앞으로 더욱 공부가 깊어져서 오행이 흐르는 모습이 눈에 보인다면 지장간을 만들 수 있지 않을까 하는 생각까지 해보았습니다. 그랬을 때 기존의 지장간과 무엇이 달라져 있는지가 가장 큰 관심사이기도 하답니다. 잘 생각하고 계신 것으로 봅니다.

185 원국에 필요한 용신이 없는 경우

사주원국에서 가장 필요한 오행이 용신, 용신을 생하는 것이 일반적으로 희신이라고 하셨는데, 원국에서 필요한 오행이 없을 때는 차선으로 일간이 원하는 대체가능한 다른 오행을 용신으로, 원래 필요한 오행을 희신으로 정하고 행운에서 오기를 기다린다고 한다면 일리가 있는지요? 물론 지장간 중에 용신이 있는 경우는 별도로 하고요. 누가 묻길래 이렇게 알려주었는데, 고견 부탁드립니다.

중요하고 중요한 글자, 용신

용신이 지장간에 있는 경우는 왜 별도라고 했는지 모르겠네요. 지장간에 있든 천간에 있든 있으면 그대로 용신이 되는 것이라고 하면 되겠습니다.

어느 운에 발하고 어느 운에 침체되느냐를 알아내는 것이 용신을 찾는 목적이기 때문입니다. 그리고 용신이 힘이 있느냐 없느냐를 따져서 대운이 왔을 때 발복하느냐 실패하느냐의 정도를 측정하는 기준치로 삼기도 합니다.

세간사의 희로애락이 모두 용신 한 글자에 달렸으니 참으로 중요하고 또 중요한 글자로군요. 그래서 틀려서는 안 된다는 말씀을 드립니다만, 실은 낭월도 가끔은 헛다리를 짚기도 한답니다. 더욱 신중히 연구하고 정진해야지요.

186 상관격인가요?

時	日	月	年
丁	甲	甲	戊
卯	戌	子	申

乾命 二大運

갑목 일간이 비록 실지했으나 월령을 잡고 있고 비겁이 둘이나 되니 약하지는 않다고 봅니다. 자술암합이 있기는 하지만 신자반합으로 상쇄되는 느낌이 들고, 월간의 갑목과 시지의 묘목은 무토와 정화라는 변수가 있기는 하지만 월령 자수를 잡고 있어서 강하게 보입니다.

그래서 강한 木을 설기해주는 정화를 용신으로, 연간의 무토를 희신으로 판단하여 상관격으로 보았습니다. 맞는지요?

또한 이 명식의 흐름은 무토로부터 시작되는 토생금 · 금생수 · 수생목 · 목생화로 보이는데, 이 경우도 연주 상생의 흐름이 좋다고 할 수 있는지요?

 상관격 맞습니다

상관격으로 제대로 보셨습니다. 그러나 흐름에 대해서는 갑목이 나란히 있어 억지로 흘러가는 꼴이 되었으므로 다소 아쉬운 흐름이라고 하겠습니다. 하나씩 있을 때 제대로 된 흐름이라고 하게 됩니다.

187 상순에 대해서 생각했습니다

『알기 쉬운 합충변화』에 하건충 선생님의 상순(相順)이론을 소개해주셨는데, 특별한 쓰임이 생각나는 것은 없지만 기의 흐름을 원활히 하지 않을까 하는 생각이 들었습니다.

그래서 드리는 말씀인데, 상순의 방향으로 용신이 있다면 용신과 좀더 유정하며 그쪽 방향에 있는 십성으로 마음이 가고 따라서 인생도 그쪽으로 흐르게 되지 않을까요? 그런데 만일 상순의 방향에 기신이 있다면 어떻게 될까요? 또 육체와 정신이 한 방향으로 집중되므로 그쪽에 있는 십성에 대단한 집중력을 보이지 않을까요? 가르침 부탁드립니다.

일리가 있는 말씀이네요

매우 일리 있는 말씀입니다. 상순은 품격의 상승이라고도 했으니 좋은 것은 분명한데, 구체적으로 대입이 된 것이 없어서 확인하기는 만만치가 않습니다. 앞으로 많은 자료가 확보된다면 어떤 기준을 세울 수도 있을 것으로 보입니다. 그러한 자료들이 모인다면 연구해보시기 바랍니다.

188 갑자와 을해의 통근은?

선생님께서는 통근하는 힘이 갑자가 을해보다 더 강하다고 설명해주셨습니다. 그리고 자수는 순수한 물만으로 이루어져 있어서 자연에 비교해본다면 너무 깨끗한 물에는 고기가 살지 못한다고 들었습니다. 따라서 나무의 입장에서 무럭무럭 자랄 수 있도록 양분을 제공하는 물은 해수가 아닐까 생각해봅니다. 좁은 소견에 가르침 부탁드립니다.

 타당한 주장이고 공감합니다

타당한 생각입니다. 낭월이 그렇게 말씀드린 것은 철저하게 지장간의 비율에 대해서만 고려를 한 것이지요. 초보자에게 오행의 흐름이나 자연의 상황까지 설명하기에는 부담이 되기 때문입니다. 당연히 을해가 좋지요.

이런 경우를 일러 곰은 속여도 사자는 못 속인다는 말을 해야 하지 않을까 싶네요. 속지 않으시니 말입니다.

189 십이지지의 위치에 따른 성질의 차이는?

축토를 예로 질문드리겠습니다. 축월은 1년 중 가장 추운 달에 해당하므로 축토의 물과 흙이 얼어붙어서 나무가 뿌리를 내릴 수 없을 것으로 생각됩니다.

하지만 춥다는 의미를 제외하면 축축한 土로서 어느 정도는 뿌리를 내릴 수도 있지 않을까 생각해봅니다. 따라서 축토가 일지에 있을 때와 월지에 있을 때는 의미를 좀 다르게 생각해야 하지 않을까요? 월에 있다면 계절의 의미가 들어간다고 생각되기 때문입니다.

①　甲　　②　甲
　　丑辰　　　辰丑

①은 갑목이 뿌리를 내릴 수 있는 土가 되나 ②는 뿌리를 내릴 수 없으며, ②번 사주가 火를 더욱 시급히 필요로 한다고 생각되는데, 맞습니까?

 잘 연구하고 계시는군요

그렇게 궁구하시면 틀림없을 것으로 봅니다. 잘하고 계십니다. 계속 정진하시기 바랍니다.

190 원국은 좋은가요 나쁜가요?

① 乾命 九大運	② 乾命 一大運
時 日 月 年	時 日 月 年
戊 丙 己 乙	丙 辛 戊 乙
戌 戌 卯 巳	申 卯 寅 巳

사주의 등급(원국의 고저)에 관해 문의드립니다.

①번은 묘월의 병술 일주가 식상이 많아서 월령에 통근한 을목을 용하는 상관(식신?)패인으로 생각됩니다.

②번은 무인월의 신묘 일원이 재다신약의 형상으로 시지 신금을 용하는 재다용겁으로 생각됩니다.

그런데 ①번을 자세히 살펴보면 전체적으로 원국이 매우 조열하여, 두 단계 정도 등급이 떨어지겠지만(?) 상관패인의 구조로서 '순패지기수리회(順悖之機須理會)'의 순(順)에 어느 정도 근접한다고 생각됩니다. 즉 원국은 좋은 편으로 식신인수가 어우러진 박사급으로서 청고(淸枯)하나(원국상 지장간에라도 水가 하나만 있으면 더욱 좋을 텐데……) 향후 을해대운에는 좋을 것 같습니다.

②번은 재다신약으로서 신금이 기신(병화)에 마음이 가 있고 월간 희신(무토)은 아래와[무토 당령 살인상생(?)] 옆에서 구신들이 극하여 패(悖)에 가깝지 않을까 하나, 향후 유대운이 들면 매우 좋아지지 않을까 생각됩니다. 그런데 행운만큼은 요지경입니다.

낭월 선생님께서 느끼는 사주원국의 순패에 관한 의견을 부탁드립니다.

둘 다 패라고 봐야 합니다

①번 사주는 묘월 병화이므로 설기시키는 것이 좋겠는데, 무술은 부담이 되겠군요. 무진만 되었더라도 좋았을 텐데 말입니다. 기토는 쓰기 곤란하겠습니다. 을목과 묘목이 보이므로 순이라고 하더라도 거짓 순이라고 봐야 하겠습니다. 냉정하게 판단해드립니다.

②번의 경우는 그보다 더 못해서 무토를 용신으로 할 수도 없고 신금을 용신으로 할 수도 없는 고약한 상황입니다. 역시 마땅치 않다고 봅니다. 순패로 논한다면 둘 다 패라고 봐야 하겠습니다. 그 중에서도 ①번이 조금 나은 것은 확실합니다. 만약 무진시였다면 순이라고 할 수 있겠습니다. 참고되시기 바랍니다.

191 갑목이 희신인가요?

```
時 日 月 年
壬 甲 甲 庚
申 申 申 子
```

乾命 五大運

관살이 왕하므로 신약으로 보고 시지의 임수를 용하고자 합니다. 여기에서 희신은 강한 水의 기운을 설기해주는 갑목으로 봐야 하는지, 원국에는 없지만 관살을 극해주는 火로 보고 운에서 기다려야 하는지 궁금합니다.

희신의 기준은 용신입니다

　희신은 항상 용신을 기준으로 보면 됩니다. 임수의 입장에서는 火를 원할 상황이 아닙니다. 그냥 두고 木을 희신으로 삼는 것이 좋겠습니다. 천간에서 土가 온다면 방어할 방법이 없는데, 갑목이 있다면 도움이 되겠지요? 그런 의미로 희신을 정한다면 크게 벗어나지 않을 것으로 보입니다.

192 재다신약한 상황에서 희신은?

時	日	月	年
己	丙	甲	戊
丑	辰	寅	申

　용신이 갑목인 상황에서 희신을 찾기 위해 용신을 중심으로 보니 재다신약한 상황이 되었습니다. 이럴 경우 비겁이 용신이 되니 木을 희신으로 생각해야 하는지, 아니면 용신을 생해주는 水가 희신이 되는지 알 수가 없습니다. 그것도 아니라면 갑목의 뿌리인 인목이 충을 당하니 신금을 극하는 火가 희신이 되나요?

 水가 희신입니다

　木을 용신으로 삼은 상태에서 다시 희신으로 정할 필요는 없습니다. 따라서 水가 좋겠는데, 상관용인격의 구조에서는 희신이 힘이 없기 때문에 별 의미가 없을 가능성이 많습니다. 그래도 水가 온다면 木이 힘을 얻겠지요.

그리고 인월이라는 점을 고려하고 인신충을 참고한다면 火는 약의 역할을 한다고 봐도 되겠습니다.

193 상관생재에 관한 질문입니다

```
時 日 月 年
丁 戊 癸 己        坤命
巳 申 酉 未

   10 20 30
   乙 丙 丁
   亥 子 丑
```

이 사주를 상관생재로 본다면 월간의 계수가 기토로 인해 불편하지만 월지의 유금이 상했다고는 보기 힘들지 않을까 생각합니다. 계수가 없더라도 괜찮은 상관격이 아닐까요? 겁재가 이름값을 하는 것이 걸리기는 하지만 상관생재의 파격이라고 말하기는 뭐한 것 같습니다.

식신(상관)생재인 경우, 용신은 식신이 되는지 아니면 재성이 되는지 궁금합니다.

 상관생재격은 일단 공용한다고 보면 좋습니다

상관생재라면 둘 모두를 용신으로 삼는다는 의미가 있습니다. 상호보완이라는 의미로 해석할 수 있겠습니다. 식신생재도 마찬가지지요. 이 사주의 경우 金이 많으므로 水가 더 좋아 보이지요? 그러니까 사주에서 필요로 하는 것에 비중을 더 두면 되는 것입니다. 공식적으로 어느 것을 써야 한다는 원칙은 없습니다.

재성이 겁재에게 깨어졌더라도 없는 것보다는 낫다고 봐야겠지요. 병이 든 사주에서 약을 만난다면 원국에는 재성이 없는데 운에서 발하는 것보다 훨씬 빠르다고 볼 수 있습니다. 예를 들면 성인이 병이 들어서 신음하다가 약을 먹어 치유가 되면 바로 일을 할 수 있지 않습니까? 그런데 운이 와서 기술을 배워 일을 하려고 하면 그만큼 더디다는 의미로 이해를 하면 어떨까 싶네요.

원국으로 봐서는 계수가 극을 당하고 있는 것보다는 아예 없는 것이 청하게 보이는 것도 타당하다고 하겠습니다. 이해가 되셨는지요?

194 사주원국과 행운의 발단은?

사주원국과 행운에 관해 평소 가지고 있던 화두 하나 올립니다. 자평명리를 배우면서 사주원국과 행운의 '호(好)·불호(不好)'라는 측면에서 다양한 조합을 경험하게 됩니다.

즉 원국과 행운이 좋은 사람에서 원국도 행운도 나쁜 사람까지 불교적 차원에서 윤회의 고리를 넘거나 전생의 업장에 따라 현생의 사주를 안고 왔다면, 그래서 선천적인 운명의 암시가 사주상 주어져 있다면, '사주원국상의 좋고 나쁨과 행운상의 호·불호의 차이는 왜 생기는 것일까?' 하는 불가지론성 의문입니다.

혹시 사주원국은 전생에 인연을 맺은 사람들(특히 조상과 육친)과의 관계에서 생기고, 행운이란 자신의 적덕·보시의 결과에서 나오는 건 아닐까요?

신선한 방향 모색이군요

일리가 있는 의견입니다. 그렇게 볼 수도 있겠습니다. 추측이라는 것을 전제로 하고 말이지요. 이 부분에 대해서는 낭월보다 더 깊은 관찰을 하신 것으로 보여서 특별히 뭐라고 드릴 말씀이 생각나지 않는군요.

다만 대운과 세운의 관계에 대해서 생각해본다면, 대운은 공간이고 세운은 시간이라는 전제에서 출발할 때, 대운은 전생에 지은 행위가 싹을 틔워 마련된 환경이고, 세운은 그러한 환경에서 자신이 가꿔가는 후천적인 새로운 인과의 장이 쌓이는 시간의 개념이 아닐까 싶은 생각은 듭니다.

그러다 보면 다음 생으로 연결되는 고리는 세운에서 더욱 많은 인연이 발생하게 되겠네요.

새로운 발상에서 뭔가 가능성이 보입니다. 정진하시기 바랍니다.

195 용신에 대한 질문 ①

Q195~Q199까지의 다섯 사주는 정화가 용신인 세 명이 모여 공부한 사주들입니다. 이 사주들의 용신에 대한 판단이 모호하여 질문드립니다.

時	日	月	年
丙	癸	丙	乙
辰	酉	戌	卯

신약하여 유금을 용신으로 한 신약용인격, 또는 水와 火의 세력이 대치하므로 통관의 의미에서 연간 을목을 용신으로 삼는 두 가지 상황을 생각해보았습니다. 가르침 부탁드립니다.

 水·火의 대치는 불가합니다. 신약용인격이네요

좋은 토론을 하셨나 봅니다. 신약용인격이 정답입니다.

196 용신에 대한 질문 ②

時	日	月	年
庚	丙	己	戊
寅	子	未	戌

신약하므로 인목을 용신으로 하는 신약용인격, 또는 상관·재성을 용신으로 하는 상관생재격의 두 가지 상황을 생각해보았습니다. 가르침 부탁드립니다.

 신약용인격으로 보고 싶습니다

기미월의 병자 일주라면 매우 약하다고 하겠습니다. 그래서 인목을 용신으로 하는데, 재성에게 눌려 있는 것이 불만이로군요. 탐재괴인까지는 아니더라도 어쨌든 용신이 불리하군요.

197 용신에 대한 질문 ③

```
時 日 月 年
戊 丙 癸 丁
子 申 丑 卯
```

묘목을 용신으로 하는 신약용인격, 정화를 용신으로 하는 신약용겁격, 무토를 용신으로 하는 신신제살격의 세 가지 상황을 생각해 보았습니다.
가르침 부탁드립니다.

 신약용인격으로 하겠네요

극설이 교차되어 있을 때는 겁재로는 무력해서 쓰기 어렵습니다. 그렇더라도 인성이 없으면 도리가 없겠지만 연지의 묘목이 있으므로 신약용인격이 성립되는 구조라고 하겠습니다.

198 용신에 대한 질문 ④

```
時 日 月 年
乙 甲 庚 癸
亥 寅 申 亥
```

金의 세력이 강하다고 판단하여 통관의 의미에서 계수 용신으로 생각했습니다. 가르침 부탁드립니다.

 편관격으로 상격이군요

아주 좋은 사주라고 하겠습니다. 재성이 있었다면 탁해질 가능성도 있겠으나 그렇지 않으므로 청하군요. 편관격으로 삼도록 해보지요.

199 용신에 대한 질문 ⑤

時	日	月	年
辛	己	癸	乙
未	亥	未	亥

신강하므로 식신생재의 흐름을 따라 신금 용신으로 판단했습니다. 가르침 부탁드립니다.

 신강으로 보기는 어려울 것 같네요

미월 기토라고는 하지만 을목과 해수·계수 등등의 상황에 식신까지 있는 것으로 봐서는 신약용겁격이라고 해야겠습니다. 재성이 많으므로 비겁이 도움이 되겠습니다.

200 청·탁에 대하여

사주에서 청과 탁이라는 용어가 자주 눈에 뜨이는데, 정의를 내릴 수 있는 사항인지 아니면 몇십 년의 공력이 필요한 사항인지 궁금합니다.

①번 사주(Q198)는 좋은 사주로서 재성이 있었으면 탁해졌을 것이라고 하셨습니다. ②번 사주(Q193)는 차라리 재성이 없었더라면 청해지지 않았을까 하셨습니다. 설명을 부탁드립니다.

①	②
時 日 月 年	時 日 月 年
乙 甲 庚 癸	丁 戊 癸 己
亥 寅 申 亥	巳 申 酉 未

 원리는 설명이 가능합니다

①번 사주는 나름대로 균형을 이루고 있습니다. 인겁이 상당한 갑목이 월령에 통근한 편관을 봤으므로 용신도 좋다고 하겠습니다. 게다가 수생목의 인연도 되겠지요. 편관이 강하므로 추가로 재성이 관살을 생조해야 할 필요도 없다는 결론입니다. 그래서 청하다고 하게 되는데, 만약 이러한 상황에서 土가 金을 생조해주겠다고 나선다면 군더더기가 붙게 됩니다.

가령 일지가 술토라고 해보지요. 그러면 갑술이 약한지 강한지부터 아리송해지면서 토생금으로 金의 기운이 지나치게 강해지는 현상이 발생하게 됩니다. 그러면 재로 인해서 탁해진 결과를 발생시키지요.

원리는 이렇게 설명드릴 수가 있지만, 한눈에 재성이 탁하구나 하고 느끼려면 공력이 다소 필요하리라고 생각합니다. 물론 이 상황에서 식상이 나타났다면 크게 꺼리게 되고, 이것은 탁한 정도가 아니겠지요. 파괴라고 해야 하지 않을까 싶네요.

②번 사주에도 마찬가지로 식상생재로 흘러갔으면 연간에서는 갑목이나 을목이 있기를 원하게 됩니다. 그러면 재성이 보호를 받으면서 흐름도 타게 되지요. 그런데 재가 흘러가는 길을 土가 막고 있으므로 겁재로 인해서 탁해졌다고 보게 되는 것이지요.

그러고 보면 탁에도 등급이 있겠습니다. 이 경우의 탁은 거의 중증이라고 해도 되겠네요. 그래도 파괴까지는 아닌 것은 월령에 뿌리를 얻은 계수이기 때문입니다. 이해가 되셨는지 모르겠군요.

201 제가 제대로 봤습니까?

時	日	月	年
丙	甲	丙	甲
寅	寅	子	辰

제 친구의 사주입니다. 지금은 경대운이고 내년에 진대운으로 바뀝니다.

조후로 보면 자월에 병화가 있으니 괜찮은데 신강에 관성은 없습니다. 월간의 병화는 앉은 자리가 불편한데다 자진반합수국을 이루므로 시간의 병화를 써야 할 것 같습니다. 식신격 정도가 될까요? 생재를 하지 못해 안타깝군요.

1) 그러나 용신 자체는 힘이 있다고 보는데, 기가 유통이 되지 않

아 좋지 않을 수도 있다는 생각도 듭니다. 천간으로 들어오는 무토는 대단히 좋고 기토는 갑기합이 되어서 좋지 않은가요? 경금은 병화에 극을 당하지만 신금보다는 나은 것 같고, 지지는 조토는 좋고 습토는 별로인 것 같습니다. 그리고 金은 좋지 않은 쪽으로 기울어진 한신으로 보입니다.

　2) 앞으로 들어오는 辰은 잘 모르겠습니다. 자수와 반합을 생각하면 좋지 않은데, 괴로운가요?

　제가 제대로 봤는지 궁금합니다. 가차없는 비판을 부탁드립니다.

 잘 보셨네요. 상당하십니다

　1) 용신이 강한 것은 좋지만 아쉬움은 여전하군요. 천간의 무토는 좋은 것이 사실이지만 실제로 별 작용은 하기 어렵겠습니다. 갑목이 버티고 있는 상황이 부담이로군요.

　오히려 기토가 더 좋다고 하겠습니다. 木을 묶어버리면서 병화의 길을 터주는 역할을 하기 때문입니다. 역시 불은 土를 보는 게 좋지요. 기토가 들어와서 묶여버리는 맛도 있지만, 무토보다는 도움이 될 것으로 생각됩니다. 지지에 대해서는 잘 보셨습니다.

　2) 지지의 土는 전혀 도움이 되지 않는 것으로 봐야 하겠습니다. 지지에 火가 없기 때문입니다. 쓸모없이 분주한 운이 될 것으로 보입니다. 결실을 서두르면서도 사방팔방에서 장애물(비겁들)을 만나서 별 소득이 없게 되지 않을까 염려됩니다. 이런 시기에는 새로운 모색을 하게 되는데, 상당한 주의가 필요하다고 하겠습니다.

202 용신 및 사대운에 관한 질문입니다

```
    時 日 月 年
    甲 甲 辛 癸        乾命
    戌 寅 酉 卯        當令 : 庚金

61  51  41  31  21  11  1
甲  乙  丙  丁  戊  己  庚
寅  卯  辰  巳  午  未  申
```

이 사주는 금왕절이어서 갑목이 약할 것 같으나, 비겁이 왕하고 술토가 유금을 생조할 수 없으니 金이 상대적으로 약해서 신강으로 생각하여, 신금을 용신으로 계수를 희신으로 판단해보았습니다.

또한 사대운에는 사유반합으로 용신에 가까운 것으로 판단하여 좋은 공간으로 들어선 것으로 판단되는데 맞습니까?

 희신은 水보다 土가 좋겠네요

水는 용신의 힘을 소모하고 있는 성분이므로 희신은 土가 좋겠습니다. 일간이 다소 약하다면 水도 좋겠지만, 이 상황에서는 전혀 고려하지 않아도 되겠습니다.

사화대운의 경우 나쁘지는 않겠지만 원국의 지지에 木이 강해서 사유합이 완전하지 않을 가능성도 고려를 해야겠습니다. 그래서 생각보다 좋다고는 하기 어렵겠으나 무난한 정도는 되겠다고 보면 적당하겠습니다.

203 지장간에 대한 소고

지장간의 구조는 매우 어렵습니다. 『알기 쉬운 천간지지』편을 보면서 나름대로 정리했는데, 맞는지 궁금합니다.

1) 4계절의 변화는 반드시 土를 통해서 마감하고, 새로운 계절의 시작은 지장간의 土를 통해서 시작된다. 따라서 지지 土가 갖는 의미는 계절의 진퇴와 관련하여 환절기에 대한 흥망성쇠의 기운을 중화시키는 것이다. 또한 인목(장간)이 무토로 시작하고, 신금(장간)이 기토로 시작하는 것은 음양으로 볼때 동남방(木 · 火)은 양이요, 서북방(金 · 水)은 음이기 때문이다.
2) 계절의 시작은 4대 생지(寅 · 申 · 巳 · 亥)를 통해서 이루어지는데, 생지의 역할은 직전 계절의 기운을 억제하기 위해 다음 계절의 힘을 이용한다.

- 인목 : 지장간은 戊 · 丙 · 甲이다. 중기에 병화가 있는 이유는 아직 추운 기운이 남아 있는 초봄에 새싹이 온전히 자라려면 따뜻한 불이 필요하기 때문이다. 火를 통하여 한습한 水의 기운을 억제하는 것이며, 쇠퇴하는 水의 기운 속에 火의 기운이 서서히 시작된다.

- 사화 : 지장간은 戊 · 庚 · 丙이다. 중기에 경금이 있는 이유는 목왕절이 지난 후에도 현저하게 남아 있는 木의 기운을 金으로 억제하기 위함이다. 쇠퇴하는 木의 기운 속에 金의 기운이 서서히 시작된다.

- 신금 : 지장간은 己 · 戊 · 壬 · 庚이다. 중기에 임수가 있는 이유는 뜨거운 불기운이 남아 있는 초가을에 金이 녹아내리지 않게 하기 위함이다. 쇠퇴하는 火의 기운 속에 水의 기운이 서서히

시작된다.
- 해수: 지장간은 戊·甲·壬이다. 중기에 갑목이 있는 이유는 이미 쇠퇴하고 있는 金의 기운을 木을 통해 설기하기 위함이다. 쇠퇴하는 金의 기운 속에 木의 기운이 성장하기 시작한다.

3) 계절의 마감은 4대 고지(辰·戌·丑·未)를 통해서 이루어지는데, 다음 계절의 생을 도와주면서 직전 계절의 생존을 보호한다.
- 축토: 지장간은 癸·辛·己이다. 계수는 木이 생존하기 위한 물을 제공함과 동시에 木이 신금을 깨지 않도록 보호하는 역할을 한다.
- 진토: 지장간은 乙·癸·戊이다. 을목은 火의 생을 돕는 동시에 火가 미약해진 계수를 극하지 않도록 보호한다.
- 미토: 지장간은 丁·乙·己이다. 기토는 신금의 생을 도우면서 신금이 을목을 극하는 것을 보호한다.
- 술토: 지장간은 辛·丁·戊이다. 신금은 水의 생을 돕는 동시에 水가 약한 火를 극하지 않도록 보호한다.

두서없이 글을 쓰다 보니 앞뒤가 맞지 않는 것 같네요. 괜히 혼선만 야기하는 것은 아닌지…… 죄송합니다.

 제2의 낭월이 보입니다

지장간의 비밀(?)은 아직도 완전하지 않습니다. 그래서 뭔가 눈치빠른 안목으로 관찰한다면 새로운 힌트를 얻을 가능성이 가장 많은 부분입니다. 사색하신 내용도 그 가능성을 읽을 수 있다고 보입니다. 모두 함께 생각해보면 좋겠습니다. 좋은 의견이었습니다.

Q 204 두 사주의 용신의 비교입니다

①				②			
時	日	月	年	時	日	月	年
壬	辛	戊	丙	戊	辛	戊	丙
辰	未	戌	戌	子	酉	戌	寅

①의 용신은 임수, ②의 용신은 자수라고 판단됩니다. 어느 사주의 용신이 더 힘이 있는지, 용신의 판단은 과연 맞는 것인지 궁금합니다.

 청하기는 ①번이고 강하기는 ②번입니다

辰·戌·丑·未월은 당령을 어떻게 잡고 있느냐는 것에 대해 고려하는 것이 중요합니다.

두 사람의 사주는 나이 차이가 많이 나는데, 실제하는 사주라면 당령이 어떻게 되는지도 살펴봐야 올바른 풀이가 될 것이라는 말씀을 전제로 하고, 여기서는 단지 본기 당령이라는 추정하에 의견을 드립니다.

청하기는 ①번이고 강하기는 ②번입니다. 청한 것은 힘은 다소 약하더라도 용신의 의식이 일간을 돕고 있기 때문에 붙여본 이름입니다. 그런 의미에서 ②번은 청하지 않지요? 무계합으로 인해서 일간을 향하고 있지 않은 것이 그렇습니다.

②번이 강한 것은 용신이 자수이기 때문입니다. 자수는 운에서 어떤 글자가 오더라도 그대로 자수로서 존재합니다. 그러나 임수는

정화를 보면 木으로 화하고 싶겠고, 그것은 원국에서는 청했지만 운에서 마음이 변할 가능성이 있는 것으로 봐야 합니다. 이해가 되시는지요?

205 양생양 음생양에 대해 다시 질문드립니다

경금 일간에 계유월과 임신월 두 경우를 가정하여 비교할 때, 임신월이 더 자연스럽고 힘이 있어 보입니다.

물론 전체 사주배합에 따라 달라지고 식신은 식신, 상관은 상관대로 의미가 있겠지만, 금생수하는 관점에서 물을 공급하는 金과 받아들이는 水가 양 대 양으로서 힘의 균형을 이루는 것이 아닌가 생각합니다.

갑목이 火를 볼 때에도 갑목의 파워에 맞는 꽃(병화)이 그 힘의 균형상 유성해 보이며 사주 그릇의 차이도 나타내는 것이 되지 않을까 생각합니다. 가르침 부탁드립니다.

 타당성 있는 생각입니다

동의합니다. 그렇게 느끼게 되는 경우가 많더군요.

경금이 임수를 봤을 때 느끼는 기분은 수요와 공급이 적절하다는 기분이지요? 갑목과 병화가 같은 의미가 되겠습니다. 다만 유정 무정의 차원에서는 또 다른 문제가 되겠지요.

단지 수요와 공급에 대해서만 기준을 놓고 생각한다면 틀림없는 의견입니다.

206 부모궁과 용신판단의 관계는?

```
時 日 月 年
庚 乙 丙 癸
辰 酉 辰 丑
```
坤命 六大運

1) 용신 : 진월의 을목이 뿌리를 내릴 수는 있으나 앉은 자리에서 정면으로 충을 만나고 있고 세력도 미약한 편이라, 계수를 쓰고 목을 기다리고 싶은 마음입니다. 월지는 계절 감각으로 봐야겠지만, 나머지 진토와 축토는 본기로 보아서 일간이 극하는 상태라고 판단했는데 맞습니까?

2) 부모궁과 용신과의 관계 : 이 명식의 경우 부궁은 용신이므로 품질이 뛰어나지만 모궁은 기신이므로 좋지 않을 것으로 판단됩니다. 그렇다면 아버지는 사주 본인에게 도움이 많이 되지만 어머니는 별로 도움이 안 된다고 판단해도 되는지요? 역으로 만일 신강으로 판단되어 병화를 용신으로 본다면 아버지의 품질 및 도움이 미약하다고 판단할 수 있는지요?

 그렇게 보면 되겠습니다

정확한 의견이라고 생각됩니다. 그렇게 보시면 되겠습니다.

207 종재격인지, 그래도 정격인지 궁금합니다

	時	日	月	年
	丙	乙	戊	戊
	戌	丑	午	戌
47	37	27	17	7
	癸	壬	辛	庚	己
	亥	戌	酉	申	未

오월의 을축 일주 주위에 온통 식상과 재성뿐이어서 인겁을 찾아야 하는데, 인겁은 보이지 않고 식상이 있어서 종재를 권유하는 것도 같습니다.

이 사주의 경우 종재격으로 보아야 하는지, 아니면 웬만하면 정격으로 보라는 선생님의 말씀대로 일지 丑 속의 계수 인성을 용신으로 보아야 하는지 매우 궁금합니다. 선생님의 도움 말씀 듣고 싶습니다.

 신약용인격입니다

을축 일주는 丑 중의 계수에게 충분히 뿌리를 내리게 됩니다. 그래서 그냥 버티게 되니까 신약용인격이군요. 임상해보시기 바랍니다.

208 종재격인지요?

```
時 日 月 年
癸 戊 甲 癸
亥 寅 子 丑

31 21 11  1
庚 辛 壬 癸
辛 酉 戌 亥
```

자월의 무인 일주가 실령 · 실지 · 실세하여 매우 신약합니다. 재성이 많아 신약하므로 비겁을 찾았지만 연지의 축토는 재성 쪽에 가까운 것 같습니다.

이 사주의 경우 인겁을 용신으로 보아야 하는지, 아니면 종재격인지 궁금합니다. 선생님의 고견을 듣고 싶습니다.

 寅 중의 병화가 용신입니다

"갑신 무인 진위살인상생야(甲申 戊寅 眞爲殺印相生也)."

『적천수』에서 인용해봤습니다. 무인 일주는 살인상생이 되므로 寅 중의 병화를 용신으로 한다는 의미로 보면 되겠습니다. 공부가 되는 자료가 많으시군요. 발전하시겠습니다.

209 대운이 원국에 올 때

대운이 원국에 올 때 어떤 형태를 취하게 되는지 궁금합니다. 예를 들면 갑자대운이 올 때, 갑대운이 천간의 연월일시 천간지에 오는 것인지 아니면 갑목 하나로 취급하는 것인지 알고 싶습니다.

지지는 또 다른 면이 있다고 생각합니다. 대운은 월지에서 파생하는데 원국의 월지는 세력의 중심부 또는 환경입니다. 그렇다면 지지의 자대운은 원국의 전체에 영향을 미치지 않나 생각해봅니다. 지지대운의 변화는 곧 환경변화로 생각되기 때문입니다. 어떻게 이해해야 할지 모르겠습니다.

 천간의 네 글자에 모두 작용합니다

대운의 작용을 생각해보면 갑대운일 경우 천간에 경금이 있으면 터지고, 정화나 병화가 있으면 생해주며, 기토가 있으면 합합니다. 모두 공동으로 발생하는 것이지요. 선후는 논할 수 있겠지만 다른 작용도 결국은 나타나는 것으로 이해하면 되겠습니다. 즉 지지와 천간이 모두 같다고 보면 되겠네요. 참고하세요.

210 행운에 관한 질문입니다

고전에서 뽑은 사주입니다.

時	日	月	年
癸	癸	癸	丁
丑	亥	卯	未

운에 대한 설명 중에 다음과 같은 말이 있습니다.
"木·火운은 진실로 아름답고 金·水운 또한 길하다."

식신생재격으로서 木·火운이 길한 것은 이해가 되나 金·水운이 길하다고 한 것은 언뜻 이해가 되지 않습니다. 위의 사주같이 식신과 재성이 뿌리가 든든하면 원활한 흐름이 이루어지므로 인성운이나 비겁운도 괜찮지 않을까요? 가르침 부탁드립니다.

 오식일지도 모르겠네요

질문이 분명하지 않으므로 구체적인 내용을 봐야 확실히 대답할 수 있겠습니다. 살펴보시고 어느 책 어느 쪽에 나온 이야기인지 보내주시거나 그 부분의 내용을 그대로 적어주시기 바랍니다. 질문하신 내용만 봐서는 잘못된 것이므로 木·火운이 아름답다고 하는 것만 받아들이도록 하지요.

211 진술충이 지지의 조열함을 가속할까요?

時	日	月	年
甲	壬	壬	庚
辰	戌	午	戌

坤命 四大運

오화의 힘을 얻은 관살이 강하므로 편인을 용신으로, 비견을 희신으로 판단했습니다. 오술합은 완전하지 않을 가능성이 있으므로 재성의 힘도 무시할 수는 없지만, 이 명식에서는 병에 가까운 관살을 설기해서 일간을 돕는 편인이 용신으로 보입니다.

또한 이 명식의 대운은 동에서 북방으로 바뀌는 시기가 49세이고, 진토가 있다고는 하나 진술충으로 깨지고 있어 土의 기운만이 남는다고 볼 때, 그 土는 열을 흡수하기 쉬운 土로 판단되어 지지의 조열(燥熱)함이 가속된다고 보입니다.

그렇다면 대운과 원국상 신장과 방광 쪽에 이상이 있거나 후손을 얻기가 쉽지 않다고 판단한다면 무리일까요?

 조열함보다는 일간의 불안정이 문제입니다

바람직하지 않은 상황임은 분명하지만 조열과는 약간 다릅니다. 불안정의 비중이 더 크겠습니다. 그로 인해서 건강이나 자녀에까지 확대해석을 하는 것은 무리라고 봅니다.

212 대운의 희·기 판단방법이 궁금합니다

고전에 있는 행운 중 대운에 관해서 문의드립니다.

일반적으로 대운은 간지를 각각 5년씩 나누어 간 대 간(干對干) 지 대 지(地對地)로 본다고 말씀해주셨는데, 고전에서는 일반적으로 방(方)이 중요하고 반드시 10년을 병행해서 보아야 하며 간지 각 한 글자만 따로 떼어서 희·기를 단정하지 말라고 하고 있습니다. 아울러 원국의 천간과 지지에 배합시켜서 전체적으로 보아야 한다고도 말하고 있습니다.

1) 구체적으로 대운의 간지가 같은 기(경신·갑인……)이거나 상하상생(갑오·병인·경자·계유……)인 경우에는 이의가 없습니다. 그러나 소위 개두나 절각에 해당하는 경우는 대운을 간지 각 5년씩 나누어보는 것보다는, 천간의 힘은 약하고 지지의 힘은 상대적으로 강하므로 길흉을 판단할 때 간지를 같이 고려하되 支를 干보다 우선적으로 고려해야 하지 않을까 생각합니다.

2) 일설에 의하면 대운을 원국의 월주와 동일시하여 판단할 수도 있다는데, 그것이 맞다면 대운 간지 중 지장간은 대운 10년 간에 어떠한 영향을 미치는지, 즉 지장간의 월률분야처럼 대운에 분할하여 영향을 미칠 수 있는지에 대해 한 말씀 부탁드립니다.

 논리적으로는 함께 보되, 현실적으로는 나눠서 보십시오

공부가 좀 진행되면 당연히 대운에 관한 문제에 신경이 쓰이게 마련이지요. 『적천수징의』에서도 대운을 나눠보면 안 된다고 말씀합니다. 그런데 더 중요한 것은 그렇게 말씀하신 철초님도 대운을 나눠서 설명한 곳이 적지 않다는 점입니다. 그래서 미루어보건대, "논리적으로는 함께 보되, 현실적으로는 나눠서 봐라" 하는 게 속뜻이 아닌가 싶네요.

개두가 되면 하부의 5년만 쓸모가 있고 절각이 되면 상부의 5년만 쓸 수 있는데, 상부의 5년보다는 하부의 5년 즉 지지의 방이 더 비중이 큰 것으로 이해를 하면 어떨까 싶습니다. 참고하시기 바랍니다.

213 신약용인인지 한목향양인지……

時	日	月	年
乙	乙	己	乙
酉	丑	丑	巳

乾命 一大運

축월의 을축 일주가 재다하고 관도 강한 편이어서 비록 계수 당령이지만 다소 신약해 보입니다. 따라서 표 중 계수 인성을 용하는 신약용인으로 봐야 할지, 아니면 그리 약하지 않은 겨울의 을목으로 사화를 용하는 한목향양(寒木向陽)으로 봐야 할지 궁금합니다. 저로서는 한목향양으로 보고 싶은데 과거는 아닐 수도 있으므로 가르침 부탁드립니다.

 어려운 사주네요

해결이 쉽지 않은 사주로군요. 일단 형상으로 봐서는 신약용겁을 써야 하는 구조가 아닌가 싶습니다. 한겨울의 계수 당령이나 기축월이어서 인성은 별 도움이 되지 않습니다. 겁재를 의지하는 것으로 보고 희신은 火를 삼고 싶네요. 그리고 실제로 水 기운이 부족하다고 보기는 어렵겠습니다. 을목이 먹을 정도는 충분히 된다고 하겠습니다.

그렇다면 초운에 북방에서 고생이 예정되어 있다고 해야 하겠는데, 운이 그렇지 않다는 말은 잘 보냈다는 의미인가 보군요. 오행의 원리상으로는 木이 좋아 보입니다. 그리고 추운 것도 사실이고요. 아쉬움이 많은 사주가 아닌가 싶습니다.

214 용신의 힘은 어느 정도입니까?

時	日	月	年
庚	戊	丁	壬
申	申	未	子

신약용인으로서 월간 정화가 용신으로 판단됩니다. 정화가 월령에 뿌리를 내리고 있어서 상당한 힘을 얻었으나 정임합으로 매우 난처한 상황이라고 생각됩니다. 이러한 경우 용신의 작용력은 어느 정도로 생각해야 합니까?

이 사주의 주인공은 가난한 집에서 태어나(부모궁이 기신이며 재성 또한 기신입니다) 고등학교 때 아버님이 돌아가시고 어렵게 살았으나 공부를 열심히 하여 서울대학교에 들어갔습니다. 초년 천간운이 무토·기토운인데 임수를 공격하여 정화가 힘을 얻어 그렇게 되었다고 생각할 수도 있습니까?

 용신이 합되면 희신은 합을 깨는 글자지요

타당성이 있습니다. 합이 된 것은 기신이고, 기신을 없애면 병약용신의 역할을 수행했다고 보겠습니다. 타당한 통변이라고 봅니다.

215 정관 을목의 사용 여부가 궁금합니다

時	日	月	年
丙	戊	壬	乙
辰	辰	午	亥

이 사주에서 정관 을목을 용할 수 있는지 모르겠습니다. 오월의 무토가 신강한 상황에서 병화를 투간시켜 운에서 木이 들어오면, 金이 없는 관계로 수기를 도기하여 자칫 조열과 신강한 사주를 더욱 강하게 하지 않을까 생각되기도 하고, 또 한편으로는 기운이 土

에 몰려 있고 을목도 무토 일간을 먼저 보고 있으므로 사용 가능해 보이기도 합니다. 솔직히 아리송합니다.

 을목의 사용이 가능합니다

기본적으로 구조는 水가 되어도 좋겠지만 식상이나 관살이 용신 역할을 올바르게 하는 것이 기본이기 때문에 정관을 용신으로 봐도 되겠습니다. 다만 土가 왕한 상황에서 화왕절이면 金을 용신으로 삼은 것보다는 약간 떨어진다고 하겠습니다. 그리고 水도 용신 못지않게 중요합니다. 조후의 의미지요. 함께 고려를 해야 합니다.

216 신강인지, 신약인지, 용신은 뭔지요?

```
    時  日  月  年
    甲  辛  庚  辛         坤命
    午  未  子  亥

 68  58  48  38  28  18   8
  丁   丙   乙   甲   癸   壬   辛
  未   午   巳   辰   卯   寅   丑
```

1) 신강인지, 신약인지 궁금합니다. 일간 신금이 일지를 얻었고 비견이 있으니 신강 같기도 하고, 일간은 월령을 잃었고 비견은 뿌리가 없는데다 미토는 연지 오화와 합을 하고 있으니 신약 같기도 합니다.

2) 용신을 찾아보니, 억부로 볼 때 신강일 경우 자수가 용신으로

보이고, 신약일 경우 미토가 용신으로 보입니다. 그러나 조후로 본다면 오화가 용신이겠죠. 결론을 내리지 못했습니다.

3) 자오충과 오미합이 지지에 있습니다. 충은 거의 작용을 안 한다고 보이는데, 합은 작용을 하겠지요?

 신강에 오화 용신으로 보이네요

1) 약하지 않습니다. 신강입니다.

2) 水도 좋지만 겨울이라는 것을 감안해서 火가 좋아 보입니다.

3) 충은 무효이지만 합도 역시 별로 작용이 없습니다. 육합에 대해서는 그다지 비중을 둘 필요가 없다고 봅니다. 발전이 되시기 바랍니다.

217 어떤 경우에 지장간에서 용신을 찾게 됩니까?

어떤 경우에 지장간에서 용신을 찾아야 하는지 궁금합니다. 가령 확실하게 쓸 만하지는 못해도 2순위, 3순위의 용신 후보가 천간과 지지에 있는 경우에도 굳이 지장간에서 용신을 찾을 필요가 있는지요? 아니면 지장간에서 용신을 찾는 특별한 조건이 있는지요?

또한 지장간에 용신이 있는 경우, "용신이 암장되어 있어 극설을 받지 않으니 귀하다"라는 글귀를 본 기억이 있습니다. 그러나 그 후 읽은 글들에서는 그렇지 않은데, 어떤 게 맞는 건지 궁금합니다.

 지장간에서라도 필요한 글자가 있으면 씁니다

좋은 질문이시네요. 지장간에서 모두 쓸 수 있는 것은 아닙니다. 그러니까 일단은 지장간이라는 구분을 두지 말고 용신을 정하는 훈련을 하면 됩니다. 그러다가 필요한 글자가 지장간에라도 있으면 그 글자를 사용해야 하는 것이지요.

 지장간에 용신이 있으면 더 좋다는 말은 하나만 생각하고 다른 것은 무시한 것이므로 믿을 만한 말이 못 됩니다. 원칙으로 좋은 것은 일간의 가까이에서 힘이 있는 상태로 붙어 있는 것이지요. 상황에 따라서 가감하는 것은 많은 경험과 시행착오 속에서 깨닫게 되는 것이므로 급하게 보려고 하지 않는 것이 좋을 수도 있습니다. 참고하시기 바랍니다.

218 인성이 왕한데 식상이 없으니 피해가 덜하다(?)

 "원국에 인성이 왕한데 식상이 없으니 그 피해가 적으므로 어떻게 보면 다행이다"라는 말을 들은 기억이 납니다. 하지만 어떻게 보면 돈이 없는 사람에게 "너는 돈이 없어서 돈 걱정을 안 하니 다행이다"라고 말하는 격이라는 생각도 듭니다.

 제 생각에는 터지고 깨진 식상이라도 있는 게 좋을 것이라는 생각이 드는데, 기본적으로 어떻게 개념을 잡아야 하는 건지요? 그리고 식상이 원국에 없는 경우, 자신의 능력을 펼칠 기회는 오는 운을 기다려야 하는 건지요?

 병든 서방이라도 있는 게 좋겠죠

 명리학에 대한 미신도 상당히 많습니다. 원래 선생님들은 미신적인 요소를 만들지 않았던 것으로 보이는데, 아마도 후학들이 해석하는 과정에서 발생된 것이 아닌가 싶군요. 당연히 터지고 깨져도 있는 게 좋겠지요.

 명리학 연구에 장족의 발전이 있으실 것으로 믿어집니다. 좋은 시간 되시기 바랍니다.

219 庚·辛이 들어올 때는 어떻게 해야 하는지?

```
時 日 月 年
丙 戊 壬 乙
辰 辰 午 亥
```

Q215에 대한 재질문입니다. 金을 쓰는 것보다 격은 떨어지지만 木을 쓸 수도 있다는 말씀 유익했습니다. 그렇다면 운에서 金이 들어올 때 지지로는 무조건 가하다고 생각되는데, 庚·辛이 들어올 때는 설기는 좋으나 木과 합 또는 다툼이 생깁니다. 이럴 때는 어떻게 봐야 하는지 모르겠습니다.

 천간의 경·신금은 병화의 몫이로군요

병화가 있으니까 충분히 처리될 것입니다. 경금은 극하고 신금은 합해서 잘 막아줄 것으로 보기 때문이지요. 만약 병화가 없었다면 임수가 대신 맡겠지만, 병화가 있으니까 그 선에서 해결이 될 것으로 보입니다.

220 심리분석 방법이 궁금합니다

심리구조 분석에 관해 문의드립니다.

낭월 선생님께서 말씀하신 심리분석의 순서 및 방법은 ①오행에 따른 일간 본래의 특성을 고려하고, ②성격존의 십성을 진입 순서 (합〉정〉편·식상〉인성〉재성〉관살〉비겁)로 대입하여 기본성향을 보고, ③성격존 안의 십성 간의 생극을 고려하여 분석함을 기본으로 합니다.

1) 진입되는 십성의 특성이 희용기구한에 따른 영향을 받아 각기 좋고 나쁨으로 분리되어 대입이 되는지, 아니면 심리에는 희용기구한의 영향이 거의 미치지 않는지 궁금합니다.

2) 1차 성격존 안의 십성이 2차 성격존(타주)과 합충이 되어 있을 경우 어떠한 영향을 주는지, 가령 충이 되어 깨어진다면 깨진 십성이 왜곡되거나 합(합화)이 된다면 본래 특성이 강화 또는 약화될 수 있는지 궁금합니다.

 뭔가 찾아내실 것 같습니다

그렇게 궁리하면서 임상에서 대입시키는 과정을 통해 뭔가 발견될 수도 있습니다. 그런 식으로 계속 궁리하시라고 권합니다.

1) 희용기구한과 무관하게 심리작용이 되는 것으로 이해하고 있습니다.

2) 합충에 대해서는 작용이 있는 것으로 봅니다. 다만 가감을 할 경우에는 2차에서 1차를 극하고 있거나 합화로 부담을 주고 있을 경우, 1차의 성향이 변형되는 것으로 참고하면 되지 않을까 싶습니다. 즉 1차에서 2차로 극하거나 하는 경우에는 별로 고려를 하지 않는다는 의미도 되겠군요. 참고하시기 바랍니다.

221 신약용인격이 맞나요?

```
時 日 月 年
丙 乙 己 丁
子 未 酉 巳
```

이 사주는 신약용인격으로 자수를 용할 수 있다고 생각되는데, 가을의 을목으로 병화(또는 정화) 용신일 수도 있다고도 생각됩니다. 또한 이러한 경우 통변에서 기토는 아버지, 미토는 부인으로 생각하면 되는지요?

자수 용신이라면 기토는 열기를 어느 정도 흡수하므로 사주 내에 좋은 작용을 하고 있다고 보이며, 미토는 기신의 역할을 확실히 할 것으로 생각됩니다. 반면에 병화 용신이라면 부인의 도움이 상당하리라 생각됩니다. 가르침 부탁드립니다.

 신약용인격으로 가는 게 좋겠군요

많이 생각하셨네요. 우선 火를 용신으로 해야 할 경우에는 가을 을목이라는 것 외에도 金이 많아야 합니다. 이 경우에는 金이 많지 않으므로 火를 써야 할 이유가 부족하다고 하겠습니다. 그래서 火보다는 신약용인격으로 인성을 쓰는 것이 좋겠습니다.

그리고 아버지와 재로 보는 것은 좋겠는데 자수가 용신이라고 하더라도 기토는 도움이 되지 않습니다. 열기를 제어하려 水를 쓴 것이 아니고 木이 말라서 쓴 것이기 때문입니다.

222 갑목이 제일 좋아 보이기는 하는데……

```
時 日 月 年
甲 己 丁 己
戌 未 丑 亥
```
坤命 一大運

①갑목 : 비겁이 많아서 이론상 관살을 쓰고 싶은데, 일간과 합이 되어 있고 거의 土로 화하여 용신으로는 불가할 듯하나 멀리 해수에 어렵사리 뿌리를 내리고 있으므로 용신으로 본다.

②丑 중 신금 : 비록 지장간이고 천간 정화의 공격을 받고 있으나 왕한 토기를 연지 해수로 유통시킬 수 있으니 신금이 용신이다.

③해수 용신 : ②와 비슷하나 함량상 水를 쓰고 金을 기다린다.

언뜻 보기에는 갑목이 제일 좋아 보이기는 하는데, 곧바로 갑기합이 영향을 미치므로 ②번에 동의를 해봤습니다. 스님의 고견은 어떠신지요?

 용신과 희망이 다를 수도 있지요

그렇게 다양한 방향으로 생각해볼 수 있는 사주네요. 누구라도 그처럼 여러 가지로 생각해볼 수 있겠습니다.

우선 용신을 삼고 싶은 것이 金이지요? 일간의 희망은 金으로 가려는 것이 이 사주의 전반적인 흐름이 아닌가 싶습니다. 그래서 제1순위로 金을 고려하게 됩니다. 그런데 상황은 金이 작용하기가 불가능한 상황이로군요. 그래서 희망과는 다르게 시간의 갑목을 봐야 하겠습니다. 희신은 水가 되겠지요. 그러면 木·水로 가는 형상이라고 하겠습니다.

아쉬운 점은 갑목이 합이 된 것은 상관이 없으나 자신의 뿌리가 너무 멀리 있다는 점입니다. 용신이 일간과 합이 되어 있는 상황은 좋다고 해야지요. 따라서 희신이 무력한 사주라고 봐야 하겠습니다.

223 기의 흐름에 대한 몇 가지 생각들

1) 기의 흐름과 보사(補瀉 : 한의학 용어) : 현재 한의학계에서 사용되는 침술 중 보사요법은 기의 흐름에 따라 허증일 경우는 보(기의 흐름 방향으로 자침)하고 실증일 경우는 사(기의 흐름 반대방향으로 자침)를 쓰고 있다. 한편 기의 흐름은 오전에는 우에서 좌로, 오후에는 좌에서 우로 흐른다고 알려져 있으며, 남성의 경우는 양기 기준이고 여성의 경우는 음기 기준이다.

2) 왼손잡이의 평균 수명 : 왼손잡이가 많은 곳으로 알려진 미국의 통계(오른손잡이 : 왼손잡이 = 87 : 13)에 의하면, 왼손잡이의 평균수명은 오른손잡이에 비해서 4~5년 정도 짧다고 한다. 대부분의 문명의 이기가 오른손잡이를 기준으로 만들어졌으므로, 왼손잡이는 자신의 기류와 다른 흐름을 타는 문화에 적응하느라 스트레스를 많이 받아 수명이 단축되는 것이다.

야구에서는 빠르기가 비슷한 공이더라도 왼손잡이의 공이 더 치기 어렵다고 한다. 일반적인 기와 반대의 흐름을 갖는 왼손잡이의 기류에 적응하기 어렵기 때문이다. 야구 역사상 왼손잡이가 오른손잡이의 최고 구속을 넘어섰다는 기록이 없는 점도, 왼손잡이가 기의 흐름을 반대로 탄다는 데에 원인이 있다.

3) 사주에서의 기의 흐름 : 천간은 기로서 양이며, 지지는 질로서

음이다. 남성은 태어나면서 연간에서 양의 기운이 시생하여 시간으로 흘러가는데, 월간과 일간 사이에서 가장 강하게 형성되다가 시간에서 가장 약해진다. 여성의 경우는 연간에서 음의 기운이 시생하여 시간으로 흐르는데 월간와 일간 사이에서 가장 강하게 형성되며 시간에서 가장 약해진다.

남성에서의 음기는 시지에서 시생하여 연지에서 가장 약하며, 여성에서의 양기는 시지에서 시생하여 연지에서 가장 약하다. 이는 연간, 즉 유아기와 노년기의 기는 약하며 청년기와 중년기 사이는 기의 최고 활성기라는 점과도 일치한다.

4) 대운의 방향 : 양남음녀는 순행하고 음남양녀는 역행하는 이유는 무엇인가? 양남의 경우는 연간으로부터 시간으로 양의 기운이 순행하는데다 본질이 양이므로 순운이다. 양녀의 경우는 본질이 음이므로 음의 기운이 연간에서 시간으로 흐르는데, 양녀이므로 양기가 흐르려는 기운을 대운의 방향을 통해서 보완하는 것이다.

이상은 선전의 발생원인을 궁구해보다가 느낀 점을 쓴 것인데 스님의 고견을 듣고 싶습니다.

 사색의 창가에서 생각을 하셨군요

설명하신 내용에 대해서는 가타부타 언급할 성질의 것이 아니라고 생각합니다. 그렇게도 생각할 수 있겠다는 정도로 이해하겠습니다. 그렇게 삭혀가면서 궁리를 하여 일구월심 하다보면 점차 무언가 뚜렷하게 나타남을 느끼게 되리라고 생각합니다. 좋은 시간 되시기 바랍니다.

224 묘목은 가용신인가요?

```
時 日 月 年
己 乙 辛 戊      坤命
卯 未 酉 申
   35 25
   丁 戊
   巳 午
```

가을의 을목이 관살이 많아 용신으로는 火가 제1순위라고 보여지는데, 火가 없으니 묘목을 쓰고 火를 기다려야 하지 않을까 생각합니다. 구신은 水이지만 이 명조에서는 그다지 흉작용을 하지 않을 것으로 판단했습니다.

그리고 현재 오대운인데 기신을 극하니, 사회성에는 도움이 되겠지만 일간이 신약한 까닭에 본인의 만족도는 떨어질 수 있다고 판단했습니다. 이 경우 유월 을목이고 관살이 힘을 얻고 있는 점을 감안해서 火도 반갑다고 봐야 할까요?

또한 식상이 없으므로 용신이 자식이나, 원국에서 바라던 진용신이 아니어서 일간의 기대와 소망에는 다소 못 미칠 것으로 판단해도 될런지요?

 기왕에 木을 썼으면 水를 기다려야지요

그래서 火운은 실제로 큰 도움이 되지 못하고 응급처치의 운이 아닐까 싶습니다.

水운이 와야 해결이 되겠군요. 만약 원국에 火가 있었다면 식상 제살이 되었을 것이고 지금의 운은 대발을 한다고 하겠네요.

225 염상격은 못 되도 종왕격은 어떨지요?

	時	日	月	年	
	癸	丙	丙	丁	坤命
	巳	午	午	未	
59	49	39	29	19	9
壬	辛	庚	己	戊	丁
子	亥	戌	酉	申	未

이 사주의 주인공은 올해 32세(1967년생)인 영어강사로 해외여행을 즐기며 부모로부터 독립하여 혼자 살고 있는 여성입니다.

병화 일주가 오월에 사시라, 더운 계절에 더운 시간에 태어나 득령·득지·득세하여 최신강하다고 보여집니다. 연지 미토는 사오미 남방화국을 이루어 이미 土가 아니고, 시간 계수는 수증기로 증발되어 날아가버린 것 같아 보입니다.

이 경우 계수가 사화의 지장간 庚·丙 중 경금에 뿌리를 내리고 버티면서 용신 노릇을 할 수 있을까요? 아니면 염상격으로 볼 순 없어도 종왕격으로 火 용신을 써야 하나요? 저는 火 용신으로 보고 싶습니다.

그리고 관살이 미약하여 남편운이 좋지 않아 보이는데, 대운에서도 관운은 49대운에나 들어오니 결혼은 힘들 것으로 보입니다. 결혼을 해도 남편을 무시할 테니 안 하는 것이 것이 낫겠다는 생각도 듭니다.

제 판단에 대한 선생님의 의견을 듣고 싶습니다.

 종왕격을 고려하게 만들지만 그래도 아니지요

정관을 그냥 쓰고 金·水운을 기다리는 것이 좋겠습니다. 용신이 매우 약한 사주입니다.

올해도 상당히 부담이 되겠는데, 작년과 올해가 임신년이나 계유년에 비해서 재미가 있었다면 종왕격으로 봐도 되겠습니다. 확인해 보시기 바랍니다.

226 결혼운을 봐주세요

```
   時 日 月 年
   壬 乙 庚 丁       乾命
   午 丑 戌 未

   46 36 26 16  6
   乙 丙 丁 戊 己
   巳 午 未 申 酉
```

도움을 주신 분들의 글에 의문나는 점이 있어 몇 가지 여쭙겠습니다.

먼저 재다신약의 경우, 일간이 재성을 극할 기운이 모자라므로 비겁의 운이 와야 재성을 올바로 거느릴 수 있다고 어느 글에선가 보았습니다. 이 사주의 경우, 이미 원국에 재성이 많으므로 이성에 해당하는 십성의 세운보다는 비겁의 운에 결혼할 수 있다고 보아야 하지 않을까요?

　대다수가 이 사주의 결혼운을 재성이 오는 운으로 보고, 한 분만 비겁이라는 포승줄이 있어야 한다고 하는데 이분이 옳게 보고 있다고 생각됩니다. 어떤지요?

　그리고 이 사주의 주인공 역시 비겁을 흉으로 보고 있지만, 제 짧은 소견으로는 비겁이 식상으로 화하지만 않았다면 길하다고 생각됩니다. 어떤지요?

　어느 분께서 '인생의 참 의미'라고 말씀하신 게 두고두고 마음에 남습니다. 정말 중요한 건 그것이 아닌가 싶기도 하고…… 여러 가지 생각을 해봅니다.

 처는 용신과 무관하지요

　재다신약이라고 해도 이성을 만나는 것은 재성의 운입니다. 비겁의 운이 좋은 것과는 별도라고 할 수 있습니다. 세상사 모든 일이 용신대로 가는 것은 아닌 것 같네요. 그 외의 모든 일의 성사는 비겁이 오면 좋습니다. 그러니까 여자를 만나는 것은 용신과 상관없이 자신의 인연대로 만난다는 것이지요.

　재물을 모으는 것은 용신운이 와야 한다는 것과 비교가 되겠네요. 참고가 되실 듯싶습니다. 발전 있으시기 바랍니다.

227 인신충의 영향이 궁금합니다

時	日	月	年	
丙	己	甲	丙	乾命
寅	亥	午	辰	
	27	17		
	丁	丙		
	酉	申		

오월의 기토 일간이 인성이 많으므로 신강으로 판단하여 해수를 용신으로, 원국에는 없지만 金을 희신으로 보았습니다. 그리고 병신대운에는 인신충으로 한신이 깨어져 오화의 힘도 상대적으로 약해지니 좋을 듯하지만, 대운 천간의 극을 받아 생각만큼 일이 안 풀릴 수도 있다고 생각되는데, 어떤지요?

 좋은 생각입니다

대운 천간은 이미 흘러갔으므로 상관하지 않아도 되겠습니다. 인신충이 부담이라고는 해도 신금이 인목을 제어해주므로 전혀 억울하지 않겠네요. 즉 희신 역할을 잘 수행할 것으로 봅니다.

228 희신의 판단기준은?

1)
時	日	月	年
己	壬	戊	庚
酉	午	寅	子

乾命 三大運

인월의 임수 일간이 실지하고 주변에 관살뿐이어서 신약하므로 경금을 용신으로 보았습니다. 용신의 입장에서 보면 실령했으며 자좌에 자수이므로 무토를 희신으로 볼 것인가, 아니면 인월의 무토가 힘은 약하지만 용신의 뿌리가 되어준다고 판단하고 자수를 희신으로 볼 것인가가 판단이 서지 않습니다. 가르쳐주시기 바랍니다.

2)
時	日	月	年
癸	壬	辛	乙
卯	午	巳	卯

乾命 十大運

사월의 임수가 계수와 신금에만 의지하고 있는 상황으로 신금을 용하는 것으로 보입니다. 한편 계수는 극화한다기보다는 생목하여 재성에 힘을 주므로 용신이 될 수 없다고 판단했습니다. 용신 신금은 생지에 위치하고 있다고는 하나 주변이 온통 식재관으로 약하니 일간의 마음과는 어긋나게 土를 희(喜)한다고 보았습니다. 제 판단이 맞는지요?

항상 열심이시군요

1) 희신이 土가 되는 것이 맞습니다. 다만 土가 무력해서 희신의 도움은 별로라고 하겠습니다. 자수는 한신입니다. 나쁘지는 않겠지만 사주를 소란하게 할 가능성이 많겠군요.

2) 용신은 틀림이 없는데, 희신은 水가 되겠군요. 사화가 金의 생지라고는 하지만 이렇게 사·오화가 버티고 있다면 생지로서의 의미는 상실했다고 봐야 합니다. 따라서 火를 제어하는 水가 좋아 보입니다.

229 다소 약한 사주라고 생각합니다

```
時 日 月 年
庚 壬 己 庚         坤命 二大運
子 辰 卯 戌
```

목왕절인 묘월의 임수를 시간의 경금이 생조하고, 일·시지가 자진합을 했으며, 연간의 경금이 기토와 술토의 생을 받아 왕성해졌으나 월령을 얻지 못했습니다.

월간에 기토가 버티고 있어서 연간 경금이 임수의 생조를 방해하고, 일지 진토는 자수와 합을 하지만 월지 묘목이 뿌리를 내리고 있으므로 다소 약한 사주가 아닌가 생각합니다. 스님의 가르침을 부탁드립니다.

맞습니다

어렵다 어렵다 하면서도 잘들 정답을 꿰고 있군요. 잘 보셨습니다.

230 육합에 관한 질문입니다

時	日	月	年
癸	丙	乙	庚
巳	申	酉	戌

재다신약한 상황에서 이론적 용신은 비견 혹은 겁재가 된다고 하셨는데, 사신합으로 용신이 묶여 있습니다. 스님께서 육합은 무효라고 하셨는데 어떻게 생각을 해야 할지 혼란스럽습니다.

 합이 없는 것으로 보시기 바랍니다

원고를 확인해보니 "비록 합이 되어서 무력하기는 하지만"이라는 대목이 문제이군요. '합이 되어서'라는 부분을 삭제해주시기 바랍니다. 당시에 생각했던 것으로 없는 것이 좋겠습니다.

또 살펴보시고 그러한 부분이 나타나면 지적해주시기 바랍니다. 고맙습니다.

231 반합의 경우도 주위의 영향을 받나요?

```
時 日 月 年
庚 壬 己 庚
子 辰 卯 戌
```

Q229에 대한 추가질문입니다. 저는 자진반합을 꽤 강하게 봤는데 그렇지 않은가 봅니다.

삼합에서 반합일 경우 간합의 경우와 마찬가지로 주위의 영향을 받습니까? 이 경우에 묘목이 진토를 극해서 반합의 영향을 감한 것으로 해석해야 하는지 궁금합니다.

 합이 있더라도 화하지 않으면 도움이 없지요

이 사주의 경우 뚜렷하게 기울지는 않기 때문에 모호하게 나타날 수 있고, 그래서 보기에 따라서는 달리 해석될 수도 있습니다.

여기에서 곤란한 점은 일지의 진토가 어떻게 행동하겠느냐는 추리가 되겠네요. 우선 묘월의 진토는 木의 기운을 많이 받고 있기 때문에 水로 화하기가 어렵다는 점을 생각해봐야겠습니다. 자월의 진토와 비교해본다면 그 차이가 뚜렷하겠군요. 그리고 임수의 옆(월간)에서 土가 水를 제어한다는 것도 다소 부담으로 남겠습니다.

이러한 정황들을 참고해 볼 때 이 사주는 다소 약하지 않겠느냐는 판단을 하게 됩니다. 이해가 되셨는지 모르겠네요.

질문하신 분께서 비중을 두고 싶다고 한 자진의 합은, 합으로는 인정되나 화하지 못하기 때문에 효력이 상실된다고 하겠습니다. 그러니까 삼합에서도 주변의 상황은 여전히 중요한 요소로 존재한다고 이해를 하면 되겠습니다.

232 정인도 신비스러운 성향이 있나요?

```
  時 日 月 年
  丙 癸 庚 甲
  辰 未 午 寅

42 32 22 12  2
  乙 丙 丁 戊 己
  丑 寅 卯 辰 巳
```

1) 이 사주로 장래 문제에 관해서 상담하신 것 중에 "구속되어 사는 것보다는 자유롭게 나의 일을 하는 것이 좋을 것"이라고 하셨는데, 이 경우 구속되어 사는 것은 관살의 영향이라고 생각합니다. 그런데 이분은 성격적으로는 신약이라 관살을 싫어하겠으나 사회적으로는 관살이 희신이니 구속이 되더라도 참아야 된다고 하는 게 더 옳지 않을까 생각됩니다

2) 또 신비스러운 곳에 관심이 많다고 하셨는데, 편인이 아니고 정인이라도 신비스러운 성향이 있다고 보아야 하는 건가요? 그렇다면 정인이 용신이므로 재미를 느낀다고 하신 건가요? 그리고 시간인 편인궁에 재성이 있으므로 신비스러운 것이나 종교적인 것을 돈벌이하는 관점에서 바라보지는 않을까요? 어리석은 질문이나 가르침을 부탁드립니다.

이미 공부가 상당히 되셨군요

1) 그렇게 보실 수도 있겠습니다. 편관이 일지에 있는데 일간의 좌우에 정인과 정재가 있으므로, 인성의 수용성과 정재의 정리하는 성분을 생각해보면 개인적으로 속박이 없는 일을 하는 것이 좋겠다는 생각이 들지만, 질문하신 분의 의견도 타당하다고 생각합니다. 다만 조언이라는 것은 주관적인 경향이 있으므로 정확하게 어느 것이 옳다고 하기는 좀 그렇군요. 참고하겠습니다.

2) 상당히 구체적인 질문입니다. 타당하신 의견이므로 특별히 언급을 하지 않아도 되겠습니다. 다만 제 의견을 물으셨으므로 간단히 말씀드린다면, 인성이 가까이 있는 경우 신비한 부분에 대해 관심을 갖는 경우가 많습니다. 정인과 편인은 많이 닮았으므로 때로는 구분을 하지 않고 설명하기도 합니다.

233 양인이란 무엇입니까?

일차원적인 질문을 드려서 부끄럽습니다만, 제대로 정의해놓은 걸 찾기가 쉽지 않군요. 의외로 '양인' 이라는 단어가 많이 나옵니다. 羊刃 또는 陽刃으로 본 기억이 나는데, 혹 비견을 말하는 것이 아닌가 싶습니다.

 甲·丙·戊·庚·壬 일간이 지지에 겁재를 봤을 때입니다

그렇지 않지요. 기초가 확실하고 단단해야 실력이 쌓이게 됩니다. 미심쩍은 것은 항상 분명하게 정리하는 것이 발전으로 이끄는 길입니다.

양인이란 갑목이 묘목을 보거나 병화가 오화를 보는 경우, 경금이 유금을 보는 경우 또는 임수가 자수를 보는 경우를 일러서 하는 말입니다. 한자는 알고 계신 대로 섞어서 쓰고 있는 형편입니다. 다만 겁재일 뿐이지 별도로 양인이라고 해서 하나의 신살로 취급을 하는 것은 잘못된 것으로 보고 있습니다.

물론 낭월의 생각이지요. 양간이 子·午·卯·酉를 얻은 것이므로 상당히 힘이 강하기 때문에 특별히 취급한 것으로 봅니다. 이해가 되셨겠지요?

234 일간과 충이 되면 용신으로 못 쓰나요?

時	日	月	年
癸	庚	甲	丁
未	申	辰	未

乾命

일전에 여쭤본 사주인데 궁금한 점이 있어 다시 여쭙니다. 용신은 계수, 희신은 木으로 가르쳐주셨습니다.

1) 춘절의 金이니 월지를 얻지 못한 것으로 봐야 하는지, 아니면 습토이니 金을 생한다고 보아 월지를 얻은 것으로 봐야 하는지 모르겠습니다. 봄철의 金은 약하다고 하신 기억도 얼핏 나는 것 같습니다.

2) 월지를 얻은 것으로 보려고 했는데, 갑목이 극을 당하고 있으니 월지를 얻지 못한 것으로 보는 게 맞는지요?

3) 만약 월지를 얻어 신강한 경우로 본다면 인성이 많아서 재성을

용신으로 삼아야 하는데, 갑목을 용신으로 쓰자니 일간과 충이 되어서 쓰지 않은 것인지 궁금합니다.

선생님께서 쓰신 합충변화에 관한 글을 보면, 간충은 충이라기보다는 극하는 것으로 이해해야 하며 일간은 생하거나 극하는 작용을 하지 않는다고 하셨습니다. 따라서 갑목을 용신으로 삼지 않는 것이 갑경충 때문이 아니고, 토다신강이라고는 하나 미토는 경금을 생하기에는 건토이기에 힘들고, 진토는 갑목의 극을 받고 있으니 약하지 않은 정도이지 신강하지 않으므로 계수 용신으로 설기하는 방편을 삼으신 것인지요? 그래도 갑경충 때문이 아니라면 갑목을 용신으로 삼지 않은 이유를 알 수가 없습니다. 가르침을 바랍니다.

 그렇지는 않습니다만……

1) 기본적으로 진월은 경금이 통근을 합니다. 다만 당령을 따져서 무토 당령이 확실하다면 통근이라고 보게 됩니다. 대운을 적어주셨다면 바로 의견을 드릴 텐데 한번 따져보시기 바랍니다.

2) 타당한 말씀입니다. 월지를 얻었더라도 갑진월이 되면 土가 무력하기 때문에 큰 도움이 되지 못할 수도 있습니다.

3) 재성을 용신으로 할 때는 인성이 많은 경우로 한정한다고 생각해도 무리가 없습니다. 이 경우에는 인겁이 왕하기 때문에 특별히 재성을 써야 할 필요가 없습니다. 그리고 옆에 있는 연간의 정화를 생하느라 재성이 힘이 없다는 것이 영향을 미치는 점도 있습니다.

모든 글자들이 水를 기다리는 형편이고, 무엇보다도 일간의 입장에서는 왕성한 기운을 설하고 싶은 마음에서 무조건 水를 용신으로 보게 되는데, 이러한 감각은 경험이 쌓이면서 자연스럽게 터득하실 것으로 생각됩니다. 계속 정진하시기 바랍니다.

235 월령에 관한 질문입니다

```
時 日 月 年
癸 庚 甲 丁      乾命
未 申 辰 未
```

Q234의 추가질문으로 월령에 관해서만 볼 경우입니다. 경금은 진월에 통근할 수 있다고 하셨습니다. 저는 월령의 의미를 계절적 의미와 글자 그대로의 의미 두 부분으로 나누어서 생각하고 있는데, 월지에 있는 하나의 글자(토생금)로서 통근을 하고 월령(계절의 의미가 포함된)으로서는 통근을 하지 못한 상태라는 생각이 듭니다. 그렇다면 글자 하나를 얻은 힘만 있다는 게 되는데, 이러한 생각도 적용될 수 있을까요?

 가능하겠습니다

특히 일지 신금의 입장에서 월지의 진토는 상당히 반가운 글자이므로 우회해서 도움을 주는 것으로 이해를 하면 되겠고, 결과적으로 통근의 의미에서 도움이 되는 것으로 봐도 되겠습니다.

236 조토의 생금 능력은?

『적천수』「천간론」은 재미있는 소설 같습니다. 「통신송」보다도 읽기가 수월합니다. 『적천수』에 보면 "조토는 생금 능력이 떨어지고 金이 부숴질 수도 있다"고 되어 있습니다. 만약 경금 일간에 월지가 미토나 술토이고 당령이 土라면 월을 취했다고 볼 수 있습니까? 특히 미토는 계절상 여름이라 생금하기가 힘들 것 같다는 생각입니다.

 어렵다고 봐야지요

「천간론」이 재미있다니 다행이네요. 술미월의 土 당령에 경금이 생조를 받기는 상당히 어렵다고 하겠습니다. 신금의 입장에서도 마찬가지입니다. 다만 주변에서 습기가 적셔준다면 다른 상황이 되겠지요. 항상 주변을 살펴서 판단해야겠습니다.

237 용신을 지장간에서 쓸 경우 본기가 극을 당하면?

時	日	月	年
丁	丙	乙	丙
酉	申	巳	午

제가 만든 사주입니다. 병신 일주에 火가 강하여 신금 속의 임수를 쓴다면 일지 자체는 극을 당하는데, 이 경우 숨어 있는 임수도 같이 극을 당한다고 봐야 하는지, 극은 당하지 않지만 숨어 있기에 힘이 좀 들어 희신인 유금에 의지한다고 봐야 하는지 궁금합니다.

 따라서 영향을 받겠네요

영향을 받을 것입니다. 다만 이 사주는 군겁쟁재로 식상이 중요하지 않을까 싶습니다. 그리고 水는 약으로 쓰일 수 있는 상황이라는 생각이 듭니다. 참고하세요.

238 배우자 암시의 비결은?

```
時 日 月 年
庚 丁 壬 丁
戌 巳 寅 未
```
乾命 六大運

```
時 日 月 年
丙 甲 庚 辛
寅 午 子 亥
```
坤命 一大運

1) 선생님의 조언 중에 카운슬러가 등장해서 질문합니다. 적절한 봉사(정관 임수)와 그에 따른 대가(정재 경금)를 생각하는 종교 얘기는 아마도 월지의 정인 성분을 말씀하신 것 같은데, 갑자기 카운슬러라는 단어가 나와서 어떻게 된 건지 알 수가 없습니다. 봉사·대가·종교를 종합한 것을 의미하는 것인지, 아니면 종교궁에 재성이 용신이면 카운슬러가 직업으로 좋다는 것인지 궁금합니다.

2) 아내의 암시가 중복된다는 것은 재성이 두 개 이상 나올 때를 말하는 건지, 아니면 두 개 이상 나오되 기신이나 구신인 경우에 한하는 건지 궁금합니다. 아내의 암시는 굉장히 중요한 문제거든요.

더군다나 궁합을 본 여인의 사주가 초혼에 실패하고 재혼에서 가정을 꾸린다고 하셨는데, 여인의 사주를 보니 관성이 두 개가 있기는 하지만 관성이 두 개라고 모두 두 번 결혼하는 암시라고는 볼 수 없지 않을까요? 남자의 경우 재성 하나는 아버지, 하나는 아내, 이렇게 나눌 수도 있을 테니까 말이죠.

아무리 생각해도 비결이 있는 것 같습니다. 계룡감로까지 가진 못하지만 부디 전수해주시기를 바랍니다

3) 남자의 입장에서 볼 때 "약간 아쉽다는 것은 아내의 능력(부인궁 사화)이 내가 원하는 것보다 부족하다는 점도"라고 하신 것은 기신이기 때문인가요? 품질을 다시 얘기하신 것이 맞는지요? "하지만 아내는 최선을 다한다"는 용신이기 때문에 하신 말씀 같고요. 확인하고 싶어서 여쭙습니다.

 재성의 희·기로 판단기준을 삼습니다

1) 카운슬러라는 단어에 지나친 반응을 보이는 것 같군요. 상당히 침착한 사주이므로 상대방의 이야기를 들어주고 객관적인 판단을 해줄 수 있을 것이라고 생각되어 한 말입니다. 그렇지만 직장생활을 한다고 해도 가능한 사주가 아닐까 싶네요. 이러한 부분은 상황에 따라서 조언을 하게 되는 경우도 있더군요. 또 정사 일주의 주체성도 고려해본 것입니다.

2) 비결이라뇨? 하하……. 비결은 없다는 것을 전제로 접근해가는 것이 〈낭월명리학당〉의 공부방법입니다. 암시라는 것이 대체로 그렇듯이 확실히 그렇다는 것은 아니지요. 가능성에 대해서 생각하는 것입니다.

그러니까 관살이 겹쳐 있으면서 기신에 속한다면 남편으로 인해서 갈등을 겪거나 초혼에 실패하고 다시 가정을 꾸리거나, 어쨌든 남편문제로 고통을 겪을 암시가 있다고 보는데, 이러한 현상은 운의 흐름과도 민감하게 반응합니다.

즉 운에서 다시 관살운이 들어왔을 경우와 운에서 인성운이 왔을 경우가 다른데, 다시 관살운이 들어오면 남편으로 인해서 상당히 힘겨울 것이고, 인성의 운이 들어오면 잘 넘어갈 것이며, 또 상관의

운이 오면 이혼을 하고 다시 남자를 만난다고 해석할 수 있습니다.

아무래도 종합적인 상황의 인식이 앞서게 되면 해결의 실마리가 보이지 않을까 싶네요.

3) 그렇습니다. 잘 이해하셨습니다. 계속 정진하시기 바랍니다.

239 병신합은 어떻게 작용할까요?

```
       時 日 月 年
       戊 丙 辛 壬          坤命
       子 午 亥 子

   61 51 41 31 21 11  1
   甲 乙 丙 丁 戊 己 庚
   辰 巳 午 未 申 酉 戌
```

일지는 얻었으나 월과 세력을 얻지 못했으므로 신약하다고 판단하여 일단 신약용겁격으로 용신격을 정했습니다. 희신은 木이고 기신은 水, 구신은 金, 한신은 土인데 토극수로 관살을 극하므로 도움은 된다고 봅니다. 또한 원국에 기신이 많고 자오충으로 그리 좋게 보이지는 않지만 운세가 木·火로 흐르고 있으니 좋은 징조라고 하겠습니다.

그런데 성격분석을 할 때 병신합이 있으므로 정재가 우선하고 다음으로 시간의 식신, 일지의 겁재·상관이 작용할 것 같은데, 병신합은 그냥 정재가 강하게 작용한다고 봐야 하는지 아니면 병신합수로 水로 봐야 하는지 판단이 서지 않습니다. 가르침 부탁드립니다.

재성의 집착으로 나타나겠네요

일간이 합이 되어 있는 사주에서는 무엇보다도 먼저 그 상황이 나타나게 됩니다. 여기에서는 정재와 합이 되어 있으므로 좋지 않은 조짐으로 봐야겠는데, 용신을 보지 않고 기신을 보고 있기 때문이지요. 이런 경우에는 정재에 대한 재성의 집착이 나타나게 되는데, 물로 화하는 성분은 거의 없는 것으로 보고 있습니다.

다른 경우도 마찬가지겠지요? 합에 대해서만 생각하고 화하는 성분까지는 고려할 필요가 없습니다. 화격이라도 마찬가지입니다. 갑기합이 되어 있는 상황에서 갑목이 화토(化土)가 되었다고 해도 갑목의 마음은 그대로 존재하는 것을 보게 됩니다. 참고하시기 바랍니다.

240 중화된 명식에서 용신은?

아래 명식과 같이 중화된 명식에서의 희·용신은 어떻게 가려야 하는지요?

```
    時 日 月 年
    甲 丙 癸 甲         乾命
    午 戌 酉 辰

  己 戊 丁 丙 乙 甲
  卯 寅 丑 子 亥 戌      二大運
```

유월의 丙 일간으로 월령을 얻지 못했으나 갑오 시주와 연간 편인 및 미약하지만 일·시지 오술의 반합을 고려할 때 일간의 역량이 약하다고는 볼 수 없고, 또한 오행이 주류하고 정기생으로 통변성(십성)도 주류하고 있어 명식 자체로는 중화된 명식이 아닌가 생각됩니다.

　이 명식에서 조후를 고려하여 월간 계수를 용신으로, 월지 유금을 희신으로(土는 기신) 택하는 것이 맞는지, 아니면 월지의 비중을 높게 보아 월지 유금(정재)을 용신으로, 土(식상)를 희신으로 정하는 것이 맞는지 갈피가 잡히지 않습니다. 일간 丙의 입장에서 볼 때 필요한 것은 水인 것 같은데, 한껏 다루고 싶은 것은 金이 아닌가 싶기도 해서요.

　고견을 부탁드립니다.

 그대로 정관을 쓰면 되겠습니다

　균형을 이루고 있으면 크게 치우치지 않은 것이므로 관살이나 식상 중에서 월령을 얻은 성분으로 1차 용신 후보를 정한 후, 큰 문제가 없으면 그대로 사용하면 됩니다. 문제라고 하는 것은 극설이 월령을 잡았더라도 충극을 받아서 무력하다면 다시 생각해봐야 한다는 것입니다. 이 사주의 경우는 재관으로 용신을 잡으면 별 문제가 없을 것으로 판단됩니다.

　여기에서 조후의 의미도 고려하는 것이 좀더 폭넓은 오행관이라고 볼 수가 있겠습니다. 조후를 별개의 용신법이라고 볼 필요는 없겠고, 역시 하나의 음양관이라고 이해하면 되지 않을까 싶습니다. 참고되셨을 것으로 봅니다.

241 재성운은 지지로만 보는 건가요?

時	日	月	年
癸	壬	辛	戊
卯	辰	酉	申

乾命 六大運

1) 월령에는 없는 상관을 용신으로 삼아서 가상관격이라고 하셨는데, 여기에서 월령이라 함은 지장간을 말씀하시는 건가요? 그렇다면 실제로 월지에 있는 지장간의 생조를 받는 용신만 진용신이고 없으면 가용신이란 뜻이 되는지 궁금합니다. 저는 가상관격이라고 해서 재성을 찾았는데 없어서 상관을 임시로 용신으로 삼는다는 정도로 생각하고 있었거든요.

2) 이 경우 만약 지장간에 재성이 있으면 지장간의 재성을 용신으로 삼고 식상을 희신으로 보는 것이 정상인지요?

3) "인연이 없다. 아마도 자칫하면 결혼을 하는 것도"라고 하셨는데, 인연이 없다는 것은 재성이 없어서 나온 말 아닌가요? 그렇다면 결혼을 하는 것도 쉽지 않다는 것은 어떤 이유에서인가요? 대운에 재성이 올라오지 않아서 그런 건가요?

4) 2001년 신사년이 되어야 재성운이 올라온다고 하셨는데, 왜 2000년 병진년은 재성운이 안 되는 거죠? 지지에 올라와야만 하는 건가요? 이것도 전부터 궁금하던 것 중에 하나입니다. 세운은 천간을 위주로 본다고 어디선가 본 것 같거든요. 부탁드립니다.

그렇지는 않습니다

1) 가상관이란 월지에 없다는 것으로 단순하게 생각하면 되겠습니다. 예부터 사용해오던 것으로 별달리 비중을 두지는 않습니다. 그저 오래 전부터 그렇게 구분해왔다고 이해하면 되겠습니다. 진상관이든 가상관이든 용신운이 오면 그대로 발하게 되는 것 같습니다.

2) 가까이 있는 것이 용신이 되는 것은 좋다고 하겠지만, 월지에 있든 시지에 있든 중요한 것은 사주에서 木이 필요하다는 것이고, 그 결과 木운이 오면 발하게 된다는 것입니다.

3) 그렇게 보시면 되겠습니다. 대운이든 세운이든 운에서 이성의 운이 오면 결혼이 쉽게 이루어진다고 보게 됩니다.

4) 2000년은 병진년이 아니고 경진년이지요. 즉 재운이 오지 않는 해이므로 신사년을 말씀드린 것으로 보면 되겠습니다. 세운에서도 역시 천간과 지지를 함께 저울질해서 보는 것이 중요합니다. 가령 갑술년에는 무력한 갑목보다는 유력한 술토가 더 크게 작용하는 것이고, 무인년이나 기묘년에는 천간의 무력한 土보다는 지지의 강력한 木이 더 크게 작용하는 것으로 보면 되겠습니다. 이해가 되셨는지요?

242 세운 해석이 이해가 잘 안 됩니다

```
時 日 月 年
癸 壬 辛 戊
卯 辰 酉 申
```

乾命 六大運

Q241에 대한 추가질문입니다. 경진년을 병진년으로 알고 질문했으니 정말 부끄럽습니다. 그럼에도 불구하고 비웃지 않고 답변해주신 선생님께 정말 감사한 마음을 감출 길 없습니다.

답변해주신 내용 중에서 잘 이해되지 않는 부분이 있어 다시 여쭙니다.

1) 갑목이 무력한 이유는 이 남자의 사주에 木(식상)이 아예 없기 때문이고, 한신인 술토가 유력하다고 하는 것은 갑목에 비해서 유력하며 나쁜 쪽으로 유력하다는 얘긴지요?

2) 이렇게 받아들이면 천간의 무토나 기토가 무력한 이유가 잘 이해되지 않습니다. 어째서 土가 지지에서는 유력해지고 천간에서는 무력해지는지 설명 부탁드립니다. 대운의 해석방법과도 밀접한 관계가 있을 것 같아 굉장히 중요한 내용이리라고 생각합니다. 바보 같은 질문이 될지도 몰라 망설였으나 그래도 기왕 배우는 거 제대로 배우고 싶어 감히 여쭙니다. 부탁드립니다.

 아무리 사소한 것이라도 잘 알면 좋지요

1) 우선 해당하는 글자가 힘이 있느냐 없느냐를 저울질한 다음에, 그 글자가 원국에서 도움이 되느냐 되지 않느냐를 확인하는 것이 순서입니다. 술토가 나쁜 역할을 한다면 당연히 유력한 것이 더욱 더 나쁜 작용을 하겠네요.

2) 좋은 질문입니다. 상황에 따르는 것이 정답입니다. 갑술을 놓고 저울질을 해보면 술토에서 갑목은 거의 죽어 있는 것이나 다름없다는 이야기입니다. 그래서 木이 무력한 것으로 보는 것이지요. 만약 갑진년이라면 진토가 무력하다고 하겠네요. 갑목은 기운을 차리고 있으니까 말입니다. 이렇게 상대적으로 저울질을 해보는 것입

니다. 무인년에는 인목이 살아 있고 무토가 힘을 얻지 못하고 있으므로 木이 강하다고 봅니다. 금년(1999년)도 마찬가지입니다. 또 이해가 되지 않으면 계속 질문하세요. 의견 드리겠습니다.

243 세운 적용시 천간 대 천간, 지지 대 지지로 보는지요?

계속되는(Q241~Q242) 추가질문입니다.

선생님의 말씀에 의하면 천간과 지지를 저울질하는 것은 세운에만 적용되고 개두나 절각과 같은 대운을 해석할 때는 고려하지 않는가 보네요. 저는 대운과 세운을 같은 방식으로 해석해왔는데, 이제부터는 바뀌어야겠네요. 정말 대단히 소중한 것을 배웠습니다. 감사합니다.

이제 마무리하는 의미에서 확인하고자 합니다. 틀리다면 다시 지적해주시기 바랍니다.

①먼저 천간을 고려하고 다음에 지지를 고려한다. 천간이 지지로부터 도움을 얻으면 힘이 있는 것으로 간주하고 그렇게 되면 지지는 힘을 잃는 것으로 본다.

②천간이 지지로부터 도움을 얻지 못할 경우, 천간과 지지의 힘의 비중을 볼 때 지지가 1 대 3 정도로 세니 당연히 지지가 유력한 것으로 본다.

③세운의 천간과 지지의 힘은 사주와 상관없이 먼저 따진 후 사주에서 어떠한 영향을 미치는지를 고려한다. 이렇게 보는 게 맞는지요?

또한 갑술의 경우 술토가 유력한데, 사주에서 술토의 영향을 고려할 때 술토가 지지에 있으니 지지에서의 영향만 고려하는지 아니면 천간에서의 영향도 함께 고려하는지 궁금합니다. 전에 선생님께서 예를 들어 土가 천간으로 오면 반갑고 지지로 오면 반갑지 않다고 하신 적이 있는데, 그래서 운의 해석은 대운도 세운도 천간은 천간에서만 지지는 지지에서만 영향을 해석하는가 보다 하고 생각했습니다.

생각을 더 전개해보면 용신이 木이라고 하고 무인이나 기묘처럼 유력한 것이 지지의 木이라고 할 때, 용신이 지지의 木이든 천간의 木이든 상관없이 무인이나 기묘는 좋다는 해석이 가능한지요?

```
 時  日  月  年
 癸  壬  辛  戊        乾命 六大運
 卯  辰  酉  申
```

앞에서도 풀이하신 이 사주는 용신이 지지의 묘목인데, 갑진년의 경우 갑목이 유력하니 좋다고 해석하는지 아니면 용신이 지지에 있는데 천간으로 木이 들어오니 그다지 도움이 안 된다고 해석하는지 궁금합니다.

제 스스로 정리가 되어 있지 않아 질문이 지저분하게 길어졌습니다. 이해해주시기 바라며 답변 부탁드립니다.

 대운은 5년씩, 세운은 간지에서 강한 것 위주

여전히 혼란스러우신 것 같네요. 질문을 무시하고 제가 간단하게 정리해보도록 하겠습니다. 그래도 이해가 되지 않으면 특정사주를 올리고 질문하면 이해에 도움이 되리라고 생각합니다.

- 대운 : 5년씩 대입하여 희용기구한으로 해석한다. 그 과정에서 서로 합 또는 충이 되는 상황을 고려하여, 비록 용신의 대운이

라고 해도 대운이 계수일 경우 천간으로 들어와서 도움이 더 된다면 좋은 운으로 본다. 다만 원국에 무토가 있어서 합이 된다면 좋은 기대는 반감된다. 그러므로 사주에 따라서 계수가 좋을 수도 있고, 자수가 더 좋을 수도 있다. 이러한 차이는 기본적으로 정해지는 것이 아니라 해당 사주의 상황을 대입해서 판단해야 한다. 그냥 객관적으로 본다면 계수대운보다는 자수대운이 더욱 좋을 가능성이 있는 것은 사실이다.
- 세운 : 세운의 간지를 저울질하여 힘이 있는 쪽에 비중을 두고 대입하게 된다. 즉 금년(1999년)에는 묘목이 강한 것으로 대표격을 삼게 된다. 원국에서 묘목이 좋은 역할을 하면 기토의 나쁜 역할은 크게 고려하지 않고 좋은 것으로 보는 것이다. 다만 원국에 유금이 있다면 좋은 작용은 다소 없어질 가능성이 있다.

이렇게 구분을 해보았습니다. 이해가 되지 않으면 다시 질문하시기 바랍니다.

244 진용신이 무엇인가요?

時	日	月	年
甲	乙	甲	戊
申	巳	寅	申

소위 등라계갑(藤蘿繫甲)의 사주입니다. 신약한 을목이므로 인성이 필요한데 인성이 없어 갑목이 용신이 되고 水가 희신이 되는 것

으로 보입니다. 만약 본 명식에 水가 있다면 진용신은 水인가요, 木인가요?

 水가 맞습니다

원칙적으로 필요한 것이 좋지요. 어쨌든 사주에서 없다고 해도 水가 필요한 것이 당연하고 水가 용신이 됩니다. 잘 보셨습니다.

245 근재묘선이 적용되는지요?

時	日	月	年
己	己	甲	癸
巳	亥	寅	丑

근재묘선(根在苗先)을 적용할 수 있는 사주인지 모르겠습니다. 불이 필요한 상황인데 사화는 충이 되어 있고 寅 중 병화는 지장간으로 보호되고 있습니다. 그렇다면 표출되어 있는 사화가 좋을까요, 지장간으로 보호된 병화가 좋을까요?

일반적으로 근재묘선은 두 사주의 품격을 비교할 때 쓸 수 있는 것이라고 판단했는데, 이런 경우에도 적용된다고 볼 수 있는지 궁금합니다. 또한 사화가 용신일 경우와 寅 중 병화가 용신이 될 경우는 어떤 차이가 있는지요? 궁의 이론을 대입하면 되는지요?

 적용됩니다

물론 두 개의 사주를 놓고 생각해볼 때 당연한 대입이 되지만, 이렇게 하나의 사주에서도 설명이 가능합니다. 근재묘선의 의미는 일단 그 씨앗에 해당하는 불이 속에 들어 있다는 것이지요. 운에서 불이 들어왔을 경우 그대로 발화된다는 것이 중요하며, 이것이 뿌리가 있다면 싹이 있는 쪽이 우선한다는 의미로 해석하는 것입니다. 그래서 인목이 없는 것보다 있는 것이 훨씬 유리한 것으로 보게 되지요. 이해가 되지요?

246 상관생재의 흐름은 어떤 원리인지?

時	日	月	年
丁	戊	己	甲
巳	寅	巳	辰

乾命 三大運

時	日	月	年
庚	辛	丙	甲
寅	亥	寅	辰

坤命

1) "올해는 정축년인고로 역시 더운 바람이 불어와서 가슴이 답답하게 된다"고 말씀하셨는데, 정축년의 유력도를 비교하면 정화가 습토를 깔고 있으니 정화는 무력하고 상대적으로 축토가 더 강하다고 생각됩니다. 힘없는 정화가 어떻게 더운 바람이 되는지 잘 모르겠습니다. 그냥 축토가 다가오는 게 아닌지요?

2) 계유대운에서 일간인 무토와 계수가 합이 되는 게 아닌지요? 그런데 "계수가 들어올 때 별도로 장애를 받지는 않는다"고 하셨

고, 세운에서 무인년이 되면 대운의 계수와 세운의 무토가 합이 된다고 하셨습니다. 어떻게 그렇게 되는 건지 알 수가 없습니다. 대운에서 들어오는 천간과 일간은 합이나 충을 하지 않는다, 즉 작용을 하지 않는다는 것과 같은 맥락인지요?

3) 부인의 사주는 신약한 신해 일주이므로 상관생재의 흐름을 타서 남편에게 잡혀 굴복하고 살려는 마음이 없다고 하셨는데, 어떤 원리인지 가르쳐주십시오. 신강한 상관 일지는 어떻게 다른지 궁금합니다. 월지나 시지에 재성이 없어도 상관생재의 흐름이라고 하는 건지요? 굉장히 도움이 되는 원리인 것 같은데 궁금합니다.

 중요한 것은 원리를 이해하는 것이지요

1) 이미 사주가 더우므로 외부에서 조금만 열기를 불어줘도 열기가 급상승을 할 모양이네요. 물론 힘을 말한다면 축토가 강한 것이 사실입니다. 그러나 당시의 상황에 따라서 설명한 것에 대해서는 분위기만 파악하고 넘어가는 것이 더 좋지 않을까 싶습니다. 중요한 것은 원리를 이해하는 것이니까요. 참고하시기 바랍니다. 다시 말씀을 드린다면 정축년은 즐거울 일이 없다는 것입니다.

2) 그렇군요. 일간은 화기(化氣)가 되지 않으면 거론할 필요가 없는 것으로 봅니다. 그러니까 일간을 제외하고 합화에 대해서 이야기를 하게 되지요. 이 경우에도 그런 것으로 보면 되겠습니다.

3) 그렇겠네요. 신왕해도 상관이 관을 봤으니까 그대로 순순히 따르지는 않을 모양이네요. 저는 반발심리를 떠올려봤습니다. 신약한 상관은 신경질적인 반응을 보일 수도 있지 않겠느냐는 생각을 해보자는 것이지요. 중요한 것은 부인이 고분고분하지 않다는 것을 이해하면 되겠습니다.

Q247 조후의 차원에서 생각했습니다

```
時 日 月 年
庚 己 乙 戊      坤命 三大運
午 丑 丑 申
```

조후의 차원에서 오화를 용신으로 생각했습니다. 가르침 부탁드립니다.

 조후뿐 아니라 억부에서도 인성이 필요하네요

축월의 기축 일주는 일단 매우 약하군요. 춥기도 하고요. 인성이 필요한 것은 절대적이라고 해야겠습니다. 월간의 편관은 도움도 주지 못하면서 부담만 주는군요. 잘 보셨어요.

Q248 사주의 흐름에 대해서

한의학에서는 음양과 오행으로 인체를 해석하는데, 그 중에서도 오행은 간(肝)·심(心)·비(脾)·폐(肺)·신(腎), 목(目)·설(舌)·구(口)·비(鼻)·이(耳) 등 각기 고유의 배속기관이 있어서 독립된 개체로 되어 있고, 이 독립된 개체들의 작용을 위해 삼초(三焦), 임독맥(任督脈), 12경맥(經脈) 등이 기와 혈로 서로 연결하여 흐름을 만들어주고 있습니다.

사주 역시 여덟 글자가 천간과 지지로 구성되어 각기 오행을 부여받고 흐름을 만든다고 알고 있습니다. 그런데 궁금한 것은 사주에서는 각각의 독립된 개체들의 연결에 경맥, 삼초 등의 별다른 연결 통로가 보이지 않는다는 것입니다.

그렇다면 사주의 흐름에는 따로 어떠한 통로가 있는 것인지, 아니면 그 자체로 흐를 수 있는 것인지 궁금합니다. 한의학과 사주를 억지로 연결시키는 것 같아 회의가 생기기도 하지만 용기를 내어 질문합니다.

 물론 흐름이 있습니다

사주에서 직접적으로 경맥이 보이지는 않겠지만, 오행의 원리를 생각해보면 그대로 흐르고 있는 경맥이 보입니다. 다도해의 섬을 여행하면서 느낀 건데, 맥이 통하는 섬과 그렇지 못한 섬과의 차이는 엄청나더군요. 맥이 통하는 섬은 연락선이 다닌다는 것이고, 그렇지 않은 섬은 연락선이 없다는 것입니다.

즉 일지 묘목에 월지가 해수인 것은 서로 통하는 연락선이 있는 사주, 다른 말로 하자면 간경락이 흐름을 유지하고 있는 것이라고 볼 수 있겠고, 일지 묘목에 월지가 유금이라면 이 두 섬의 사이에는 전혀 연락선이 없는 것으로서 경락도 단절된 것으로 이해를 하면 어떨까 싶습니다.

249 대운에 관한 질문입니다

時	日	月	年	
癸	丙	乙	辛	乾命
巳	午	未	酉	

17	7
癸	甲
巳	午

　이 사주는 학문성(인성)이 깨어져서 십대의 나이에 공부하기가 어렵다고 하셨는데, 제 생각으로는 계수대운에서 신금과 을목 사이를 통관시켜주기 때문에 깨어진 인성이 힘을 받을 수 있을 것 같습니다.

　따라서 17 ~ 20세 전반까지 한창 공부할 나이인 것 같은데, 가르침 부탁드립니다.

 대운보다는 원국의 이야기였군요

　그 부분에 대해서 자료를 찾아봤더니 다음과 같이 적혀 있더군요.

　"사주상 월간의 을목 학문성(인성)이 연간의 강력한 신금을 보고 깨어진 형상이다. 십대의 나이에는 세상에서 배우는 것보다 책에서 배우는 것이 더 큰 비중을 차지하게 되는데, 그 책이 찢어졌으니 공부를 하려고 애를 써도 잘되지 않을 암시가 있다. 대운에서도 학교에서 배우는 학문은 뭔가 고리타분하고 실용성이 없는 따분한 내용이라는 생각이 문득 들게 될 것으로 보인다. 그렇게 되면 공부에는 큰 흥미를 갖지 못하게 되는데, 이것은 머리가 나빠서가 아니라 운에서 자꾸 밖으로 내어몰게 되는 형상을 갖기 때문이다. 이렇게 공부에는 못마땅한 운세가 다행히도 금년으로 마무리되고 내년부터는 가족을 생각하는 마음이 강화된다. 물론 자신의 미래에 대해서도 좀더 깊이 생각을 하게 된다."

　인성이 깨어진 것은 원국에서의 이야기였고, 운에서 오화가 들어오게 되어 겁재의 작용으로 분주하고 안정적이지 못했다고 생각해 본 것입니다. 참고하시기 바랍니다.

250 개수를 논하기는 힘들지 않을까요?

```
時 日 月 年
庚 己 乙 戊        坤命 三大運
午 丑 丑 申
```

확인하는 차원에서 질문드립니다. 비겁이 많고 인성도 있어서 일견 신강해 보이지만, 명식의 상황이 연·월주의 비겁은 관과 식상으로 설기되어 있으나마나 한 것으로 판단됩니다. 그러므로 "인성 몇 개, 비겁 몇 개이므로 신강이다"라는 방식은 오류의 가능성이 있어 보입니다.

 그렇지요, 개수로 버틸 수는 없네요

그야말로 확인만 드려야겠네요. 지당하신 말씀입니다. 개수로 따지는 것은 초보자의 안목이라고 이해를 하면 되겠습니다. 물론 나중에라도 모호할 경우에는 필요한 때도 있지만요. 잘 보셨습니다.

251 상관이 용신이 아닌가요?

『적천수』156쪽 상관용재격에 나오는 사주입니다.

```
時 日 月 年
庚 辛 辛 壬
寅 酉 亥 申
```

어째서 월령 상관을 용하지 않고 재성을 용하는지 이해가 안 갑니다. 가르침 부탁드립니다.

 잘 보셨네요. 상관을 쓰면 되겠어요

상관을 용신으로 하고 재성을 희신으로 삼아도 아무런 문제가 없는 사주로 보입니다. 잘 보셨어요. 아마도 본인이 사업을 해서 돈을 벌었기 때문에 재성을 용신이라고 한 것이 아닌가 싶습니다. 다른 의미는 없겠네요.

252 왕한 水를 건드리는 것이 길할까요?

『적천수』138쪽 살중용인격에 나오는 사주입니다.

```
時 日 月 年
癸 丁 癸 癸
卯 卯 亥 亥
```

이 사주처럼 살이 중한 사주에서 제살운의 길흉이 어떨지 생각했습니다.

왕한 물을 건드림으로써 정화에게 부담을 주고(잔잔한 물이 파도

치므로) 살인상생의 흐름에도 부담을 주지 않을까 생각되는데, 가르침 부탁드립니다.

 土운은 부담이네요

기본적으로 상당히 청기가 도는 사주인데, 식상이 끼여들면 탁하게 됩니다.

물론 식상운은 도움이 되지 않을 뿐더러 혼란의 구렁텅이도 생각해봐야 하겠네요. 부담이 크다고 하겠습니다. 잘 보셨어요.

토 론 金과 계수 1 : 금생수의 원론에 충실하고 싶습니다

토론에 관심을 보여주신 벗님들께 감사드립니다. 정리를 해보려고 마음먹은 지는 한참 되었는데, 시간이 좀 걸렸네요. 그러나 학문의 정리가 하루아침에 이루어지리라고는 생각하지 않으므로 그 정도의 시간은 참아주시리라 생각합니다.

다음은 낭월이 나름대로 연구하면서 정리한 것입니다. 살펴보고 이견이 있으면 언제라도 반론을 제기해주시기 바랍니다. 또 연구해보면 그만큼 더 발전하게 되겠지요?

1) 金은 계수를 생하며, 계수도 金의 생조를 받습니다

계수가 金이 많으면 생조를 하지 못해서 약해지는 것이 아니라, 금이 너무 많아서 태강(太强)해지므로 재성으로 극제를 해야 한다는 단순한 억부의 논리로 이해를 해야 하지 않을까 싶습니다. 따라서 불론경신(不論庚辛)은 수정해야 하리라고 생각합니다. 예를 들어 다음의 사주를 보도록 하겠습니다.

時	日	月	年
辛	癸	乙	庚
酉	巳	酉	申

이 사주의 경우 금생수가 되지 않는다면 어떻게 처리를 해야 할지 고민스럽습니다. 그러나 인성이 많아서 태강하므로 재성을 이용하여 인성을 제어하고 기인취재격(棄印就財格)으로 판단한다면 논리적인 문제가 전혀 없을 것입니다.

時	日	月	年
乙	癸	丁	丙
卯	卯	酉	子

이 사주의 경우 신약용인격에 재성이 병이라고 봐야겠는데, 유금이 생조를 해주지 못한다고 하기가 어렵겠습니다.

따라서 금생수의 이론을 대입해서 인성을 용신으로 하고 火가 기신이므로 水를 희신으로 삼으면 논리적으로도 타당하고 전혀 문제가 없을 것입니다.

2) 금다수탁의 의미를 수정하는 게 좋겠습니다

금다수탁(金多水濁)이라고 하면 정확한 의미가 떠오르지 않을 가능성이 많습니다. 원래의 뜻은 金이 너무 많으면 물이 탁해지니 재성을 용해서 金을 제어하자는 것이 아니었을까 싶습니다. 인성과다의 해는 재성이 해결하기 때문입니다. 예를 들면 수다목부에는 재성이 용신인 것이 분명하기 때문이지요. 그러니까 금다수탁은 '금다수태강(金多水太强)'으로 변경했으면 좋겠습니다.

토론 金과 계수 2 : 왕안석의 사주는 문제가 있어 보입니다

왕안석의 사주는 金이 계수를 생하지 못한다는 것을 증명하지 않았다고 생각됩니다. 구체적으로 어떤 이유에서 이 사주는 금생수가 되지 않는다는 것을 확실하게 증명하신다면 낭월이 좁은 생각을 수정하도록 하겠습니다.

다만 증명이 되지 않을 경우에는 그대로 다 믿을 게 못 된다는 것을 시인하게 되므로 좀더 구체적인 의견이 보충되어야 하겠습니다. 그 글을 본 후에 낭월의 소견을 올리도록 하겠습니다.

구체적으로 그의 삶이 어땠는지, 또 용신이나 삶의 운로를 어떻게 해석하는지 굉장히 기대가 됩니다. 다른 벗님들의 적극적인 동참도 기대합니다. 고맙습니다.

253 12대운에 들면 인목이 인신충을 이루는데……

時	日	月	年		
丙	戊	庚	丁		坤命
辰	申	子	丑		
丙	乙	甲	癸	壬	辛	二大運
午	巳	辰	卯	寅	丑	

무토 일간이 자월에 계수 당령으로 水 기운이 왕한데다 신자반

합, 자축합으로 동토가 되어버려 신약해 보입니다. 비겁은 토생금 금생수로 별반 도움이 되지 않고, 조후로 보나 억부로 보나 신약한 무토에게는 火가 보약일 것이란 생각에서 병화를 용신으로, 木을 희신으로 보았습니다.

일단 병화가 용신이란 생각에서 질문드립니다. 12대운에 들면 인목이 인신충을 이루는데, 저는 木을 희신으로 보았고 인신충으로 신진반합이 깨지니 水 기운이 줄어들어서 좋다고 생각하는데 스님의 견해는 어떠신지요? 그리고 임수는 정임합을 이루는데 정화가 정인으로 재성과 합을 해버리니 공부 잘하기는 기대할 것도 없는 건 아닌지 궁금합니다.

 그래도 크게 염려할 건 없겠어요

인신충은 부담이지만 원래의 상황에서 더 나빠질 건 없습니다. 원국에서 병화가 인목을 의지하고 있다가 신금이 운에서 와서 때린다면 주의해야겠지만, 이 상황은 며칠 굶고 있다가 식은 빵(충으로 인해서 더운 빵은 못 되므로)을 한 덩어리 얻은 것인데 기분 나쁘다고 생각하겠어요?

정임합은 부담스럽지만, 다행히 원국에 인성이 둘이 있어 하나가 합거해도 또 하나가 보호를 하니 자랑이네요. 용신이 火임은 두말할 필요도 없겠지요. 잘 보셨습니다. 계속 발전하세요.

254 종세격인지?

	時	日	月	年
	甲	壬	乙	丙
	辰	辰	未	午
	38	28	18	8
	辛	壬	癸	甲
	卯	辰	巳	午

미월의 임수인데 매우 약합니다. 스님께서는 대체로 사주를 정격으로 풀이하시던데, 이 사주는 어떤지요? 정격으로 보면 매우 힘없는 사주가 되는데, 저는 木·火·土 힘의 강도 차이를 구분하기가 어렵기 때문에 종격의 종세격으로 보았습니다.

실제로 갑오(특히 오대운)대운은 굉장히 좋았으나(학년 대표, 성적 우수 등), 계대운에는 몸도 안 좋았고 정신적으로도 방황했다고 합니다. 종세격으로 보고 싶지만, 극히 드물다니 망설여지는군요. 건강하십시오!

 임술 일주만 되어도 고민이 없겠는데……

임진 일주는 진토 속에 내리는 뿌리가 만만치 않아 갈등의 여지가 많은 사주입니다. 진술충이라도 되어 있으면 종세로 볼 수도 있겠는데, 아무튼 만만치 않네요.

어쨌든 사주만 보고서 의견을 드리겠습니다. 판단하시는 데 참고의 기준이 되지 않을까 싶습니다.

"종세는 식상과 관살이 대립하면 성립하지 않는다."

일간이 무근하더라도 말이지요. 그러니까 이 사주의 경우에는 신약용겁격으로 놓고 인성을 기다리는 형태가 되어야 하지 않을까 싶습니다. 대운의 대입으로 봐서는 타당하지만, 원래가 신약한 사람은 대운보다는 세운의 영향을 더 많이 받는 경향이 있거든요. 당시의 세운들을 살펴보고 결론을 내려도 늦지 않으니 두고두고 연구하시기 바랍니다. 많은 질문 기대하겠습니다.

255 토생금에 대하여

토생금에 대해 문의하고자 합니다. 『적천수』 강의 「천간편」에서 무토와 기토를 구분하여 무토는 생금하기 힘들다고 하셨는데, 土의 생금에 대해 분명하게 잡히지가 않는군요.

時	日	月	年
(己)戊	丁	甲	戊
(酉)申	卯	寅	辰

중국이 공산국가가 되기 전 짧은 기간이지만 주석까지 지냈던 임삼의 사주라고 합니다. 『자평진전』에는 시가 무신시이든 기유시이든 별 차이가 없다고 설명하고 있습니다.

그런데 격국이 상관생재나 식신생재로 나뉘게 되니 土의 생금 능력에 따라 그릇의 크기가 달라지게 되지 않을까요? 만약 무신시라면 진토가 무토의 근이 되어 시간 무토의 습도를 조절하기 힘들므로 생금이 되기는 어려울 것 같습니다. 제 생각이 틀리다면 시지의

申 중 임수가 무토의 습도를 조절하고 있는 건가요? 아니면 이 사주가 주석까지의 그릇으로 발전하려면 기유시가 맞고 무신시가 틀리는 건 아닌가요?

지지 土의 생금능력도 '진토〉술토'는 알겠는데 미토와 축토 간의 우열은 판단하기가 힘들군요. 미토는 土의 세력이 강한데 축토는 약하다고 들었기 때문입니다. 종합적으로 진토·미토·축토·술토의 생금능력을 분별해주셨으면 합니다.

A 어려운 질문입니다

대답하기가 쉽지 않은 질문입니다. 金의 입장에서 土의 생조를 받는 순서를 생각해보면 ①축토, ②진토, ③미토, ④술토가 되지 않을까 싶습니다. 다만 주변 상황에 따른 변수는 고려되어야 하겠습니다.

이 사주는 토생금이 되는데, 무토라고 해서 무조건 생금이 어려운 건 아니고, 기본적으로 열을 받으면 조열해지기 쉬운 무토의 특성으로 이해하면 어떨까 싶습니다. 천간에서 기토가 생금을 잘한다는 의미도 조습에 관한 차이점으로 이해하면 되지 않을까 싶네요. 또 질문 주시기 바랍니다.

256 운의 영향을 많이 받는 사주가 있나요?

신약한 사주는 세운의 영향을 많이 받는다고 하셨는데, 평생 힘들게 살든 여유 있게 살든 기복이 없이 사는 사주의 특징이 있는지 궁금합니다.

중화된 사주의 주인공은 대운이나 세운을 막론하고 운의 영향을 많이 받는다는 말도 있는데, 그것은 사주 자체가 중화되었으므로 운이 들어오면 그 균형이 깨어지기 때문이라고 합니다. 그래서 이리 쏠리고 저리 쏠린다는 것인데, 맞는 것 같기도 하고 아닌 것 같기도 합니다. 선생님의 의견이 궁금합니다.

 순수한 제 의견을 드립니다

의미심장한 질문입니다. 순전히 제 생각이라는 점을 우선 말씀드리고 의견 드립니다. 혹시 틀릴 수도 있다는 점을 배제할 수 없기 때문입니다.

신약한 사람이 세운에 민감하다는 것은 근래에 확인되고 있습니다. 즉 예전에는 누구에게나 대운과 세운을 함께 적용시켜서 해석했었는데, 어떤 사람은 대운에서 설명이 잘되는데 어떤 사람은 세운으로만 대입을 해도 설명이 잘되더라는 겁니다. 당연히 이유를 캐보게 되었지요.

그래서 이리저리 관찰한 끝에 신약한 사람들은 대운보다 세운에 더 민감하다는 생각을 하게 되었습니다. 가령 저의 경우 작년에 세운은 매우 안 좋았지만 대운은 무난했는데, 보낸 시간들을 살펴보니 무난하다는 결론을 내려도 되겠더군요.

그래서 신약한 사람을 금붕어로 생각해봤습니다. 물이 없어서 바닥에 노출되면 금방 팔딱거리는 모습을 떠올리면 충분하지 않을까요? 신왕한 사람은 개구리 정도로, 당분간은 물이 없어도 큰 문제는 없는 셈이지요. 즉 대운이 늪이라고 한다면 세운에서 다소 가뭄이 든다고 해도 그냥저냥 버티는 것으로 개구리를 생각해봤습니다.

늪에 살고 있는 금붕어는 잠시 연꽃잎에 뛰어올라가더라도 곧 팔딱거리면서 생명의 위협을 받지 않겠느냐는 것이지요. 적절한 비유가 될지는 모르겠습니다. 미루어 짐작해보시기 바랍니다. 그래서 결국 세운에 민감한 사주는 신약한 쪽이라는 것에 타당성을 부여했던 것입니다.

　원국에서 균형을 이루고 있으면 운에서 흔들린다고 생각할 수도 있겠네요. 저도 때로는 그러한 생각을 해봤거든요. 그런데 저울추를 지나치게 연상한 것이 아닌가 싶습니다. 평균대 위에서 완전히 꼿꼿하게 걸어간다면 조금만 균형이 깨어져도 중심을 잃을 것입니다.

　그러나 오행의 균형이라는 것은 외줄타기와 비슷하지 않을까 생각해봅니다. 외줄타기는 장대를 의지해서 흔들거리며 중심을 잡습니다. 즉 대운이든 세운이든 들어오는 것은 흔들어주는 리듬 정도의 영향이라는 겁니다.

　반면에 치우친 사주는 한쪽에 돌덩어리를 달고 줄을 타는 입장이겠지요. 반대쪽에 같은 무게를 달게 되면 균형이 잡히겠지만, 그러한 균형은 기대하기 어려우므로 중화를 이룬 사주의 흔들림에서 적절한 리듬감을 느끼고 싶네요.

　즉 중화된 사주는 운에서 영향을 적게 받는다는 것으로 이해하자는 것입니다. 매우 좋은 질문이어서 잠시 생각해봤습니다. 참고되셨는지요?

　답변을 드리고 보니까 또 질문이 있었군요. 평생 힘들게 산 사람은 이미 균형이 깨어졌으므로 줄타기를 포기해야겠지요. 원국에 용신이 미약하고 운은 역행하니 동분서주해보지만, 결국 세운의 도움으로도 어떻게 해보지 못하고 청소부나 날품팔이를 하면서 일생을 힘들게 보내는 사람도 있겠네요.

　제 부친의 사주를 보면서 그런 생각을 해봤습니다. 일생 동안 곤궁하게 사셨거든요. 살펴보세요.

```
時 日 月 年
癸 癸 丙 壬
丑 亥 午 子
```
乾命 七大運

사주를 보면 눈을 감고 싶어집니다. 용재에 식상이 없다니……. 이 사주를 통해 아무리 부지런해도 운이 없으면 가난을 면하기는 불가능하다고 생각하게 되었습니다. 바로 전형적인 군겁쟁재의 상황인 것입니다.

이런 부친 아래에서 공부는 무슨 공부를 하겠어요. 집을 떠나기 전 14년 동안 입에 풀칠이나 한 것을 다행으로 여겨야지요.

그래도 세운이 좋을 때는 재미가 있었다고 하고 싶지만, 신왕한 상태에서 대운이 안 좋으니까 세운으로는 균형을 잡기가 불가능했던 모양입니다. 좋은 운이라고 할 것이 없었습니다. 일생 곤궁하게 사는 사주에 대해서 좋은 자료가 되지 않을까 싶네요.

257 재성운이 되면 건강에 관심을 갖게 됩니까?

```
時 日 月 年
戊 己 辛 庚
辰 亥 巳 戌

46 36 26 16 6
丙 乙 甲 癸 壬
戌 酉 申 未 午
```

1. 이해가 되지 않는 선생님의 운세풀이 몇 가지를 여쭤보고자 합니다.
1) "丙은 정인. 너무 조심하다가 기회를 놓치게 된다. 과감해야 한다"고 하셨는데, 인성이 뻗어나가는 식상의 기운을 극하기도 하거니와 인성 자체가 보수적이어서 지나치게 조심하게 되며, 게다가 인성이 기신이니 좋지 않은 면이 드러난다고 생각했습니다. 맞는지요?
2) "戌는 겁재. 사기를 당하든가 건강을 해칠 수 있다. 주의해야 한다"고 하셨는데, 건강을 해치는 것은 진술충이기 때문인 것 같은데, 사기를 당하는 것은 쉽게 이해가 되지 않습니다. 겁재 운이 올라오면 재성이 극을 당하므로 재산상 손실이 생길 조짐이 보이게 되는 것인가요?
3) "丁은 편인. 세상을 열심히 살아봐도 별게 없다는 허무감이 들지 않을까. 亥는 정재. 돈보다는 그래도 건강이 최고라는 생각을 할 것 같다"고 하셨는데, 이 부분은 정말 모르겠습니다. 정재가 나왔는데 왜 돈보다 건강이 더 중요하다고 생각되는 건가요? 한번 충이 되서 녹다운이 되었다가 돌아오니 이번 정재는 돈이 아닌 몸뚱어리 정재라고 느끼게 되는 건가요? 아무리 생각해도 감이 안 잡힙니다.
2. 그리고 전에 한 사주를 풀이할 때는 일지가 충이 되면 부인이 몸이 아플 수도 있다(병치레가 잦다)고 하셨는데, 이번에는 그것에 대한 언급이 전혀 없습니다. 어떤 이유가 있는지 궁금합니다.

 잘 살피시는군요. 의견드립니다

1-1) 잘 보셨습니다.

2) 사기를 당한다는 것은, 사주에 있는 겁재들이 기신의 역할을 하고 있는데다가 서로 호시탐탐 재성을 차지하려고 노리고 있기 때문입니다.

3) 정재를 몸이라고 생각할 수도 있기 때문입니다. 그리고 모두 같은 원리의 다른 응용이라고 생각되네요. 재물도 중요하고 건강도 중요하지만, 특히 이 사주는 일지에 정재가 충돌되어서 흔들리고 있으므로 더욱 아끼는 마음이 발생하지 않을까 싶은 생각이 듭니다.

2. 틀린 이야기는 아니네요. 그렇게 설명해도 되겠습니다. 다만 특별히 바뀔 필요는 없다고 생각됩니다.

258 결혼은 재성으로 보는 게 아닌가요?

```
  時 日 月 年
  壬 癸 乙 乙         乾命
  戌 未 酉 巳
66 56 46 36 26 16 6
 戊 己 庚 辛 壬 癸 甲
 寅 卯 辰 巳 午 未 申
```

계미 일주가 유월 금왕지절 신금 당령에 태어나 월지는 얻었으나 일지·시지가 미토·술토로 절지가 되고 세력도 얻지 못하여 신약하다고 보았습니다.

1) 월지가 유금에 신금 당령이고 신금은 계수를 생하기에 가장 적

당하며 사유반합을 이루어 金 기운을 더 강하게 하므로, 유월에 술시는 계수 입장에서 싫어할 이유가 없으니 신강하다고 볼 수도 있을까요? 저는 아닌 것 같습니다.

2) 일단 신약하다고 보고 계속 말씀드리겠습니다. 신약할 경우 이 사주는 土 기운과 木 기운이 많아 약해졌기 때문에 관살은 설기시키고 식상은 극제하는 인성이 도움이 되어 제1용신 후보가 인성이기에, 월지 유금을 용신으로 삼고 희신은 임수, 기신은 火, 구신은 土, 한신은 木으로 보았습니다.

또한 재성에 해당하는 사화가 유금과 합하느라 정신이 없어 자기 구실을 못하고 있다고 보여지고, 또 기신이지만 합으로 인해 사주 안에서 해는 끼치지 않는 것 같아 보입니다.

이 사주의 주인공은 아직까지 결혼을 하지 못한 만 34세의 노총각인데, 원국에서 사화가 합을 하느라 제구실을 못하더라도 지금이 26 임오대운이면 오술합 오미합으로 재성이 살아나니 결혼을 할 수 있지 않나 싶습니다. 그런데 사귀는 사람 하나 없으니 이해가 잘되지 않는군요. 결혼운은 재성이 유력해지는 대운이나 세운에 하게 되는 게 아닌가요?

 옳으신 의견입니다

1) 약하다고 봐야겠네요. 잘 보셨습니다. 이의 없습니다.

2) 그렇네요. 결혼할 수 있는 운인데 못하고 있었군요. 의견은 전적으로 타당합니다. 본인이 결혼할 생각이 없어서 사업이든 직장이든 밖의 일만 열심히 하는 것은 아닌지 알아보시지요.

결혼을 하고 싶은데도 못하고 있다면 사주가 잘못되었거나, 또는 사주에서 재성의 영향을 받지 않는 것으로 볼 수밖에 없습니다. 해석상의 문제는 없어 보입니다. 물론 간혹 그럴 수도 있고요. 참고하시기 바랍니다.

259 토충 이후의 생금에 대해

木·金·火·水의 충보다 土의 충은 무척 어렵군요. 土는 충 이후에 기운이 더욱 맑아진다 즉 강해진다고도 하고 약해진다고도 하는데, 저는 강해진다는 것이 맞다고 알고 있습니다. 그렇지만 확신이 서지 않는군요. 어느 것이 맞는지 가르쳐주시기 바랍니다.

또한 충 이후의 火 기운을 설하거나 金을 생하는 능력에 대해서도 아직 잘 모르겠습니다. 예를 들어 사주에서 土·金이 희·용신이고 축토가 약하지만 생금의 역할을 하고 있는 상황에서 대운에 미토가 올 때 축미충으로 土의 기운이 강해진다고 보는데, 충 이후의 화설(火洩)능력이나 생금능력에 대해 확신이 서지 않습니다. 그냥 축토로 있으면 약하지만 화설과 생금의 역할을 하고 있는 상황이라면 충으로 오히려 그 역할이 약화되지는 않는지요?

 그냥 土로 놓고 생각해도 될 것 같네요

土의 변화는 항상 만만치 않은 모양입니다. 충이 되면 집중이 되지 않기 때문에 생금하는 능력은 떨어진다고 봐야겠습니다. 다만 土의 기운은 강해지겠지요. 잘 생각하고 계신 것 같습니다.

260 신강이 맞습니까?

모 재벌회장의 사주라고 합니다. 한 책에서 이 사주가 신강이라고 하는데, 이해가 잘 안 됩니다.

```
時 日 月 年
丁 庚 丁 乙
丑 申 亥 卯
```

경신 일주지만, 도움이 되는 간지라곤 시지에 축토뿐이고 정화가 꽤 강해 보이는데 어떻게 신강이 될 수 있을까요? 대재벌의 회장답게 식신생재격이 잘 갖추어져 있긴 합니다.

『사주정설』(백영관 저)에 대길하다고 나와 있는 다음 사주와 비교해볼 만하다고 생각합니다.

```
時 日 月 年
丁 庚 甲 乙
丑 申 申 亥
```

 난해한 사주로군요

약하기는 하지만 그래도 뿌리가 있는 경금이니 조후의 용신으로 정관을 쓸 만하다고 봐야 할 것 같습니다. 강해서 조후를 쓴다고는 못할 형상이 아닌가 싶네요. 잘 보셨습니다. 용신이 조후인 것이 확실하지만, 억부로 잡은 것이 아니라 조후라고 이해를 하면 되겠습니다.

그리고 신약하지만 뿌리가 있으면 조후를 선호하는 것이 금수상관의 구조에서 종종 보이는 구조라고 봐야 하겠네요. 참고하시기 바랍니다.

Q 261 종강격이 맞는지요?

```
時 日 月 年
庚 癸 壬 己      乾命
申 酉 申 酉
     26
     己
     巳
```

현재 기사대운인데 고등학교 다닐 때 전국 8등을 한 적도 있고, 서울대학교 전자공학과와 동대학원을 졸업하고 현재 한국통신에서 병역특례로 근무중입니다.

학교 다닐 때부터 시험이라고는 떨어져본 적이 없다는군요. 그런데 작년 한국통신에 다니면서 시간이 남아 변리사 시험을 쳤는데 1차에는 붙었지만 2차에서 떨어졌다고 합니다. 그때 충격이 꽤 컸던 모양인데 경오대운을 확인해보니 경금대운도, 오화대운도 특별히 나쁜 일이 없었다고 합니다. 아직 미혼입니다.

인성이 넘쳐 흘러 금다수탁이라고 봐서 火를 찾았으나 아무리 찾아봐도 火는 없고 설기를 할 만한 木도 보이지 않습니다. 그렇다고 관성 土를 용신으로 삼을 정도의 낮은 등급이라고는 보이지 않아서 종강격이라고 보았습니다.

1) 그렇다면 金·水가 희·용신이 되고 火·土가 기·구신, 木이 한신이 되는데, 왜 하필 한신운인 목기가 힘을 쓰는 무인년에 좌절이라면 좌절을 느끼게 되었는지 잘 이해가 되지 않습니다.

2) 인성이 많으면 게으르다고 하셨는데, 인성이 많음에도 불구하고 무엇이든 해야지 아무것도 하지 않고 빈둥거리고 있으면 불안해서 못 견디는 성격이라고 합니다.

3) 종강격이 되어 金·水 용신이 되면 재성인 火는 기신이 되어서 처복이 없다고 봐도 되는 건지요?

4) 결혼은 사화대운 중 신사년이나 임오년에 이루어질 거라고 보았는데, 맞는지요?

5) 이건 다른 질문입니다. 대운에 용신운이 올라오는데 일지나 월지와 합이 될 경우 극을 당하기보다는 힘이 약해진다고 하는 글을 보았는데, 어떻게 숙제로 내신 사주는 해묘합이 생기는데도 그렇게 운이 좋았는지 궁금합니다.

 그래도 정격으로 한번 보지요

1) 무인년에 좌절을 느꼈다면 土·金으로 가는 것이 타당할 수도 있다는 생각이 드네요. 물론 웬만하면 종강으로 보고 싶은 구조이기는 한데, 아무래도 연간의 기토가 신경이 쓰입니다. 그대로 용신으로 삼고 따져보는 게 좋겠습니다.

2) 기본적으로는 게으르다고 해도 절대적인 것은 아니므로 어떤 기준으로 삼을 수는 없다고 봅니다.

3) 종강격이라면 재성이 없으므로 처의 도움도 좋다고 해야겠네요. 처궁이 용신이잖아요? 그래서 나쁘다고 하지 않습니다.

4) 정격이든 외격이든 이성의 운에서 결혼하는 것으로 봅니다. 타당한 말씀이네요.

5) 하나의 사주에 통하는 하나의 법이 있다고 이해를 해야 하지 않을까 싶네요. 즉 사주에서 희신인 木이 운에서 만난다면 水의 운보다도 木의 운이 더 발하게 되는 묘한 구조입니다. 원하는 木이 들

어오면 발하게 되는 것이 보통이겠네요.

이 사주에서 종격인지 아닌지에 대해서는 그 동안 흘러온 운이 남방인데 무난하게 살아왔다면 용신이 힘을 받은 것으로 봐도 해석에 무리가 없겠습니다. 여하튼 정격으로 보면 土·火를 쓸 수밖에 없겠네요. 참고하세요.

262 뿌리 없이 천간에 뭉쳐 있는 경우는?

```
    時 日 月 年
    辛 丙 辛 辛       乾命
    卯 子 卯 未

 65 55 45 35 25 15 5
  甲 乙 丙 丁 戊 己 庚
  申 酉 戌 亥 子 丑 寅
```

사주의 주인공이 55세 이후 10년이 좋았다기에 金이 용신이겠거니 했는데 이론적으로는 확신이 없습니다.

지지가 온통 목국이라고 판단하여 신강으로 봤지만, 천간에 떠 있는 신금들이 뿌리가 없어도 바로 위에서 극을 하는데 신강일 수가 있을까 싶습니다. 지난번에 볼 때와 왜 이렇게 달라 보이는지 모르겠군요.

그래도 미토가 만만치 않아 보이는군요

전에 한번 일기에 따라서 강약이 달라 보이더라는 말씀을 드린

적이 있는데 기억나실지 모르겠네요. 달라 보이는 게 당연할지도 모르겠습니다.

이 사주의 경우 기본적으로는 신약으로 보고 싶군요. 만약 사신묘의 사주라면 金이 약하겠지만, 이 경우에는 그렇지 못하니 재중용인격이 필요할 것으로 보입니다. 병술대운을 잘 보내셨다면 재성인 용신으로는 불가능한 이야기로 봐야 하겠네요. 또 30세부터 고생스러웠다는 이야기를 보면 북방운에서 고생한 것으로 해석이 가능할 것 같습니다. 이 정도의 의견을 드리고 싶네요. 역시 만만치 않군요.

263 Q 용신이 대운에서 원국과 합이 되면?

```
時 日 月 年
庚 癸 壬 己
申 酉 申 酉
     26
     己
     巳
```

이 사주의 경우 기토를 용신으로, 火를 희신으로 하는 정격으로 볼 때 사화대운은 용신으로 작용하는 건가요? 사유합이 되어 용신이 金을 극하지 않고 합을 해버리니 기대만 컸지 실속이 없는 경우가 발생하는 게 아닌가 해서 드리는 질문입니다.

선생님께서 말씀하시는 원칙이란 일단 운에서 용신이 올라와 합이 되는 경우는 대운을 해석할 때 고려할 것이 못 된다는 얘기가 되는지요? 죄송합니다. 아직도 감을 잘 못 잡고 있습니다.

 원래가 난해한 부분입니다

원래는 원칙이 없었겠지만, 자꾸 반복되는 과정에서 발생하지 않았나 싶습니다.

원국의 상황에서 사화대운은 과연 어떻겠느냐는 생각은 상당히 난해한 부분이라고 하겠습니다. 그럼에도 운에서 들어와 합은 하겠지만 여간해서 화하지는 않는 것으로 봐야겠다고 나름대로 원칙을 정해놓고 있는 입장입니다.

경우에 따라서는 화를 할 수도 있겠지만, 기본이 그렇다는 말씀이지요. 그러니까 적어도 사화가 들어와서 더 나빠지지는 않는 것으로 이해를 해봅니다.

무난하거나 약간 재미있는 것으로 해석을 해도 되지 않을까 싶네요. 참고되셨기 바랍니다.

264 용신과 대운의 작용에 관해 질문드립니다

時	日	月	年	
丙	甲	戊	庚	乾命
寅	午	子	子	

31
壬
辰

자월의 갑오 일주가 월지는 얻었으나, 일지의 오화와 시간의 병화가 일간 갑목을 설기시키고 월지 자수의 인성은 월간 무토가 극하므로 신약용인격으로 보았습니다. 맞는지요? 아니면 겨울에 태어난 木은 火가 그리워하므로 시간 병화로 보아야 하는지 기준을 세우기가 어렵습니다.

또한 이 명식의 진대운에 대해서도 알고 싶습니다. 올해 기묘년은 처와의 갈등으로 가정이 흔들리고 있다는데 진대운과 기묘년, 세운의 작용에 대해서 자세한 설명을 부탁드립니다.

 시간의 병화를 쓰지요

이 사주의 경우 누가 봐도 어렵다고 느끼겠습니다. 제가 봐도 그렇거든요. 다만 의미를 부여해본다면, 자월의 갑오 일주이기는 한데 자오충으로 인해서 火의 세력이 상당히 위축되어 있으므로 약하지 않다고 봐서 시간의 병화를 쓰면 좋지 않겠느냐는 생각을 해봅니다.

임수대운에서는 부담이 되었겠으나 원국에서 무토가 어느 정도 막아주어서 진행이 가능하겠고, 진토의 운은 水에 별로 도움이 되지 않는 것으로 해석되지 않을까 싶습니다.

현재 진토대운이며 금년이 기묘년인데, 당면문제로군요. 올해의 상황은 나쁘지 않겠습니다. 묘목은 도움이 되는데 자오충을 상당 부분 완화시키겠고, 그 결과 용신인 火의 기세가 살아날 것으로 보입니다. 참고하시기 바랍니다.

265 합에 관한 질문입니다

```
時 日 月 年
丙 乙 癸 己
子 丑 酉 巳
```

가상 사주입니다. 연지의 사화는 기토를 생하는 능력이 있습니까? 아니면 사유축 전체를 하나의 커다란 金의 세력으로 봅니까?

 통근이 되는 것으로 봐야겠네요

결론을 말씀드린다면 생합니다. 아니 생한다기보다는 기토의 입장에서 통근이 되는 것으로 보는 것이 더 좋겠네요. 다만 심리적으로 사화의 입장에서는 기토를 생할 마음이 없습니다. 그렇거나 말거나 기토는 뿌리를 내립니다. 즉 어머니가 죽어도 젖먹이는 죽은 어머니의 젖을 빨고 사흘은 살아 있다는 말을 떠올리게 하는 구조네요. 이해가 되셨는지요?

266 충된 오행을 세력으로 간주하나요?

충이 있는 명식에서 강약 판단시, 충된 오행을 세력으로 간주하느냐는 질문입니다. 역시 가상 사주입니다.

```
時 日 月 年
己 乙 癸 己
卯 卯 酉 卯
```

인비가 중중해 보입니다. 묘유충이 이 명식을 신약으로 바꿀까요?

 충도 충 나름이지요

이 정도의 상황에서 묘유충이 있다고 해서 을목이 약하지는 않겠네요. 충분히 유금을 용신으로 쓸 수 있다고 봅니다. 충도 충 나름이지요.

267 金·水를 운에서라도 기다려야 할까요?

```
時 日 月 年
甲 癸 戊 乙      乾命
寅 未 寅 卯

41 31 21 11  1
癸 甲 乙 丙 丁
酉 戌 亥 子 丑
```

인월의 계수가 약해서 인성 또는 비겁이 필요해 보이는데 주 중에는 보이지 않는군요. 종을 하자니 식상이 달가워하지 않는 것 같고, 일간의 마음도 관살에 가 있으니 종아로 보기도 어렵군요.

이 경우 원국에는 없지만 金·水를 운에서라도 기다려야 하는 것으로 봐야 하는지요? 또 원국에 바라던 오행이 없기 때문에 운에서라도 金·水가 온다면 상대적인 만족도나 성취도가 더 커질 수 있다고 볼 수 있을까요?

 인성이 와야겠지요

아마도 궁금하리라고 생각했지요. 낭월의 임상경험상 관살과 식상이 대립하면 절대로(!) 종을 하지 않는다는 것을 많이 보고 있습니다. 그래서 인성이 와야 하는 것으로 결론을 내리고 싶네요. 아울러서 金·水운이 온다면 반갑겠지요. 참고하고 연구하시기 바랍니다.

좋은 자료군요. 머리에 통증을 느끼는 벗님도 계시겠지만 그래도 실력에 자신이 붙는 것은 이런 사주를 통해서가 아닐까 싶네요.

268 火운에 길하지 않을까요?

```
時 日 月 年
甲 癸 戊 乙
寅 未 寅 卯
```

이 사주의 木 세력이면 金운이 들어올 경우 왕한 木을 자극하여 오히려 흉하지 않을까 생각합니다. 종관격으로 종해야 할 사주가 木과 土의 싸움으로 종하지 못하여 그런 상황 자체가 병이 되므로, 상생의 흐름으로 그 병을 해소할 寅 중 병화가 용신이며 火운에 길하리라 판단해봅니다. 가르침 부탁드립니다.

그래도 金운이 나을 듯싶군요

이론적으로는 질문하신 분의 견해도 타당성이 있는데, 현실적으로는 인성의 운이 온다면 나름대로 삶의 재미를 느끼지 않을까 싶군요. 병은 이미 깊었기 때문에 해소하기 어려우므로, 金운이 와서 용신이 깨어지고 남는 만큼이라도 얻어먹는 것이 더 낫지 않을까 생각됩니다.

실제로 金운은 어떻게 지냈는지 살펴보고 질문해보신 후 제 생각이 잘못된 것으로 확인이 되면 또 의견 주시기 바랍니다.

269 이혼과 관련된 운도 있는지요?

Q264의 재질문입니다. 인성부분이 워낙 약해서요. 죄송합니다.

時	日	月	年
丙	甲	戊	庚
寅	午	子	子

31
壬
辰

제가 알고 있는 분의 명식인데, 일지 자오충의 영향 때문인지 항상 부인과의 관계가 좋지 못하다가 금년 기묘년 정묘월에 이혼했습니다.

그런데 기묘년 상황은 나쁘지 않은 것으로 해석하셨고, 일지 자오충도 묘목으로 상당 부분 완화된다고 하셨는데 하필이면 금년에 이혼하게 되었는지 궁금합니다. 또한 결혼 시기가 이성의 운에서 이루어진다면 반대로 이혼에 관련된 운도 있을 것 같은데, 선생님 의 참고 말씀 부탁드립니다.

 이혼이 즐거울 수도 있지요

올해 좋을 암시가 있음에도 불구하고 이혼했다면 아마도 그 이혼 은 당사자에게는 홀가분한 일일 것이라고 해석해봅니다. 스스로 갈 등을 정리하여 뭔가 발전적인 방향으로 모색이 되겠지요.

이혼은 나쁜 것이라고 단정지을 것이 아니라 어떤 상황에서의 이 혼이냐가 더 중요하다는 것이지요. 그 동안 풀리지 않던 문제가 해 결되었다면 비록 자랑할 일은 아니더라도 본인에게는 즐거운 일로 봐도 되지 않을까 싶네요. 또 의견 주시기 바랍니다.

270 水·火에 대한 보충질문입니다

水·火 대치상황을 해결하는 다섯 가지 경우를 적천수에서 설명 하고 있습니다. 승(升)·강(降)·화(和)·해(解)·제(制)입니다.

① 승의 예			
時	日	月	年
戊	丙	己	丙
子	寅	亥	子

수생목·목생화로 기운을 상승시킵니다.

```
    ② 강의 예
    時 日 月 年
    庚 壬 壬 壬
    戌 戌 寅 午
```

경금이 금생수할 뿐 기운을 하강시키는 작용이 잘 이해가 안 됩니다. 가르침 부탁드립니다.

 예리한 관찰이네요

아마도 철초님께서 구색을 맞추느라고 만드신 공식인 것 같습니다. 제가 봐도 구태여 하강한다는 말이 필요없는 것으로 보입니다. 예리한 관찰이네요. 동의합니다.

271 종격에 대한 보충질문입니다

```
    ① 종살격 사주(土 용신, 관성)
         時 日 月 年
         甲 癸 壬 丙
         寅 巳 辰 戌
```

② 쇠극의설(衰極宜洩)의 사주(기토 용신, 상관)

時	日	月	年
己	丙	壬	辛
亥	申	辰	亥

『적천수』에서는 두 사주의 용신을 이렇게 잡아놓고 있습니다. 저는 평소 선생님의 가르침대로 무조건 일단 정격으로 놓고 사주를 분석하고 있는데, 고전에서 이렇게 설명했다면 나름대로 논리가 있을 것이라고 생각합니다.

두 사주는 어떻게 구분해야 하는지 이해가 되지 않아 질문드립니다. 자세한 가르침 부탁드립니다.

 한마디로 단언하기 어려운 부분입니다

책에 나온 것에도 설명하기 어려운 부분이 있군요. 낭월의 관점에서 이치적으로 생각해봐도 납득하기 힘든 부분이 종종 눈에 띕니다. 한마디로 단언하기도 어려운 부분이지요.

그러나 중요한 것은 철초님도 항상 실제상황을 중요시했다는 것입니다. 그러니까 혹 생일에 오류가 있는 사주를 대입하면서 종격으로 해야 설명이 가능한 경우는 없었는지 의문을 품어보지만, 본인에게 여쭤볼 수 없다는 것이 늘 유감입니다. 명쾌하게 답변드리지 못하는 점을 양해해주기 바랍니다.

272 신약한 두 사주의 비교입니다

①				② 본인의 사주			
時	日	月	年	時	日	月	年
癸	甲	乙	乙	己	乙	庚	癸
酉	申	酉	巳	卯	巳	申	卯

항상 신약한 나무만 보면 흥분하게 됩니다. 관으로 인한 것이면 더욱 말입니다. 제 사주를 이입해 보기 때문이죠. 어떻게 보면 제 사주보다 나은 것 같은데 8급을 주셨더군요.

제 사주의 경우 편인이 강하다고 하지만 연간에 있으니 조금 멀고, 金의 세력이 ①의 사주처럼 강하지는 않지만 일지에 상관을 깔고 있으니 설기가 만만치 않을 것 같습니다.

어쨌든 작년에 사주 ①은 오화대운에 무인세운이었는데, 제 사주는 사화대운에 무인세운이었습니다. 공교롭게도 ①의 사주는 대운도 지지로 들어오는 상관운이었고 저도 세운의 무토가 용신을 묶었지요. 그런데 저는 작년에 바라던 일이 약간 꼬여 올해로 넘어오긴 했지만 전체적으로는 별일이 없었습니다.

그래서 두 사주의 다른 점을 한번 생각해보았습니다.

1) 사주 ①은 관의 세력이 중중하여 신약의 정도가 더 심하다. 더구나 편관을 깔고 있어 극을 당하는 정도가 직접적이다. 사주 ②는 일지 상관으로 설기하는 면은 있지만 제살의 맛이 있고 시지의 묘목으로 인해 더욱 그러하다.

2) 사주 ①은 지지에 일간의 뿌리가 전혀 없다(절처봉생이라 약간은 있군요. 절처봉생이라는 말 자체가 뿌리가 약하다는 뜻으로 알고 있습니다).

3) 갑목과 을목의 차이도 어느 정도 있을 것 같다.

그리고 뭔가 더 있을 것 같은데, 어떤가요?

 갑신과 을사의 차이입니다

갑신과 을사는 많은 차이가 있다고 봅니다. 관심을 갖을 만하네요. 기본적으로 관살이 많아 신약한 것이 부담이 되는 것은 사실입니다. 두 사주 모두 작년 운은 좋지 않습니다. 다만 그 운에 공부나 직장생활을 한 사람과 개인적으로 사업을 벌인 사람은 부담감에서 차이가 있지 않을까 싶네요. 연구궁리가 잘 되고 있는 것으로 보입니다.

273 정신적인 문제를 사주에서 밝히고자 합니다

時	日	月	年
甲	庚	辛	辛
申	寅	丑	酉

부모를 비롯한 주변 사람들과의 관계가 전생의 악연으로 맺어졌을 것이라는 생각으로 정신적인 괴로움에 시달리고 있는 여고생의 사주입니다. 어릴 때부터 괴상한 꿈에 시달리고 있다고 합니다.

1) 용·희신 : 金·水 상관으로 관을 용해야 원칙이겠지만 원국에 나타나지 않으니 현실적으로 木을 쓰고 火를 기다려야 되는 것으로 판단됩니다.

2) 1급 선전 : 전형적인 선전의 모양으로 인신충으로 인해 장간 병화가 깨지니 정신적 고통의 정도가 심해졌을 것이라고 판단됩니다.

3) 군겁쟁재 : 4金이 2木을 공격하니 재성이 죽을 지경으로 역시 건강 및 재물로 인한 고통이 평생을 따라다닐 것이며, 정신적 고통의 암시가 가중되는 것으로 판단됩니다.

제 판단에 대한 선생님의 고견을 듣고 싶습니다.

 골치 아픈 문제군요

1) 그렇게 보면 되겠습니다.

2) 그렇게도 생각해볼 수 있겠네요.

3) 질문하는 심경이야 이해가 되지만, 답변을 하는 낭월은 곤란하기만 하군요. 영적인 문제에 대해서는 항상 깊이 생각하기를 꺼리고 있는 입장이기 때문입니다. 열심히 오행으로 연구하고 대입하다가 문득 확인해보면 유전적인 영향으로 시달린다는 결론이 내려지는 경우가 많다 보니까 그런 버릇(?)이 생긴 모양입니다. 그래서 영혼과 관련된 문제는 영혼의 관점에서 해소하는 것이 중요하다는 말씀을 드리게 됩니다.

영적인 문제를 생략하고 사주의 논리로만 관찰한다면, 이 사주의 경우 축월 경금이 과습하고 차가워서 일지 병화의 화력에 의지해야 하는데, 구조가 그렇지 못하니 활기가 없다고 해야겠네요. 물론 선전과의 충돌작용은 잘 고려한 것입니다. 신경은 木인데, 그 중에서도 갑목으로 봅니다. 인신충과 갑목의 무력화로 인해서 신경이 허약한 구조라고 이해해도 무리가 없겠네요. 그래서 특히 신경분야에 문제가 발생하지 않았을까 생각해봤습니다.

274 자오충보다는 인오합이 먼저 아닌가요?

Q264, Q269에서 언급했던 사주에 대해 다시 여쭙습니다.

時	日	月	年
丙	甲	戊	庚
寅	午	子	子

31
壬
辰

자오충으로 인해서 火의 세력이 상당히 위축되어 있는 상황이므로 약하지 않아 시간의 병화를 쓰면 좋겠다고 하셨는데, 인오반합은 전혀 고려하지 않는지요?

선생님께서 탐합망충(貪合忘沖)이라고 하셨으니 자오충보다는 인오합이 먼저라고 보고, 인목 위 시간에 병화가 있으니 火의 세력이 강해 설기가 심하다고 보는 것은 어떨지 모르겠습니다. 따라서 상관패인격으로 보아 자수를 용신으로 삼고, 월간에 무토가 누르고 있지만 경금을 생하느라 자수를 극하지 않으므로 자수의 위치가 위험한 지경은 아니라고 판단하여 木을 희신으로 삼는 것을 생각해보았습니다.

부인과 사이가 좋지 않다가 기묘년에 이혼까지 했다면 부인인 재성이 기·구신에 해당해야 하지 않을까 싶습니다. 그리고 1960년생이니 지금 진대운인데, 진토가 자수를 합해 묶어놓아 그다지 좋지도 않으며 세운에서 비겁이 올라오니 원국에서는 土를 극하지 못하던 갑목이 세운의 힘을 빌려 기묘년 정묘월에 木의 기운이 겹칠 때 마침내 이혼을 하게 된 것이 아닌가 생각해보았습니다. 이 생각도 크게 어긋나지 않는 것 같아 선생님의 의견을 묻습니다.

 고민하실 만하네요

약하지 않느냐는 질문에 대해서 의견드립니다. 그렇게도 생각해 볼 만합니다. 인오의 합은 분명히 작용합니다. 그러나 인오에서 주체는 항상 오화가 되어야겠지요? 그 주체가 깨어진 상황에서의 화력은 반감되어버린다고 보겠네요. 그리고 오화가 약화된다면 상대적으로 인목의 힘은 살아나겠지요? 결과적으로 이 木은 약하지 않다고 봐야겠다는 생각이 듭니다. 구체적인 통변에 대해서는 생략합니다. 참고하시기 바랍니다.

275 희신은 金이 맞는지요?

時	日	月	年
癸	丙	甲	戊
巳	寅	子	戌

자월에 병인 일주입니다. 자수는 살인상생(殺印相生)의 형상이고, 병화의 뿌리가 튼튼하여 강해 보입니다. 겨울이긴 하지만 따뜻

하니 조후는 급하지 않습니다. 시간 계수를 용하고, 계수의 뿌리가 약하여 희신은 金이라고 생각되는데, 스님의 견해는 어떠신지요?

 잘 보셨습니다

그렇게 보면 되겠습니다. 잘 보셨어요.

276 인성을 용신으로, 水를 희신으로 보았는데……

36세의 직장인입니다.

時	日	月	年
己	癸	壬	甲
未	巳	申	辰
39	29	19	9
丙	乙	甲	癸
子	亥	戌	酉

乾命

신월의 계사일입니다. 신월에 득령하고 가까운 월간에 임수(겁재)가 힘이 되지만, 초기 무토 당령으로 완전한 뿌리가 되지 못하고 일지·시지의 무통근으로 신약하여 월지 申(인성)을 용하는 신약용인격으로 보고 희신은 水로 생각했습니다. 맞는지요?

하지만 또 한편 생각하면 월지 申이 연지 진토의 생을 받지만 진토 역시 연간 갑목의 상극으로 申을 생조할 역량이 떨어지고, 무엇보다도 초기 무토 당령이기 때문에 일간 계수의 입장에서는 월간 임수에게 마음이 더 가까운 게 아닌가 생각되어, 월간 壬을 용하는 신약용겁격으로 봐야 하는 것은 아닌지 결정을 내릴 수가 없습니다. 의견 부탁드립니다.

 신약용인격이 맞습니다

비록 무토가 사령을 했다 해도 계수의 입장에서는 신약용인격으로 봐서 월지의 신금이 좋아 보입니다. 임수는 희신으로 삼으면 되겠습니다. 좋습니다.

277 천간은 합하면 정하고 지지는 합하면 동한다?

"천간은 합하면 정(靜)하고 지지는 합하면 동(動)한다. 즉 천간은 기신이든 용신이든 합하면 정하게 되어 일간에 대한 작용력이 떨어지고, 지지는 합하면 동하여 활동력이 왕성해져서 일간에 큰 영향을 미치게 된다"는 생각을 해보았습니다.

이러한 이치는 '음(정)극 즉 양(동)생'과 통하는 것이 아닐까요? 가르침 부탁드립니다.

 타당성 있는 의견이네요

그렇게 보면 되겠네요. 그리고 다른 관점에서는 천간과 지지의 차이라고 해야겠는데, 천간의 성분은 원래 움직이는 성분임을 강조하기 위해서 해본 말이라고 가볍게 생각해도 되겠습니다. 그리고 지지는 합하면 동한다는 말도 원래 지지의 성분이 정하기 때문이라고 보면 되겠는데, 사실은 충을 받아야 동하는 성분이 발동하므로 반드시 정확한 설명이라고 보기는 어렵겠네요. 그래도 의미가 있는 말이라고 봅니다.

278 탐생망극은 100퍼센트 적용되는 건가요?

```
      時 日 月 年
      丁 甲 己 壬      坤命
      卯 寅 酉 子

      44  34  24  14  4
      甲  乙  丙  丁  戊
      辰  巳  午  未  申
```

갑인 일주가 기유월에 생하여 월지는 얻지 못했으나 일지 비겁을 얻었고 연주에 인성과 시지의 겁재로 세력을 얻었으므로 신강하다고 보았습니다. 또한 월지 유금은 일지 인목을 극하기보다는 자수를 생한다고 보아 일지가 살아 있다고 판단했습니다.

따라서 인성과 비겁을 고루 갖추고 있으니 설하는 것으로 용신을 삼고, 火를 생해주는 기운이 많으니 水를 막아주는 土를 희신으로, 水·木을 기·구신으로, 金을 한신으로 보았습니다.

그런데 임자수가 멀리 연지에 있어 갑목을 돕기에는 부족하고 월간에 기토가 이를 막고 있으며 일지 인목도 월지 유금의 위협에 별로 도움이 되지 않겠다는 생각에 이르자, 아리송해집니다. 어디선가 탐합망충이나 탐생망극은 100퍼센트 적용되는 것이 아니라 일부는 극을 당한다고 이해한 부분이 있어서 헷갈리는 것 같습니다. 바로 잡아주시기 바랍니다.

그렇지도 않지요

 극을 하지 않는다고 이해하기보다는, 극도 하면서 생이 있으면 생을 먼저 한다고 생각하는 것이 더 나을 듯싶습니다. 생과 극히 함께 있는 경우는 순서에는 차이가 있겠지만 함께 작용하는 것으로 보는 게 좋겠네요. 이 사주의 경우 火를 용하기보다는 월지를 장악하고 있는 관성을 쓰는 것이 더 좋아 보이네요. 임상하면서 참고로 살펴보시기 바랍니다.

279 용신과 격이 맞는지요?

 이 사주의 용신과 격을 찾아보았는데 맞는지 틀리는지 확인을 부탁드립니다. 틀리면 또 한 달쯤 고민하게요.

時	日	月	年
壬	丁	丙	丙
寅	卯	申	申

乾命

- 용신 : 임수
- 격 : 정재격

 실령했지만 득지한 형세가 워낙 좋고 겁재와 인성이 많아 세력도 얻었다고 보아 신강으로 생각했습니다. 그런데 일간과 시간의 정임합은 어떻게 해석해야 되는지 잘 모르겠습니다. 가르침 부탁드립니다.

용신은 맞았습니다

용신은 임수로 보면 되겠는데, 용신격으로 본다면 정관격이라고 해야겠습니다.

월지의 이름으로 격을 정하는 것은 사주분석에 그다지 도움이 되지 않으므로 고려할 것이 못 된다고 하겠습니다. 그래서 용신의 상황으로 격을 만드는 용신격의 위주로 이름을 붙이고 있습니다. 참고하시고 더욱 정진하시기 바랍니다.

280 아내를 의미하는 정재의 경우는?

이런 저런 의문이 들어서 여쭙니다.

정재는 지장간에 있고 편재는 투출해 있을 경우 어느 것을 처성으로 보는지 궁금합니다. 만약 재성은 기신이지만 정재가 장되어 있는 본기가 희신이라면 처의 협조력을 바랄 수 있을까요?

또 정재라도 여럿이 있을 경우 특별히 어떤 것이 처를 의미한다고 할 수 있는지요? 그리고 처성이 하나는 용신에 부담을 주고 다른 하나는 좋게 작용한다면 처의 협조력은 어떻게 봐야 하는 건지 궁금합니다.

예를 들어 水 용신이 일지에 있고 土가 정재라고 가정하고

時	日	月	年
○	○	○	○
土	水	金	土

일 때, 시지는 부담스럽만 연지는 金을 도와주므로 희(喜)한다고 보면 어떻게 해석해야 할까요?

 연지는 부친, 시지는 여자로 봐야 합니다

충분히 공감이 되는 생각이네요. 연지에 있는 처성은 나쁘지 않고 시지에 있는 처성이 나쁘다고 한다면, 연지의 처성은 아버지로 보고 시지의 처성은 아내로 봐야 합니다. 그리고 처궁에 용신이 있다면 여자는 도움이 되지 않지만 처의 도움은 있는 것으로 해석이 됩니다.

여기에서 처와 여자를 구분하게 되는데, 처궁에 용신이 있고 처성이 기신인 경우 처의 협조력이 많음을 종종 보게 됩니다. 그래서 생각해본 건데, 천간에 있는 편재가 지장간에 있는 정재를 뿌리로 삼는다고 이해하면 되겠습니다. 많은 고민을 보니까 급속히 발전하실 것 같습니다.

281 사후(死後)의 사주작용에 대해서

사주의 주인공이 죽고 난 뒤에도 사주작용을 한다고 『적천수』에도 나와 있더군요. 예를 들어 죽고 난 뒤의 대운이 좋으면 살던 집안이 흥하고 좋지 않으면 집안이 쇠한다고 하는 것 말입니다.

실제로도 그렇다는 느낌은 받았는데 많이 접해보지는 못한 내막입니다. 어떤 선생님께서도 사후에도 사주가 작용을 하기는 한다고 말씀하시더군요. 사람의 파장이 죽고 난 다음에도 영향을 미친다니 참 할말이 없습니다.

그런데 만약 영향을 미친다면 그 파장이 대략 어느 정도의 기간까지일지 궁금합니다. 며칠, 몇 달이 고작인 경우도 있고 몇십 년 동안 미치는 경우도 있다는데, 그런 얘기가 나오게 되는 내막이 어떤 것인지 궁금합니다.

 차원이 다른 질문이군요

낭월도 궁금해서 한동안 연구해보기도 하고 여기저기 자료를 찾아보기도 했습니다. 그렇게 나름대로 생각해본 결과 내린 결론은 '죽은 후의 사주는 없다' 입니다.

지금 생각에는(앞으로는 변할지도 모르므로) 사주는 살아 있는 동안의 정보를 갖고 있는 것이라고 보고 있습니다. 자신이 죽은 후의 운으로 자손의 상태를 판단할 수 있다는 것은 난센스 아닐까요? 죽은 후에도 생전에 남긴 행위로 인해 자손에게 어떤 영향(가령 이완용의 자손이 숨어서 살아야 하는 것과 같이)을 미칠 수는 있겠으나, 사주의 운에서 그러한 작용을 읽을 수 있다는 것은 하나의 가설일 뿐이라고 생각하고 있습니다.

물론 100퍼센트 명확한 실험을 통한 내용은 아니므로 낭월은 그렇게 생각한다는 정도로만 이해해주시면 되겠습니다. 혹은 맞기도 하고 혹은 틀리기도 하는 자료를 가지고는 원리라고 할 수 없으니까요. 자손이 없는 사람은 사후의 운이 아무런 의미가 없는 게 되지 않을까요? 그래서 아직까지는 살아 있는 동안까지만 적용하는 게 좋겠다는 생각입니다. 참고되셨는지요?

282 자식의 사주로 부모를 추명하는 경우는?

전에 어디선가 "세운이 부친성을 충해서 그 해에 아버지가 돌아가셨다" 하고 해설하는 걸 보았습니다. 물론 의뢰자가 알려주었기 때문에 나온 해설이겠지만, 좀 꿰어맞춘 듯한 느낌이 들었습니다.

그래서 곰곰이 따져보니, 자식의 사주로 부모를 추명하는 건 넘치는 행위라는 생각이 들더군요. 지금이야 외동아들 외동딸 들이 꽤 되지만, 과거에는 자식이 10여 명이 넘는 경우도 있었는데 한 자식의 사주에서 부모의 암시가 좋지 않게 나왔다고 해서 그렇게 해석하는 건 무리가 아닐런지요.

혹시 선생님께서는 어떤 사람이 좋지 않은 경우를 당했을 때 그 사람의 자식들의 사주에서 암시를 찾아보신 일이 있으신지 궁금합니다. 또 아버지가 좋지 않은 일을 당했을 때 각각의 자식들이 그로 인해서 당하는 고통의 정도가 다르다는 것은 가능할 수도 있다는 생각이 듭니다.

 예리한 질문이네요

당연히 생각을 해봤지요. 그리고 비합리적이라고 결론을 내렸습니다. 자식에게는 자식의 운명이 있듯이 부모에게도 부모의 운명이 있지요. 자신의 운명이 있는데 제3자의 운명을 통해서 추정하는 것은 이치적으로도 마땅치 않다고 생각합니다.

다만 이런 것은 있을 수 있습니다. 자식의 사주에서 부친이 용신인 경우, 그 자식의 사주에서 용신이 충을 맞을 때 부친께서 무슨 일을 당할 수도 있다는 것입니다. 물론 그 경우에도 부친에게 그러한 암시가 있은 후에 가능한 일입니다. 즉 부친은 건왕하다면 아들의 몸이 아프든지 처가 손상을 입든지 하겠지요.

다른 사람의 사주가 개입되는 해석은 그 사람의 사주를 고려하지 않는다면 곤란합니다. 그것은 이치적으로도 타당하므로 문제가 없다고 생각합니다. 따라서 부친성이 아무런 작용을 하지 않는 사주에서는 별로 고려를 할 필요가 없겠네요.

283 청한 사주로 보이는데……

```
時 日 月 年
丙 戊 庚 辛
辰 寅 子 丑

48 38 28 18  8
乙 甲 癸 壬 辛
巳 辰 卯 寅 丑
```

마흔이 다 되어가는데 아직 시집을 못(?) 간 여자의 사주입니다. 신약용인격에 꼭 필요한 병화가 있어 시지에 통근하고, 용신이 일간 주위에 있어 청한 사주로 보입니다. 용신은 병화, 희신은 木, 기신은 金·水, 한신은 土 정도로 보입니다.

일지에 편관이 있고 관이 희신에 해당하므로 갑운이나 늦으면 을사대운에는 결혼을 할 것 같은데, 제대로 본 건지 가르침을 부탁드립니다.

 청하다기보다는 허약하다고 해야 할 것 같네요

잘 보셨네요. 하지만 용신이 시간에 붙어서 설기를 당하고 겨울에 태어나서 무력하다고 해야겠습니다. 갑목대운에 남편을 만나게 되는 것은 가능하겠는데, 천간의 식상이 참으로 부담스러워서 남자가 왔다가 그냥 가버리지나 않을까 염려스럽습니다. 금년(1999년)을 넘기지 않도록 해야겠네요.

284 화기격으로 봐도 될까요?

```
時 日 月 年
辛 乙 庚 丁      坤命
巳 丑 戌 未
     24
     癸
     丑
```

술월에 태어난 을목이 월령도, 일지도, 세력도 얻지 못해 매우 신약해 보입니다. 이 사주의 경우 丑 중 계수에 의지할 수 있는지 아니면 을경합으로 화기격으로 봐야 하는지 종잡을 수 없습니다.

제 생각에는 丑 중 계수에 의지하여 水운에 좋을 것 같습니다. 화기를 하자면 관살이 없어야 할 텐데 을신충이 거슬립니다. 가르침 부탁드립니다.

 종살이 되지 못하는 제일 큰 이유!

거의 절대적이라고 해도 좋을 정도로 많은 사례가 바로 이겁니다. 관살과 식상이 대립하고 있는 경우지요.

이러한 현상이 발생한 사주에서는 아무리 신약해도 절대로 종을 하지 않습니다. 살을 따르자니 식상이 화내고 식상을 따르자니 살이 무섭고…… 그런 현상이 아닐까요? 이 경우에도 그대로 丑 중의 계수를 의지해야 하지 않을까 싶습니다.

285 신강으로 판단했는데 아닌가요?

```
時 日 月 年
壬 丙 癸 壬
辰 午 卯 寅
```

「심리편」에 무재 사주의 예로 나온 명식입니다. 제가 보기에는 월·일지를 다 차지하고 세력도 있고 인성들도 좋은 편이어서 신강으로 보았는데, 다른 분께서 감명하신 바로는 병화가 왕하지 않다고 하셨더군요. 선생님께서도 동의하신 것 같고요. 좀 까다롭네요.

관살을 옆에 끼고 있어서 그런 건가요? 연주와 월주를 가늠해보면 관살과 인수가 간지를 나누고 있는데, 이 경우 극을 받는 정도가 생조를 받는 것보다 영향이 큰가요? 고견 기다립니다.

 선뜻 답이 보이지 않는 형상입니다

참 어려운 사주네요. 억부에 대해서 살펴본다면 과연 어느 정도일까, 고민스러운 장면입니다. 약하지 않으면 또 어떻게 할 것인가를 생각해봐도 선뜻 답이 보이지 않는 형상입니다. 임진시만 아니었어도 간단하겠는데, 이 상황으로 봐서는 참 곤란하군요.

문제는 일지의 오화가 과연 얼마나 힘이 되고 있느냐는 점입니다. 우선 보기에는 인오의 합도 있고 해서 상당하다고 하겠는데, 진토가 열기를 흡수하는 상황이니 과연 왕하다고 보기는 어렵다는 생각을 하게 됩니다.

관살이 일간을 너무 억압하니 인성의 동태를 살펴보는 것이 좋겠습니다. 다소 약해 보인다는 생각이 들지만 확신은 없습니다. 본인에게 확인을 해보는 것이 상책이라고 하겠습니다. 변변치 못한 답변을 드리게 됐군요.

참고로 생각해볼 점은 강약이 곤란할 때는 관살이 있는가를 참고해야 하므로, 관살이 많으면 생각보다 약하다고 하는 말도 가능하겠습니다.

286 사주학에서 궁합의 중요성은?

사주에서 원하는 오행에 관계없이 일간들이 서로 생하는 관계에 있으면 궁합이 좋다고 봐도 될까요? 한 사람이 신강인데 상대가 생하면 더 부담이 되지 않을까 하는 생각이 들었거든요. 혹시 상대가 극하는 오행이 필요한데 마침 일간이 극한다면 좋은 궁합이라고 할 수 있지 않을까요?

사주학 전체에서 궁합이 차지하는 중요성은 그리 크지 않다고 보는데 선생님은 어떻게 생각하는지 궁금합니다. 일단 사주의 원국이 가장 중요하고 원국에서 암시하는 배우자가 중요하며 결국은 그 인연에 따라 만나게 되는 게 아닌가 하는 생각입니다.

책을 찾아보니 의외로 궁합에 할애한 부분이 많지 않아 질문하게 되었습니다. 선생님의 의견을 듣고 싶습니다.

 일간 대 일간의 배합이 최우선이지요

우선 인격과 인격(좀더 구체적으로는 일간과 일간)이 만나서 살림을 꾸리는 것이므로 일간의 배합이 최우선한다고 봅니다.

사주에서의 의미는 크지 않지만 인생의 의미에서는 크다고 봐야겠는데, 실은 이미 정해진 자신의 인연이라고 보는 것이 더 타당하므로 많은 설명이 필요하지 않다고 보는 것이지요. 각자 자신의 팔자에 맞는 사람을 만나서 사는 것을 보면 말이지요.

Q 287 신자진수국이 형성될 수 있을까요?

```
時 日 月 年
甲 壬 戊 庚      乾命
辰 申 寅 子
```

이 사주의 경우 신자진수국이 형성될까요? 수국이 형성되지 않으면 신약이 아닐까 싶은데요? 신약이면 좋고 신강이면 그저 그런 사주라고 봤습니다.

 어렵겠는걸요. 수국은 곤란합니다

신약으로 봐야 하겠습니다.

Q 288 신자진삼합에 관한 질문입니다

```
時 日 月 年
辛 庚 壬 甲
巳 寅 申 辰
```

신진의 경우 왕지가 없어 수국을 이루지 못한다고 알고 있었습니다. 그런데 나름대로 연구를 많이 했다는 어느 분이 말씀하시길, 『자평진전』에 보면 왕지가 천간에 있을 경우 수국을 이룰 수 있다고 하더군요.

이 사주의 경우는 혹시 계수가 있다면 억지로라도 수국을 이룰 수 있겠는데, 임수인 이상 신자진수국을 이룬다는 말이 어색하게만 들립니다. 삼합에서 왕지가 천간에 있고 뿌리가 강할 경우 수국을 이룰 수도 있는 것인지요?

 역시 수국은 어렵습니다

『자평진전』에 그러한 글이 있는 것은 사실이지만, 화학반응이 일어나기에는 역시 자수가 아니고서는 어렵다고 봅니다.

289 강약구분이 쉽지 않습니다

時	日	月	年
辛	庚	壬	甲
巳	寅	申	辰

乾命 十大運

이 사주는 기·무토 당령인데, 신금(겁재)의 경우 인목의 생을 받는 사화를 金의 생지라고 보기는 어렵겠고, 연지 진토는 일간을 생한다기보다는 갑목의 뿌리로서의 의미가 더 강하다고 봅니다. 그렇다면 이 명식은 신강인가요, 신약인가요?

약하지 않은 사주로 봐야겠습니다

이 정도라면 金이 약하다고 볼 수는 없겠습니다. 인신충에 대해서는 어떻게 보시는지요? 고려해야 할 것은 모두 고려해봐야 하겠네요. 신강입니다.

290 상관제살격이라고 생각되는데요?

時	日	月	年
乙	乙	辛	庚
酉	巳	巳	戌

사화 용신이 아닐까 생각합니다(상관제살격). 선생님의 가르침을 부탁드립니다.

 신약용인격으로 가야 하지 않을까요

고민한 끝에 질문한 것으로 보이는 이 사주의 답을 찾기 위해서는 아마도 몇 가지 물어봐야 하지 않을까 싶습니다.

언뜻 보기에는 관살과 식상이 대립하고 있으니 신약용인격으로 가야 할 것 같습니다. 왕한 관살을 식상으로 제어하는 것은 가능하지만 이렇게 강한 식상으로 관살을 제하는 법은 없지 않을까 싶습니다.

291 진용신은 습토가 맞는지요?

```
    時 日 月 年
    丁 庚 辛 甲         坤命
    亥 戌 未 寅

61  51  41  31  21  11   1
甲   乙   丙   丁   戊   己   庚
子   丑   寅   卯   辰   巳   午
```

미월 초에 태어난 경금이 실지·실세하여 신약해 보입니다. 土가 필요한 상황이지만 술토나 미토는 조토로 용하기 어려워 겁재를 쓰고 습토를 기다리고 싶습니다.

선생님의 가르침을 부탁드립니다.

 술토에게 속았군요

지지에 火가 없다면 술토 역시 土일 뿐입니다. 그러니까 득령·득지·득세라고 해야겠지요.

물론 火는 필요없겠고, 시지의 식신이 너무나 시원해 보이네요. 다시 연구해보시기 바랍니다.

292 종살격으로 볼 수 있을까요?

```
     時 日 月 年
     庚 丁 壬 丁         乾命
     子 丑 子 亥

  65  55  45  35  25  15  5
   乙  丙  丁  戊  己  庚  辛
   巳  午  未  申  酉  戌  亥
```

일단 정임합이 보이고요, 어쩌면 해수 안의 갑목을 의지할지도 모르겠다는 생각이 듭니다. 정임합이 木으로 화한다면 해볼 만한데, 문제는 일간도 木으로 끌리네요.

임신·계유년은 어땠느냐고 물어봤는데, 제대로 물어본 건지 모르겠습니다.

 그럴 수 있겠습니다

종살이 가능합니다. 亥 중 갑목은 정화 입장에서 쓰지 못할 것으로 보입니다.

임신·계유가 어땠느냐고 물었다면 틀렸고요, 임신·계유년이 좋았을 것인데 어땠느냐고 물었다면 합격입니다.

293 종왕격으로 볼 수 있을까요?

```
時 日 月 年
丁 戊 乙 丙
巳 戌 未 午

41 31 21 11  1
庚 辛 壬 癸 甲
寅 卯 辰 巳 午
```

월간의 을목을 제외하고는 火·土로 되어 있어 종왕격으로 보고 싶은데, 을목이 거슬리는군요. 임대운에 별로 좋지 않았다고 하는데, 종왕격으로 보아도 별 탈이 없는지 궁금합니다.

 기본적인 관점에서 살펴보세요

미월의 을목은 그래도 뿌리가 있다고 봐서 木·水로 가야 하는 것을 원칙으로 하고 싶네요. 인목대운 중에서도 어떤 해에 어떻게 나빴는지 구체적으로 확인해보고 검증하시는 것이 좋겠습니다.

원국에 정화와 합이 된다면 실제로 을목에게 별 도움이 되지 못했을 수도 있겠다는 생각도 듭니다. 항상 기본적인 관점으로 살펴보시기 바랍니다.

294 신약사주가 부자 될 가능성은 없나요?

신약사주 소유자 중에도 부자가 있을 것 같은데 어떤 경우인지 궁금합니다.

그리고 일반적으로 재다신약이면 가난하다고 볼 수 있을까요? 어떤 분은 거지 사주라고까지 하시더군요. 그런데 가만 보니 남자의 경우 재성이 돈과 여자이군요. 이 둘이 항상 같이 다니는 걸 보면 우습다는 생각이 듭니다. '돈이 있어야 여자가 꼬인다?' 비인간적이라고 볼 수도 있지만 사주가 원래 매정하더라고요.

 부자가 되면 오히려 크게 되지요

신약하고 신왕한 것은 사주의 형상이고, 흥하고 망하는 것은 운에 달렸지요. 그러니까 재다신약 사주가 인겁운을 만난다면 떼돈을 벌 수가 있습니다. 당연한 이야기지요. 거지 사주는 재다신약이 아니라 군겁쟁재의 경우에 해당하는 말인데, 운이 오면 역시 발하게 됩니다.

295 심리적인 면으로 운의 성패를 논할 수는 없을까요?

時	日	月	年
辛	戊	戊	庚
酉	辰	寅	戌

월지를 얻지 못했으나 왠지 金·水로 흘러야 할 것 같습니다. 사주 본인은 별로 운의 영향을 받지 않은 것으로 보이며, 나름대로 의미가 있었다고 생각하는 해는 임신·계유년이었습니다(하고 싶은 공부를 열심히 할 수 있었기 때문이랍니다).

심리적인 면으로 운의 성패를 논할 수는 없는 건가요? 가르침 부탁드립니다.

 사주의 구조상 인성이 필요합니다

인월에 무토가 신유시를 놓았다고 한다면 인성이 필요할 것으로 보여서 寅 중의 병화를 용신으로 봐야겠군요. 임신·계유년에 편안했다고 해도 사주의 구조로 봐서는 인성이 필요하다고 해석해야 한다고 생각됩니다. 참고하시기 바랍니다.

296 사업운은 어떤가요?

어떤 분이 제게 문의한 사주입니다. 나중에 도망다니지 않으려면 한번 여쭤보는 게 안전하겠다는 생각이 듭니다.

時	日	月	年	
壬	戊	戊	乙	乾命
子	申	子	巳	
辛	壬	癸	甲	乙	丙	丁	四大運
巳	午	未	申	酉	戌	亥	

그야말로 재다신약에 물바다입니다. 비견을 쓰면 좋겠다는 생각입니다. 용신은 사화에 뿌리하고 있지만 을목에 극을 당해 괴롭네요. 지금 갑목대운이니 기신운입니다.

작년(1998년)에 사업을 하다 손해를 봤다고 합니다. 지금은 무역을 하려고 하는데 세운에 기토 때문에 들썩이는 게 아닌가 싶습니다. 저는 말리고 싶은데 어떻게 보십니까?

또 이건 다른 질문인데, 계대운이 들면 무토와 합을 하는데 좋을까요 나쁠까요? 용신이 합되면 나쁠 것 같기도 하고 그래도 불로 화하면 土를 생하므로 괜찮을 것 같기도 합니다.

 주의하셔야겠네요

어쨌든 말리기만 하면 도망다니지는 않아도 될 것 같네요. 역시 신약한 사람은 세운에 민감한가 봅니다. 마음이야 천금을 희롱하고 싶겠지만, 지금으로서는 자중하지 않으면 곤란하겠습니다. 주의하라고밖에 드릴 말씀이 없을 것으로 봅니다.

그리고 계수대운도 흉합니다. 합해서 화하지 않는다면 용신기반이라고밖에 볼 수가 없습니다.

297 식신유기?

時	日	月	年
辛	壬	辛	壬
丑	子	亥	寅

丁	丙	乙	甲	癸	壬
巳	辰	卯	寅	丑	子

『적천수』에 나와 있는 사주입니다. 인목 용신인데 갑인·을묘대운에 운이 좋았고 병운에 망했다고 합니다. 천간에 木·火가 전혀 없는 상황에서 재성(일간 입장에서)이 들어오니까 군비쟁재 때문이

라고 생각했습니다.

그런데 선생님께서 늘 식상은 재로 흘러야 좋다고 하셔서, 혹시 대운이 병인이나 병오였다면 병화가 힘있고 지지의 인목도 도와주어서 망하지 않고 잘 풀릴 수 있지 않았을까 궁금한 생각이 들었습니다.

그리고 어떤 책에 재성이 없이 식신이 유기하면 굉장히 좋은 사주로서 오히려 재성은 좋지 않다고 씌어 있던데, 어떻게 받아들여야 하는지요?

 용신합거 또는 충돌은 두렵네요

이 사주에서 병화를 본다면 원국의 천간에서 木이나 土가 있었다면 보호를 받았겠네요. 그렇지 못한 것이 아쉽습니다. 병화운에서 곤경에 처한 상황이 이해가 됩니다. 그래서 용신은 원국에 있지만 성패는 운에 있다는 말이 다시 실감됩니다.

식신에 재가 없는 것이 좋은 사주라는 것은 이해가 되지 않습니다. 만약 원국에 재가 없는데 운에서 재운이 와서 발하게 되는 것을 의미한다면 일리가 있겠지만, 기본적으로 흐름을 고려하지 않은 판단이 아닌가 싶네요.

298 오술합에 임수가 버티는데요?

時	日	月	年
壬	庚	丁	壬
午	戌	未	申

坤命

丙午	九大運

경금이 미월생이니 월지를 얻었다고 봅니다. 그런데 일지를 보니 술토가 오화와 합을 하여 경금을 생조할 마음이 없으므로 일지가 도움이 되지 않는다고 봅니다. 관성인 정화가 바로 옆에 있기는 하지만 임수와 합을 하여 긴장감이 덜하고, 시간의 임수가 기운을 빼고 미토와 술토의 생금능력이 떨어지는 점을 감안하여 신약으로 판단했습니다.

오술합으로 인한 火의 세력이 강하다고 보고 미토를 용신으로 하는 살중용인격으로 보았습니다. 土를 용신으로, 미토는 인성이 넘치니 식상인 비겁을 희신으로 보고 木·火를 기·구신으로, 水는 한신이되 도움이 되는 한신으로 보았습니다.

그런데 오술합이라고는 하나 술토가 火로 화한 것은 아니며 오화 바로 위에 임수가 버티고 있고 정화 또한 합을 하고 있어 관살이 강하지도 않다는 점이 저를 헷갈리게 합니다.

가르침 부탁드립니다.

 병약의 차원에서 水가 필요할 듯싶네요

열기는 많지만 경금이 약하지는 않은 형상입니다. 그래서 식신을 용신으로 삼고 싶네요. 그러나 희신은 마땅치 않습니다. 그냥 金을 써야 할까 봅니다.

이러한 원리는 병약의 이치로 접근하는 것이 좋습니다. 이미 약하지 않은 형상이기 때문입니다. 그리고 식신제살도 일종의 병약원리라고 볼 수 있겠습니다.

299 풀이가 불가능한 사주입니다

잘 아는 사람의 사주인데 정말 모르겠습니다.

```
    時 日 月 年
    甲 丁 壬 戊         乾命
    辰 亥 戌 戌

 己 戊 丁 丙 乙 甲 癸    一大運
 巳 辰 卯 寅 丑 子 亥
```

처음에는 갑목(정인)을 용신으로 보았는데 살아온 여정이 황당해서 종격인지도 모르겠습니다. 이런 경우 종아격이 될 수 있을까요?

정격으로 보면 31세부터 병대운에 운이 좋아야 하는데, 동업하는 친구로 인해서 사업도 망하고 집안도 기둥 뿌리까지 흔들렸습니다. 그렇다면 겁재가 나쁘게 작용한 것으로 보이는데, 튼튼한 정인이 있어도 종하는지 의문입니다.

일간의 마음이 임수에게 가 있어서 정인을 받아들이지 않는 건가요? 혹시 가종격은 아닌지 모르겠습니다. 참고로 축대운에서는 좋았습니다. 지금은 한풀꺾인 상태에서 모 국회의원 보좌관을 하며 정치의 꿈을 키우고 있습니다.

그리고 일반적인 질문인데, 종아격의 경우 식상·재성이 좋고 인성은 좋지 않은 걸로 알고 있습니다. 그러면 비겁과 관살은 어떻습니까?

때로는 이렇게 답답한 상황도 있지요

이 사주에서 木을 용신으로 삼은 것은 전혀 하자가 없습니다. 용신은 틀림없다고 전제하고 진행해야 합니다. 출생시간이나 생일이 잘못된 건 아닌가 하는 점들을 고려할 수도 있겠습니다.

이런 경우에는 좋고 나쁜 운이 일관성을 유지하고 있다면 풀이가 가능하게 됩니다. 가령 金·水운에는 계속해서 좋았고 木·火운은 계속해서 나빴다든지 하는 경우가 확인된다면, 金·水를 용신으로 삼고 사주의 구조와는 상관없이 해석해주는 거지요. 때로는 이렇게 답답한 상황도 있습니다.

31세 병화대운은 무진년인가 보네요. 그 이전의 축토대운은 갑자·을축·병인·정묘로 흘렀다는 것을 염두에 두어야 합니다. 그리고 신약한 사주는 세운에 민감하다는 것도 기억해둘 필요가 있습니다.

세운을 보면 무진·기사·경오·신미·임신·계유로 흐르는군요. 세운이 아름답다고는 하기 어렵겠습니다. 그대로 신약용인격으로 가고 싶습니다. 좀더 관찰해보시기 바랍니다.

300 무토·정화 사이에서 망설여집니다

제 선배의 사주인데, 전에 한번 봐주었던 사주를 다시 보니 전과 다르게 보입니다.

	時	日	月	年	
	丁	辛	乙	丁	乾命
	酉	巳	巳	酉	
己	庚	辛	壬	癸	甲	二大運
亥	子	丑	寅	卯	辰	

전에는, 신금이 관살로 신약한데 인성이 보이지 않아 일지·월지에 암장되어 있는 무토를 용신으로 삼았습니다. 약간 답답해 보이지만 다행히 경대운이라 도움이 되고 앞으로 들어오는 운들도 괜찮다고 보았습니다.

그런데 지금 보니 사유반합의 금국을 이루어 전혀 약하게 보이지 않습니다. 그렇다면 시간의 정화가 용신이겠는데, 그렇게 되면 지금 대운이 반갑지 않네요. 어떤 게 옳은지 궁금합니다.

이 사주의 주인공은 지금 한국에서 교수 자리를 알아보고 있는데 올해(1999년)에 못 얻으면 다른 길로 나서겠다고 합니다. 경금대운의 기묘년이니 후반기에 괜찮을 것 같기도 하고요.

 사월의 금국은 허상이 아닐까요?

유금이 강하다고는 하지만 사월(특히 을사월)이라면 아무래도 기운이 미치지 못할 것이니 처음 생각대로 밀고 나가는 게 좋겠습니다. 경금대운은 좋지만 기묘년은 허상이지요.

올해 교수 자리를 얻기는 부담이 되지 않을까 싶군요. 역시 세운에 민감하다고 봐서 내년까지 보류해야겠고, 1년 더 버티라는 말을 해주고 싶네요.

301 해수가 용신의 역할을 할 수 있을까요?

	時	日	月	年	
	丙	己	乙	丁	乾命
	寅	亥	巳	未	

60	50	40	30	20	10
己	庚	辛	壬	癸	甲
亥	子	丑	寅·卯	辰

인수가 중중하여 해수를 쓸 수밖에 없을 것 같은데 인해합과 사해충으로 용신의 역할을 할지 의문입니다. 독학으로 공부하다 보니 의문이 생겨 역학지의 편집위원으로 계셨던 분에게 문의를 했더니, 해수를 쓰며 북방 水운이 좋을 것으로 보더군요.

제 사주의 등급과 북방 水운에서 어느 정도의 성취가 있을지 궁금합니다. 고견을 기다립니다.

 음양오행의 이치를 깨닫는 것이 중요합니다

아무리 급하게 자신의 사주를 들고 다녀도 신속하게 답변해드릴 생각은 없습니다. 필요한 것은 음양오행의 이치를 깨닫는 것이지 자신의 사주를 해석하는 게 아니거든요. 냉정한 것 같겠지만, 누구에게나 하나의 사주를 준 것은 자연의 이치를 깨닫는 도구로 삼으라는 큰 뜻이 아닌가 싶습니다.

이 사주의 경우 해수가 용신이라고 하겠습니다. 왜 해수가 용신이고 나머지의 상황들은 어떻게 이해해야 하는지는 스스로 공부하며 해결점을 찾으실 것으로 믿습니다. 좋은 소식 기다리겠습니다. 천천히 찾아가시게 될 겁니다.

302 용신·합충·길흉에 대한 질문입니다

현재 35세인 공무원(남자)의 명식입니다.

```
時 日 月 年
甲 甲 甲 乙
戌 午 申 巳

51  41  31  21  11
戊  己  庚  辛  壬
寅  卯  辰  巳  午
```

신월 무토 당령의 갑오 일주로 천간의 오행이 전부 木이나 지지에 전혀 뿌리를 내리지 못하고 있는 신약한 모습입니다. 따라서 인성을 용하고 싶지만 명식 자체에 水라고는 찾을 수가 없어 木을 용신으로 하고 운에서 오는 水를 희신으로 생각했습니다.

1) 木을 용신으로 하더라도 연·월·시의 비겁 중에서 어느 하나만을 정해야 하는 건가요? 그렇다면 어떤 기준을 가지고 정하는지 궁금합니다.

2) 이 명식에서는 천간에 이미 木이 태과하므로 천간으로 들어오는 木은 별로 도움이 되지 못하고, 지지로 들어오는 인목도 인오술 삼합으로 도움이 되지 못하며, 지지로 들어오는 해·자수도 자오

충·사해충으로 별 도움이 되지를 못합니다. 결국 남은 것은 천간으로 들어오는 임·계수와 지지로 들어오는 묘목뿐인데, 그렇다면 활동할 수 있는 운신의 폭이 너무도 좁다는 생각이 듭니다. 제 생각이 맞는지요?

3) 지지로 인목이 들어올 때 명식에서 인오술삼합과 인신충이 겹치게 되는데, 이런 경우에는 서로 합과 충이 상쇄되어서 인목이 본연의 자리로 돌아와 일간의 뿌리가 될 수 있는지, 아니면 인오술삼합이 강력한 화국(월지에 연결되지 않은 삼합)이 되어 월지 관성을 극하므로 그 피해가 더 크게 작용하는지 궁금합니다.

4) 천간으로 들어오는 경금의 경우 신약한 일간을 극하게 되니 흉이 될 것 같은데, 연간의 을목이 경금을 묶어두니 흉의 작용이 덜어지는 것으로 봐야 하는지(화하지 않을 경우), 아니면 그나마 약한 일간의 동료가 되고 있는 을목(겁재)이 경금에게 마음이 묶이니 동료가 배신한 것과 같은 흉으로 봐야 하는지 궁금합니다.

가급적이면 한 번에 하나씩만 질문하라고 하셨는데 한꺼번에 여러 가지 질문을 하게 되어 송구스럽게 생각합니다. 하지만 명식을 처음 대했을 때 떠오르는 의문을 바로 해결하지 못하고 시간이 지체되는 경우 잊어버리게 되어서, 실례를 무릅쓰고 한꺼번에 질문을 드렸습니다. 이해해주십시오.

 木·水로 봐야겠네요

1) 木을 용신으로 하고 水가 필요하다고 생각하면 되겠습니다.

2) 자수는 자오충도 되지만 오화가 없어지면 반가운 일이고 신자합도 되므로 좋다고 봐야 하겠네요. 그리고 해수는 충돌이 되는 것이 오히려 반갑지요. 火를 없애주니까요. 水의 운은 쓸 수 있다고

봅니다.

3) 합과 충이 동시에 일어난다고 봅니다. 즉 혼란의 연속이라고 봐야 하겠네요. 부담스러운 운으로 보입니다.

4) 을목이 없는 것보다는 낫겠습니다. 그래도 부담은 부담이지만요.

303 土·金·水가 정리가 안 되는군요

바로 앞의 명식과 하루 차이가 나는 여자의 명식입니다.

時	日	月	年
辛	癸	癸	乙
酉	巳	未	巳

51	41	31	21	11
己	戊	丁	丙	乙
丑	子	亥	戌	酉

미월 기토 당령의 계수 일간입니다. 월령을 얻지 못하고 득지도 하지 못했지만 시주의 인성이 큰 힘이 되고 있고, 사주의 흐름이 시에서 연으로, 연에서 시로 양호하게 전개되고 있어 신약한 일간의 모습은 아닌 것 같습니다. 하지만 월간의 계수(비견)는 월지에 전혀 뿌리를 두지 못해 약해 보이고, 일지의 사화는 시지의 유금과 반합이 되어 오히려 일간에게는 보탬이 되니 희·용신을 찾기가 어렵다는 생각을 했습니다.

거의 중화된 모습이 아닌가 생각되어 고민에 고민을 했는데, 그래도 결론이 있어야 하겠기에 월지의 미토(편관)가 그래도 강한 모습을 보이는 것 같고 명식이 다소 열기가 넘쳐 보여 조후를 고려하여 시간의 신금을 용신으로 생각했습니다. 희신을 찾는 것은 더욱 힘이 드는데, 신금의 입장에서만 본다면 土가 희신이 되겠지만 일간의 입장에서 볼 때는 껄끄러울 것 같고, 水를 희신으로 하자니 전체적인 균형이 깨어질 것 같아 혼란스럽습니다.

천간으로 들어오는 金·水와 기토는 도움이 될 것 같은데, 지지로 들어오는 木은 나쁜 게 확실하고 火도 그다지 도움은 안 될 것 같습니다.

土·金·水에 대해서 도무지 생각이 정리가 되지 않습니다. 스님의 의견을 부탁드립니다.

 용신은 金, 희신은 水입니다

잘 보셨습니다. 사주에서 전반적으로 火의 기운이 강하니 水로 용신을 보호해야 합니다. 土의 기운은 이미 충분하므로 다시 金을 생할 필요는 없습니다. 참고하시기 바랍니다.

304 봉충의 의미는?

공부를 하던 중에 생소한 단어가 눈에 띄어 문의드립니다. 왕초보이기 때문이겠지요. 어쨌든 '봉충'이란 단어가 생소합니다. 자세한 설명 부탁드립니다.

 충을 만났다는 의미입니다

만날 봉(逢), 때릴 충(沖). 그래서 봉충은 충을 만났다는 의미로 이해를 하면 되겠습니다. 충이 있다는 것과 같은 의미겠군요. 꾸준히 발전하시리라고 봅니다.

305 60갑자의 순환은 무엇 때문입니까?

子丑寅…… 으로 이어지는 월의 변화는 지구의 공전 때문에 생겼다고 생각됩니다. 그렇다면 지구는 매년 똑같이 태양을 도는데 연마다 기운의 변화(60갑자의 순환)가 생기는 것은 무엇 때문인지 궁금합니다.

자료도 찾아보고 여러모로 생각도 해보았는데 마땅한 답을 얻지 못했습니다. 공전궤도도 항상 일정한 것이 아니라 조금씩은 바뀐다는데 그 차이 때문인가요?

 특이한 질문이네요

사주와 상관없는 질문이니 답변을 못했다고 해서 선생 자격이 상실되지는 않겠지만, 참 특이한 질문입니다. 그러나 오행의 이치를 연구하다 보면 얼마든지 생각해볼 수 있는 질문이기도 하네요. 중요한 것은 과연 누가 이러한 질문에 대답할 수 있겠느냐는 것이지요.

『기문』에 의하면 상원·중원·하원의 기가 각기 차이를 두고 각 60년씩 180년 주기로 움직인다는 말이 있는데, 태양이 우주를 항해하는 어떤 흐름을 뜻하는 게 아닐까 싶기도 하군요. 하지만 책임은 질 수 없습니다.

Q306 무관 사주는 격이 떨어지는지요?

```
    時 日 月 年
    丁 甲 戊 乙      坤命
    卯 寅 子 卯

乙 甲 癸 壬 辛 庚 己   一大運
未 午 巳 辰 卯 寅 丑
```

관을 쓰고 싶은데 무관 사주여서 할 수 없이 시간의 정화를 써야 할 것 같습니다. 관을 쓰는 명식에 비해 격이 떨어지는지요? 火 용신에 金을 기다리고 土는 희신으로 보았습니다.

어려서 100일 만에 부친을 잃었다는데 모친이 어려운 시절을 보낸 듯합니다. 제대로 보았는지요?

 한목향양격입니다

관을 쓰고 싶은 이유를 모르겠네요. 겨울나무가 관을 쓴다면 자연의 이치에도 벗어나는데 말이지요. 한목향양격으로서 조후나 억부나 여러 가지로 시간의 정화를 쓰면 되겠습니다. 앞으로 운도 좋네요. 잘 보셨습니다.

307 식신제살이 번민에 빠뜨립니다

```
時 日 月 年
甲 壬 丙 癸      乾命 九大運
辰 戌 辰 未
```

무토 당령 진월의 임술 일주가 진술충까지 있는 상황이어서 신약으로 보긴 했는데, 용신을 戌 중 신금을 써야 할지 식신제살로 가야 할지 판단이 서지 않습니다.

갑술년에 괜찮았다고 하는데, '세운은 강한 것 위주'임을 감안하면 갑목보다 술토가 더 큰 작용을 했던 세운으로, 戌 중 신금으로 인해 비교적 호운으로 느꼈을 가능성이 크다고 봐서 신금을 용신으로 계수를 희신으로 보고 싶습니다.

그런데 봄에 굳이 金을 써야 하는지 고민이 됩니다. 선생님의 가르침을 받고 싶습니다.

 신약용겁 정도면 적당하지 않을까요

편안하게 보는 게 정답을 찾기 좋습니다. 이 사주도 인겁이 필요하다고 결론을 내린다면 인성이 미약하므로 겁재를 용하고 인성을 기다리면 되겠습니다.

공부에 힘이 조금 붙으면 잘 보이는데, 좀더 붙으면 오히려 간단한 것도 어렵게 생각을 해서 스스로 함정에 빠지게 됩니다. 바둑용어로 '장고 끝에 악수'가 되겠지요. 오행 공부의 묘미가 바로 여기에 있지 않나 생각합니다. 발전하는 모습이 참 좋습니다.

308 종을 할 수 있을까요?

이런 사주가 존재하는지 모르겠지만, 관살·식상·재가 적당히 섞여 있고 비겁·인수를 장간에서도 전혀 찾을 수 없다면, 이 사주는 종을 할까요? 종을 한다면 무엇을 따라가고, 하지 않는다면 용신을 무엇으로 해야 하는지 궁금합니다.

 두 가지 경우로 답변하지요

1) 종을 하게 되는 경우 : 식상과 관살이 서로 대립하지 않으면서 재성을 중간에 두고 있다면 종세격으로 용신은 재성, 희신은 관살, 식상은 한신, 인겁은 기·구신이 됩니다.

2) 종을 하지 않는 경우 : 인겁이 전혀 없다고 해도 식상과 관살이 싸우게 되면 종은 되지 않는 것으로 봅니다. 어차피 인성이 와서 해소를 시켜줘야 하겠네요. 즉 재성이 있더라도 중간에서 통관 또는 중재의 역할을 하지 않는다면 쓸모가 없다는 것입니다.

309 金과 木이 싸우는 형상입니다

時	日	月	年
乙	庚	庚	戊
酉	寅	申	寅

坤命

51	41	31	21	11	1
甲	乙	丙	丁	戊	己
寅	卯	辰	巳	午	未

一大運

金이 木의 뿌리를 서슴없이 자르고 있습니다. 申 중의 임수는 통관해줄 상황이 아닌 것 같고요. 부득이 상처 입은 木을 용신으로 하고 운에서 水를 기다릴까 합니다.

1) 그런데 을경합의 상태가 용신이 묶인 상태인지, 일주의 관심이 용신으로 향한 것인지 궁금합니다.

2) 火는 한신이지만 원국의 지지에 土가 없으니 金을 극하는 좋은 역할을 할 것 같은데 확신이 서지 않는군요. 낭월 스님의 고견을 기다립니다.

 잘 보셨네요. 공부가 상당하시군요

1) 용신이 묶인 것이 아니지요. 일간을 향하고 있다고 보면 좋겠습니다. 좋은 징조지요. 뿌리가 있었다면 참 좋겠는데 좀 아쉽네요.

2) 도움이 되는 성분입니다. 水가 오면 조용히 물러갈 것이니 나쁘지 않다고 보신 안목이 상당하다고 생각됩니다.

Q 310 조후로 봐야 하나요?

時	日	月	年
乙	甲	甲	戊
丑	戌	子	戌

乾命

己	戊	丁	丙	乙
巳	辰	卯	寅	丑

五大運

조후로 戌 중 정화를 용신으로 봐야 합니까?

이 사람은 현재 진토대운 중인데 최근 몇 년 동안 끼니를 걱정할 정도로 어려웠습니다. 직업은 대학강사(정치학)이고 올해 5월 23일 결혼하며 여름에 네덜란드에 초빙교수로 가게 됩니다.

내년이면 양 진술충이 나는데 걱정이 되어 질문드립니다. 곧 사오미로 흐르는데 어떨지요?

 木·土 대립에는 火가 통관이지요

남방운에서 한번 능력을 발휘해보라고 권하고 싶습니다.

311 해외운이란?

사주를 보다 보면 해외로 나갈 운이라는 말을 듣게 되는데, 어떻게 판단하는 겁니까?

 용신이나 일지가 충되면 동할까요?

그런 말을 하는 사람이 더러 있나 봅니다. 낭월이 보기에는 해외의 인연이라고 말할 수 있는 근거는 없다고 봅니다. 다만 일지가 충이 되어 있으면 동하게 되는 암시라고 하겠는데, 말을 하기로 든다면 역마살이 충을 만나면 해외 인연이 있다고 할 수도 있겠지만, 많은 역마봉충자들도 해외로 나가지 않는 것을 보면 실속이 없는 판단이 아닌가 싶습니다.

용신이 충돌된다든지 하면 유동적이 될 수 있다는 정도면 무난하지 않을까 싶네요.

312 土가 용신이 아닌가요?

時	日	月	年
庚	丁	壬	丁
戌	巳	寅	未

이 사주에서 낭월 스님께서는 시간의 경금을 용신으로 삼는다고 하셨는데, 왕초보인 저로서는 약간 이해가 되지 않습니다. 개인적으로 판단하기에 연지의 미토 속에 촉촉한 기토가 있으니 설기 면에서 보면 土가 용신이 되지 않을까 하는 생각으로 조심스럽게 문의드립니다.

 미토 속의 기토는 설기가 되지 않습니다

연지의 미토 속에 기토가 있기는 하지만, 그 기토는 정화의 열기를 받아서 설기가 되기는 어렵겠습니다. 축토라면 충분히 용신이 가능하겠지요.

그러니까 미토 속의 기토는 설기가 되지 않고, 축토 속의 기토는 설기가 되는 것으로 이해하면 되겠습니다. 천간과 지지에 대해서 좀더 이해를 하면 참고가 되리라고 봅니다.

313 金을 용신으로 생각했는데……

```
時 日 月 年
丁 壬 甲 甲
未 辰 戌 寅

37  27  17  7
戊  丁  丙  乙
寅  丑  子  亥
```

신금 당령의 임진 일주가 신약해 보입니다. 비록 진술충으로 손상받긴 했지만 戌 중 신금을 쓰고 水를 기다리고 싶습니다. 진술충이라 해도 장간의 을신충은 실제로는 금극목이므로 가을의 金이 木을 극하다가 결함이 생기지는 않으리라고 생각합니다.

일부에서는 이 사주를 종세격의 木·火 용·희신으로 보던데, 설명을 봐도 잘 이해가 되지 않습니다. 사주의 주인공은 병 기신대운 중의 계유년에 원하던 대학의 원하던 과에 입학했다고 하는데, 木·火로 본다면 가능할지 의문입니다.

대운을 천간과 지지로 나누어서 대입한다고 볼 때, 천간으로 대입되는 병화는 구신으로서의 작용력이 지지보다 떨어지고, 신약한 사주이므로 세운의 영향을 더 많이 받았기 때문에 계유년에 원했던 일이 성사되지 않았을까 생각해보았습니다. 가르침을 부탁드립니다.

 술월 임수라면 金이 필요하겠네요

올바른 판단을 하셨다고 봐도 되겠네요. 더 추가로 드릴 말씀이 없는 상태라고 보겠습니다.

314 주식시장은 오행 중 무엇?

주식시장을 오행으로 본다면 무엇이 될까요? 돈이 유통되는 곳이라는 의미로 보면 水로, 돈의 체로 보면 金으로도 생각할 수 있을 것 같습니다.

부동산과 연결시켜보면 서로 상극관계인 점을 감안하여 돈은 양에, 부동산은 음기운에 해당한다고 보았습니다. 그리고 주식시장은 실물이 없는 기운으로 보고 무한정 커나갈 수 있다는 의미에서 木 중에서도 갑목으로, 부동산시장은 주식시장과 뗄래야 뗄 수 없으나 (둘 사이에 합이 있지 않을까 해서) 더 이상 자라지도(땅 자체가 늘어나지는 않으니까) 않으므로 기토로 보았습니다.

이렇게 보는 것이 맞는지 고견을 듣고 싶습니다. 식상이라고는 일지 신금 중 임수가 고작인 저로서 이런 생각을 하는 것이 여간 어려운 일이 아닙니다. 그러나 주식시장의 음양오행적 해석이 가능하지 않을까 꿈을 꾸어봅니다.

 엿장수 마음 아닐까요?

재미있는 궁리를 하셨네요. 역시 식신은 어디에 있어도 식신인가 봅니다.

주식시장을 오행으로 묶기에는 너무 많은 요소를 포함하고 있어서 아주 난해한 질문입니다. 그래서 슬슬 도망갈 궁리를 하는데 문득 火가 아닐까 싶은 생각이 듭니다. 너무나 명확한 숫자놀음이니 말입니다.

올랐다 내렸다 하는 것은 모르겠고 낭월의 눈에는 시종 숫자만 보이거든요. 그것도 매우 명확하게 말입니다. 그래서 火에 가깝다는 생각이 듭니다.

그나저나 이러한 것은 정답이 없다고 봐야 할 겁니다. 그냥 궁리를 해보는 도중에 그렇게 볼 수도 있겠다는 정도로 이해하면 좋겠습니다.

315 충이 있는 사주의 신강 신약은?

```
   時 日 月 年
   癸 乙 乙 乙        坤命
   未 酉 酉 卯

壬 辛 庚 己 戊 丁 丙    六大運
辰 卯 寅 丑 子 亥 戌
```

충만 있으면 당황하게 됩니다. 충 없이 보면 세력만 있으므로 신약으로 기우는 것 같습니다.

충을 감안해도 신약인지, 그렇다면 계수가 용신, 비겁이 희신이 되는지 모르겠습니다. 미토 안의 정화를 생각해봤는데 너무 미약하다는 생각이 듭니다.

병대운 정사년과 술대운 정묘년에 낙상과 물에 빠져 죽을 뻔했다고 합니다. 그 외에는 상당히 유복하게 자란 것 같습니다.

 궁지에 몰린 닭이 호랑이로 변한다?

재미있는 사주여서 문득 그러한 생각을 해봤습니다. 물론 출구는 계수지요. 열받은 닭에게는 길을 열어주는 것이 가장 안전합니다. 할퀴면 상처가 나잖아요. 참고하시기 바랍니다.

316 종아생재로 봐도 될까요?

```
        年 月 日 時
        壬 壬 甲 癸      乾命
        寅 午 寅 卯

        戊 己 庚 辛 壬 癸    三大運
        申 酉 戌 亥 子 丑
```

병화 당령의 임오 일주가 신약한데 신약용겁으로 봐야 할지 종아생재(從兒生財)로 판단이 서지 않는군요. 웬만하면 정격으로 보라는 가르침대로 비겁을 쓰고 싶지만, 주위의 식상으로 설기되는 측면이 강하게 보입니다. 종아생재로 보고 싶은데 사부님의 가르침을 기다립니다.

 불가불가(不可不可)! 능형구제(能兄救濟)……

『적천수』라면 아마도 종아로 봐야 할 듯싶네요. 그래도 여기에서는 곤란합니다. 그냥 버텨야지요. 그렇게 보고 싶네요.

317 또 종격으로 보이는군요

```
時 日 月 年
丙 壬 甲 丁
午 午 辰 丑
```
乾命 二大運

을목 당령의 임수가 의지할 곳이 전혀 보이지 않습니다. 丑 중 신금에 의지할 수 있을까요, 아니면 종재로 봐야 하나요? 종살은 갑목으로 인해서 어려울 것으로 보입니다.

이제 세 살밖에 되지 않았으니 부모나 태어난 환경을 참고해서 용신을 찾는 것은 어떨까요? 지금 이 아이의 부모는 경제적으로 매우 곤란한 처지에 있으며 아버지는 하는 일마다 꼬여서 양육비조차도 마련하기 힘든 상황입니다. 부친성과 궁으로만 보면 종재가 되기도 어려운데, 이렇게 판단하는 것이 과연 옳은지 의문스럽습니다. 가르침을 받고 싶습니다.

 부모형제는 들먹거리지 맙시다

사주 자체로 연구하자는 말이지요. 일단 임오 일주이기 때문에 종재로 봐야겠네요. 재를 따라서 가버리고 싶은 마음이 느껴집니다. 이번에는 그야말로 끈질기게 찍어서 넘어뜨렸다고 해야 할까 봅니다.

318 일반적인 질문입니다

1) 선거에서 지고 이기는 경우, 자신의 운이 아무리 좋아도 상대가 더 좋으면 지겠지요?

2) 비행기 사고나 차 사고로 몰사하는 경우, 그 안의 모든 사람들의 운이 나빴을까요?

명확한 답이 있으리라고는 생각하지 않지만 뭔가 있을 것 같기도 하고 한번 생각해봄직도 해서 여쭙니다. 스님의 고견을 청합니다.

 일반적인 답변입니다

1) 당연하지요.

2) 그 속에는 운이 좋은 사람도 있습니다. 예를 들어 삼풍사건에서 아무리 봐도 죽을 수(죽는 것은 운이 가장 나쁜 경우이므로)가 없는 박사님 한 분이 함께 돌아가셨더군요. 명리로써는 답이 나오지 않았는데, 사건이 있기 며칠 전에 조상 산소를 이장했다는 이야기를 그 후에 듣고 뭔가 연관이 있지 않을까 싶기도 합니다.

319 용신기반으로 보이는데……

時	日	月	年	
己	癸	己	乙	乾命
未	亥	卯	卯	
壬 癸 甲 乙 丙 丁 戊				四大運
申 酉 戌 亥 子 丑 寅				

얼마 전에 종격이 되는 조건을 여쭌 적이 있습니다. 이 사주의 경우 인수는 보이지 않고 관과 식신이 대립하고 있습니다. 문제는 해수인데 木으로 반합을 했습니다. 이럴 경우 용신기반인지요?

한편으로는 양옆에서 기토의 공격이 심하므로 木이 용신일까도 생각해봤습니다. 그런데 木을 용신으로 하기에는 세력이 너무 커서 일간의 설기도 만만치 않네요.

저는 전자가 옳다고 봅니다. 그러면 운이 꽤 좋게 들어오네요. 가르침 부탁드립니다.

 용신기반이 맞지요. 잘 보셨어요

그게 정답입니다. 설명은 필요 없겠네요.

320 처복이 없는 사주는?

時	日	月	年	
辛	辛	壬	乙	乾命
卯	丑	午	巳	

丙	丁	戊	己	庚	辛	
子	丑	寅	卯	辰	巳	三大運

오월의 신축 일주입니다. 한여름의 신약한 신금에 축토가 너무나 반갑습니다.

희신은 시간의 비견으로 봐야겠지요. 사주의 등급은 용신이 일지이고 월령을 얻어 최소 7등급은 될 것 같고요.

1) 무대운에 경제적으로 어려운데, 대운이 절각이고 무인·기묘년 역시 土가 무력해서입니까? 사주의 등급이 나쁘지 않은 것 같은데 제가 잘못 판단한 건지, 경진대운도 곤궁했다니 더욱 자신이 없습니다.

2) 1993년 계유년에 결혼했는데 처의 성격이 안하무인이어서 처로 인한 마음고생이 심한 상태입니다. 이렇게 처복이 박한 것은 처궁에 용신이 있음에도 불구하고 재가 기신이며 처궁이 편인이기 때문인가요? 고견을 기다립니다.

 처복이 있어 보이는데……

1) 그러실 만하겠습니다. 처궁이 좋아 보이는데 그렇지 못하다면 누구라도 당황하게 되지요. 그렇지만 아직은 모를 일입니다. 현재 운의 흐름이 악화되어 있으므로 그럴 수도 있지 않을까 싶네요. 사주를 해석한 부분에서는 하자가 없다고 생각합니다.

그리고 이건 우스갯소리인데, 처복이 있는 사람이 복이 없는 여성과 살게 되면 그 여성과 헤어지게 된다는 말이 있습니다. 그러니까 앞에 있는 재(을목)는 원래가 해롭다고 봐도 좋겠네요. 경진대운이 불량했다면 아마도 부친의 운이 나빠서였다고 생각해도 되겠네요. 좀더 두고 봅시다.

2) 안하무인격이라면 처궁의 암시와는 연결이 되지 않네요. 아마도 새로 여성을 만나게 될지도 모른다는 생각이 듭니다. 실제로 그 정도라면 헤어지고 싶겠네요. 그래서 좀더 두고 봐야겠습니다. 낭월의 의견이 별로 도움이 못 될 듯싶습니다.

321 火를 약신으로 쓸 수 있을까요?

```
時 日 月 年
辛 甲 壬 己
未 子 申 酉
```
坤命 七大運

신월의 갑자 일주가 관인상생의 구조입니다. 임수 당령으로 약하지 않다고 볼 수도 있지만 금왕절이므로 일단은 水를 용하고 木을 희신으로 보고 싶습니다. 火는 약신으로 작용할 것으로 판단했습니다. 선생님의 가르침을 기다리겠습니다.

 미꾸라지로 보이네요

약신은 무슨 약신입니까, 火가 들어오면 사주가 탁해져서 망가지겠는걸요. 水·木으로 가야겠습니다.

322 재다신약에 상관제살?

```
時 日 月 年
乙 辛 壬 丁
未 卯 寅 丑
```
乾命 五大運

인월의 신금 일간이 재다신약입니다. 득비리재(得比利財)가 최상

일 것 같은데 투출된 金이 없어 일단 축토를 용하고 운에서 金을 기다리고 싶습니다.

그런데 어떤 분께서 말씀하시길, 지지로 오는 土는 쓸 수 있지만 천간의 土는 미토 중 을목이 투간되었기 때문에 용할 수 없으며, 칠살이 떠 있으니 상관제살해야 하므로 임수 용신에 운에서 金을 기다려야 한다고 하더군요.

金을 기다려야 한다는 점에는 동의를 하겠는데 제살을 해야 할 정도로 정화가 강한가는 의문입니다. 어떻게 봐야 하나요?

 신약용인으로 보고 싶군요

어떤 분의 깊은 뜻은 잘 모르겠고, 천간으로 土가 와도 도움을 받을 수 있을 거라는 생각만 듭니다.

323 보기 힘든 종격 아닌가요?

時	日	月	年
戊	甲	丁	丁
辰	戌	未	未

坤命

50	40	30	20	10
壬	辛	庚	己	戊
子	亥	戌	酉	申

미월의 갑목으로 의지할 데라고는 미토·진토의 을목과 辰 중 계수인데, 辰 중 을목은 진술충에 달아나고, 未 중 을목은 천간의 정

화로 기운을 빼앗기고 있습니다. 그리고 辰 중 계수는 왕성한 토기에 힘을 쓰지 못하고 있군요.

그래서 종재(종재가 아니라면 가종이라도)로 보았습니다. 경술대운까지는 괜찮은 운으로 보이는데, 북방 水운은 견디기 힘들어 보입니다. 보기 힘든 종격이라고 생각해서 질문을 드리는 것입니다.

그리고 포여명의 『적천수』에서, 기신인데 사주원국에 나타나지 않거나 운에서 만나지 않으면 오히려 좋은 쪽으로 흐르며 반대의 경우도 성립한다고 하는데, 어떻게 이해해야 하는지요? 예를 들어 관살이 기신인데 원국에 관살이 나타나지 않으면 오히려 관 쪽으로 발전한다고 합니다.

 종재로 놓고 水운은 부담이네요

종아생재격으로 봐야겠고 북방 水운은 고통이 예상된다고 하겠습니다.

원국에 기신이 나타나 있지 않고 운에서도 만나지 않는다면 나쁠 이유가 없겠지만, 그 방향으로 나아간다는 것은 논리적이지 못하다는 생각이 드네요. 좀더 임상을 해보시기 바랍니다.

324 아직도 희신에 대한 감이 잡히지 않습니다

時	日	月	年
庚	庚	丁	己
辰	子	卯	亥

전에 올렸던(Q156) 사주입니다. 신약용인격으로 용신은 인성이고 희신은 비겁으로 도움 말씀 주셨습니다.

그런데 아직도 희신에 대한 감을 못 잡고 헤매고 있습니다. 용신인 인성의 입장에서 보면 너무나 무력한 土가 火의 생조를 바라고 있지 않을까 생각되는데, 火가 희신이 되지 못하고 비겁이 희신 역할을 하는 것에 대한 선생님의 도움 말씀으로 궁금증을 풀고 싶습니다. 오늘도 좋은 하루 되십시오.

 월간에 土, 연간에 火라면 火가 희신이지요

어려울 만도 하겠습니다. 그래도 문제가 없습니다. 희신이 용신을 생조해야 한다면 火가 도움이 된다고 볼 수도 있지요. 논리적으로는 기토의 입장에서 절대적으로 火가 필요합니다. 그렇다면 火를 희신으로 봐도 되겠습니다.

공식적으로는 그렇고, 감각적으로는 金이 일간에게 도움이 될 것으로 보이네요. 결과적으로 火·土·金이 모두 좋다고 보겠습니다. 희신이 하나여야 할 이유는 없다고 생각해도 됩니다.

325 명리학에 대한 접근방법 ① : 영역

명리학에 대한 근본적인 접근방법에 관련하여 몇 가지 질문(Q325~Q327)을 드립니다. 선생님께서는 명리를 통해서 구체적인 사안을 집어낼 수는 없다고 하셨습니다. 또한 구체적인 사안에 대해서는 명리보다는 다른 수단(점의 영역)으로 푸는 것이 더 낫다고 하셨지요. 그런 말씀들을 심사숙고해보니 매우 의미심장하더군요.

사주감명을 할 때 성공시기(희용기구한의 관계)에 대해 좋다, 나쁘다 정도의 대답을 할 뿐 그 외의 이야기는 불가능하다고 배웠는데, 정작 사주를 보는 사람들은 좀더 구체적인 답을 원하고 있었습니다. 그때마다 저는 아마추어이니 전문가의 상담을 받아보라고 했지만 무력감을 느끼지 않을 수 없었습니다.

명리학으로 인생의 구체적인 사안에 대한 답을 구하는 것은 불가능한 것인지요? 아니면 아직 기초를 공부하는 학생이므로 충분한 내공을 기를 때까지 다른 길로 현혹되지 않도록 조심하라는 의미로 하신 말씀인지요? 저는 후자로 믿고 싶습니다. 만약 전자라면 비록 아마추어이기는 하지만 명리학을 배워서 인간의 길흉화복을 예견하여 슬기롭게 대처한다는 비전이 상실되기 때문입니다.

또한 명리학의 목적이 술법이 아니라 학문의 근본이치를 깨우치는 것이라고 하더라도, 그 대상영역이 인간의 운명학에 관련되어 있는 이상 구체적인 문제에 대한 해답과 적중률을 고려하지 않을 수 없기 때문입니다. 선생님의 고견을 기다립니다.

 '구체적인 사안'이 무엇이냐에 따라 다르지요

멋지고 심각한 질문을 주셨군요. 생각을 해봅시다.

구체적인 사안이라는 것이 무엇이냐가 중요하겠지요. 한 사람의 적성을 파악하는 일, 길흉의 시기, 천명을 알고 현명하게 살아가는 길 등에 대한 것이라면 상당히 구체적인 답변이 마련되어 있다고 봅니다. 명리를 통해서 인생살이에 도움을 줄 수 있는 답변이 언제라도 가능하지요.

그러나 증권을 언제 사서 언제 팔아야 돈을 벌 수 있는가, 언제 죽을지 연월일시를 일러달라는 것과 같은 질문에는 구체적인 답변까지 갈 것도 없이 할말이 없지 않을까 싶습니다. 혹 이러한 답변을 구한다면 명리학 공부를 빨리 그만두거나 적어도 낭월식 공부는 포기하는 것이 시간이나마 벌게 될 가능성이 있다고 하겠습니다.

즉 구체적인 사안이 무엇이냐, 어떤 마음으로 묻느냐에 따라서 답변이 가능할 수도 있고 쓸모없을 수도 있습니다. 이것은 삼라만상이 모두 그렇지 않나 싶습니다.

명리학은 마치 물이나 공기와 같다고 생각합니다. 짜릿하거나 달콤한 것과는 거리가 있다는 것이지요. 물에서 짜릿하고 통쾌한 맛까지 요구한다면 깨끗한 물은 얻기 어렵지 않을까 싶네요. 도의 맛이나 자연의 맛은 담담한 것이니까요.

과연 이러한 이야기들이 사람들의 요구에 어떤 도움이 되겠느냐고 생각하실지도 모르겠습니다. 사실은 도는 사람을 기다려주지 않는다고 생각합니다. 스스로 찾아갈 뿐이지요. 이것이 낭월이 생각하고 안내해드릴 수 있는 전부입니다.

보통 사람은 도에 관심이 없다고 생각할 수도 있겠지만, 그렇더라도 할 수 없지요. 어차피 서점에는 무수히 많은 종류의 책이 있으니 인연이 있는 몇몇 사람에게만 도움이 된다고 해도 낭월은 그 방향을 모색하겠습니다.

326 명리학에 대한 접근방법 ② : 학습방법론

최근 몇 달 동안 명리학에 대한 사람들의 토론을 보니 크게 두 가지 방법론으로 구분되는 것 같습니다. 하나는 격국론 중심이고, 나머지 하나는 용신론 중심입니다. 그러나 모두들 자신의 견해만을 피력할 뿐 분석과 종합을 통한 결론의 도출이 없더군요.

특히 격국론 입장에서 추명하는 경우 저는 무슨 소리인지 하나도 알아들을 수가 없었습니다. 그 결과 저는 명리학의 양대산맥인 용신론과 격국론에 대해 모두 이해하지 못하고 있다는 결론을 얻었습니다.

명리학도 학문인 이상 학파나 계통으로 구분되는 것은 당연합니다. 또 그러한 견해나 차이에 대한 열정적인 토론을 통해서 학문이 발전한다는 것도 알고 있습니다.

그러나 명리학의 기초에 대해 공부하는 저와 같은 사람에게 있어서, 용신론과 격국론에 대해 양자택일하듯이 하나만을 선택하여 공부하는 것이 과연 바람직한 것일까요?

대학이나 대학원에서 전공하는 것이라면 학파의 계통을 이어받아 스승님의 가르침으로 학문적 깊이를 더하는 것이 중요하겠지만, 이제 초등학교 입학 정도의 수준인 저에게는 격국론도, 용신론도 하나의 방법론으로서 골고루 영양섭취하는 것이 더욱 기초를 튼튼히 하는 것이 아닌지 궁금합니다.

격국론과 용신론의 차이는 이렇습니다

좋은 현상이라고 하겠습니다. 공부하는 사람이라면 당연히 고민하게 되는 부분이라고 생각되네요. 용신격에 대해서는 낭월식으로 이해하면 충분할 것이므로 별로 설명을 드리지 않아도 될 것으로 봅니다. 그리고 낭월식의 원류는 임철초식임을 밝힙니다. 철초님께서 항상 실용성에 비중을 두셨듯이 낭월도 논리적인 부분보다는 실용적인 부분에 관심을 두고 있는 것이 사실입니다.

- 용신 : 구체적으로 길흉을 읽어내는 기준점
- 격국 : 일반적으로 형상을 보는 보편점(?)

격국이란 전체적인 구조를 파악하는 성분입니다. 격국에는 여러 가지가 있는데, 그 중에는 의미가 있는 것도 있고 그렇지 않은 것도 있지요. 의미가 없는 부분에 대해서는 '사주 시스템' 부분에서 설명을 드렸으므로 참고하시면 될 것입니다. 의미가 있는 부분은 기본적으로 팔격이라고 하는 것입니다.

- 팔격 : 정관격 · 편관격 · 정인격 · 편인격 · 식신격 · 상관격 · 정재격 · 편재격

이상이 기본적인 구조이지요. 그리고 월지에 있는 것으로 격을 삼습니다. 이 부분에 대해서는 『자평진전평주』를 참고하면 명확하게 이해하실 수 있을 것입니다. 중요한 것은 질문하신 분이 이미 이와 같은 구조를 알고 있다는 것입니다. 다만 그에 대해 별도의 시간을 할애하지 않았을 뿐이지요. 기왕 말이 나왔으니 예를 들어봅시다.

가령 갑목이 사월에 나면 식신격입니다. 그렇게 되면 천간에 식신이 투출이 된 것을 가장 상품으로 칩니다. 즉 같은 사월에 나더라도 병화가 사령한 시절에 나면 상품이겠군요. 그리고 천간에 병화가 투출되면 식신격이 참되다고 말하게 됩니다. 청하다고 해도 되겠군요.

그러고 나서는 어떻게 하느냐? 주변에서 식신격을 파하는 인성이 있으면 격국이 탁하다고 말합니다. 여기서부터가 용신격과의 차이점이라고 할 수 있습니다. 그래서 인성을 설기하는 비겁이 있으면 다시 구제가 되었다고 보는 것이지요. 오로지 월지를 중심에 놓고 생각을 넓혀간다고 할 수 있겠습니다.

그리고 인성을 깨는 재성이 있으면 다시 용신(월지의 식신을 용신이라고 하는 것이 『자평진전』에 나타나 있는 용어의 뜻임)이 흐름을 탔다고 해서 더욱 상품으로 칩니다. 물론 식신을 보호하기 때문이지요. 이렇게 되면 귀격이라고 말하게 됩니다. 이것이 격국론의 대강입니다.

임철초님께서 어떻게 이단(또는 개혁파)이 되셨는지를 생각해보면 이렇습니다. 아무리 격국이 좋다고 해도 감당을 하지 못하면 뜬구름이더라는 것이지요. 자신의 사주를 예로 들고 있습니다. 임철초님의 사주는 다음과 같습니다.

時	日	月	年
壬	丙	戊	癸
辰	午	午	巳

오월 병오 일주가 월령에 양인을 봤으므로 일단 정격에서는 외격에 속합니다. 월지가 비겁이면 팔정격에 들지 못해 외격이라고 했지요. 월지가 양인이므로 관살을 만나면 대길입니다. 양인은 흉성이므로[편관·편인·겁재(양인)·상관을 흉성으로 보는 것이 격국론임] 제어를 해야 하는데, 다행히 시간에 임수가 있어서 대길입니다.

관살혼잡이 되어서 청할 뻔한 사주가 탁해지게 되었는데, 천만다행히도 무계합으로 인해서 관성을 제거하고 편관만 남았으니 일명 거관류살격(去官留殺格)으로 대귀할 사주라고 판단이 나오는 것이 격국론입니다. 철초님도 이렇게 자신의 명을 감정받고 꿈에 부풀었지요. 그러나 막상 현실은 전혀 달랐습니다.

부모는 모두 그림의 떡이었고, 조상이 물려준 일도 유지하지 못했으며, 벼슬을 해서 남에게 이롭게 하고 싶은 큰 꿈도 있었지만 하나도 되는 게 없었고, 처자식도 뜬구름이었지요. 결국 세상을 포기하는 마음으로 명리학에 대해 공부하신 다음에야 비로소 격국론이 얼마나 비현실적인가를 확연히 깨닫고 자신이 속았다는 것에 대해서 통탄을 했습니다.

그래서 과연 명리학을 어떻게 읽어야 할 것인가를 고민하신 끝에 현실적으로 중요한 것은 사주보다 운이라는 점을 강조하게 된 것입니다. 자신의 사주에서도 운이 어떤지를 살폈다면 그렇게 허망하지는 않았을 것이라는 데에서 철초님의 사상이 형성된 것입니다. 그 운을 살피는 것은 당연히 용신의 몫이지요.

언제나 중요한 것은 운입니다. 그리고 운에 민감하려면 생극제화에 기준을 두고 강약을 명확하게 가려서 용신을 찾으면 된다는 것을 깨닫게 되신 것입니다. 낭월도 이러한 점에 전적으로 지지하고 있습니다. 이상이 낭월이 이해하고 있는 격국론과 용신론의 차이점입니다.

틀을 좋아한다면 격국론에 매력을 느낄 수도 있겠습니다. 누가 말리겠습니까? 구체적인 사안이 중요하다면 당연히 용신론이지요. 아마도 틀림이 없을 겁니다. 이러한 질문을 하는 심정을 헤아려서 길게 설명을 드려봤습니다. 선악의 관계는 스스로 판단하기 바라는 의미에서 이만 줄입니다.

327 명리학에 대한 접근방법 ③ : 심리분석

주변 사람들의 사주간명시 느꼈던 점입니다. 한번은 성격의 삼각존에서 재성을 관살로 잘못 보고 심리분석을 한 적이 있는데, 사주의 주인공이 너무나 정확하다는 반응을 보여 오히려 제가 더 놀란 적이 있습니다. 왜 그럴까요? 분명히 관살로 착각하고 관살의 성향을 이야기했는데 자신의 성격과 일치한다고 반응을 보인 것은 너무나 뜻밖이었습니다. 그래서 이런 생각을 하게 되었습니다.

사람에게는 누구나 보편적인 심리가 있으며, 심리란 외부 환경요인에 의해 매우 유동적으로 변한다. 따라서 심리변화를 음양오행의 생극제화로 파악하는 것은 불가능하지 않을까? 또한 매우 주관적인 영역이므로 정확한 가치측정의 기준이 없다는 것도 그 활용가치에 대해 문제를 제기하게 되는 부분이라고 생각합니다. 그러므로 사주 원국의 오행상 나타나는 기본심리를 제외하고 명리추명에 있어 심리분석이 주는 영향은 얼마나 될지 의문입니다.

그리고 일간에 제일 큰 영향을 미치는 심리는 성격의 삼각존이고 심리는 용신과 무관하다고 하셨는데, 주변에서 보니 심리에 가장 강하게 영향을 미치는 궁은 성격의 삼각존이 아니라 월령이라고 느끼게 되더군요. 이것에 대해서 어떻게 생각하시는지 궁금합니다.

또한 용신에 따른 길작용의 심리(긍정적 심리)나 흉작용의 심리(부정적 심리)의 구분이 없다면 아주 큰 딜레마에 봉착하게 됩니다. 운의 적용시 일간의 심리가 용신보다 먼저 적용된다고 하셨는데, 심리가 먼저 동하고 그에 따른 구체적인 행위가 나타나 희용기구한의 길흉작용으로 인해 운의 결실(길흉)이 규정된다는 것으로 해석되기 때문입니다.

만약 운에서 심리가 먼저 동하고 그 심리가 희용기구한에 따른 긍정과 부정의 심리로 구분되지 않는다면, 그것은 격국론도 용신론도 아닌 것이 아닌가 하는 생각이 듭니다. 구태여 표현하자면 일간론이 맞는 표현이 되지 않을까요? 운에서 용신보다 일간의 심리가 앞서니 일간을 중심으로 추명해야 하기 때문입니다. 그렇다면 용신이 정해지면 용신에 전적으로 의지해야 한다는 용신론의 기본사상과 배치되는 것은 아닌지 궁금합니다.

 개인을 이해하려는 노력이 중요하지 않을까요?

질문하신 심정에 대해서는 충분히 이해가 됩니다. 다만 이렇게 포괄적이면서 한편으로는 구체적인 질문을 하나의 질문으로 요약해서 답변을 드리기는 참 만만치가 않습니다.

적어도 수년 동안 이 부분에 대해 연구하면서 질문하신 분의 생각과 유사한 부분에 대해서도 많은 생각을 했는데, 다음과 같은 결론을 내리게 되었습니다. 물론 개선의 여지가 있으므로 지금도 연구를 하고 있습니다. 문득 이런 생각이 듭니다.

용신론이든 격국론이든 일간론이든 월지론이든 신살론이든 다 좋다고 봅시다.

중요한 것은 좀더 구체적으로 한 개인에 대해서 이해를 해보려고 노력하는 것이지요. 그 외에는 아무것도 아닙니다. 사실은 개인에 대해서 알기 이전에 전생의 업을 알아야 할 것이고, 또 그러기 위해서는 견성을 해야 하겠지요. 그보다 정확한 결론이 있던가요?

현대과학은 삼라만상의 물질이 움직이는 모든 것에 대해서 답변이 마련되어 있나요? 현재 군림하고 있는 기성의 종교는 모든 답변이 준비되어 있고 그것은 일일이 검증이 되어 있나요?

과문한 낭월은 그것에 대한 정확한 답은 어디에도 없는 것으로 알고 있습니다. 현재까지 생각하기에는 그래도 더 적은 시간을 들여서 더 합리적으로 답을 찾을 수 있는 것 중에 하나가 아마도 『자평명리』가 아닐까 생각하고 있을 뿐입니다. 물론 오늘도 연구를 하고 있지요.

그리고 그 연구는 앞으로 10년이 걸릴지도 모릅니다. 어쩌면 답이 없을지도 모르지요. 진리를 발견하는 과정에는 적지 않은 노력과 시간과 시행착오가 있으리라고 생각합니다. 낭월의 논리에 시행착오가 있을 수도 있겠지요. 아마도 당연히 그럴 겁니다. 그리고 더러는 방향제시가 잘못되었을 수도 있을 것입니다. 그래서 노력을 하고 있지요. 개인적인 생각으로는 그렇습니다. 진리에 가까워질 것으로 생각하고 수십 년을 헌신하다가도 어느 날 그게 아닌 줄 알면 바로 떠나버리는 것이 진리를 구하는 수행자의 자세입니다.

고뇌를 하면서 고독 속에 잠겨 있는 것도 하나의 수행이라고 생각합니다. 질문하신 분께서 고뇌하며 질문하신 것들(Q325~Q327)도 시간이 흐르면서 스스로 답을 찾으시라고 봅니다. 다만 낭월은 다른 사람을 안내한다는 것이 얼마나 많은 인내심을 요구하는 것인지를 다시 절감하고 있습니다. 이 정도에서 줄이겠습니다. 이것이 아마도 낭월의 한계인가 봅니다.

328 희·용신이 헷갈립니다

時	日	月	年	
甲	辛	甲	丁	乾命
午	酉	辰	未	

戊	己	庚	辛	壬	癸	七大運
戌	亥	子	丑	寅	卯	

진월의 신금 일주입니다. 木·火·土·金의 세력이 비슷합니다. 월령을 잡은 신금이 신강하므로 극설이 필요한데 水는 보이지 않고, 火는 사주구조상 토기를 강하게 하여 다시 토생금할 것으로 생각되니 용신으로 보고 싶지 않습니다.

土가 가장 강하니 재를 용신으로 하고 水운이 오면 발복할 것으로 보이는데, 원리에 입각한 생각이 아니어서 자신은 없습니다. 희·용신이 헷갈리니 짧은 공부가 원망스러운 순간입니다. 고견을 기다립니다.

재자약살격으로 보면 좋겠네요

　연구하신 내용이 이해가 됩니다. 만만치는 않군요. 그래도 관살을 용신으로 하고 土에게 설기되어 약하므로 재성으로 보호하고 생조하는 구조를 생각해봤습니다. 느낌으로는 질문하신 분의 의견에 완전히 동의합니다. 물을 찾아서 한참 두리번거렸거든요.
　그래도 없는 것을 어쩌겠어요. 그냥 두고 火를 용신으로 삼도록 하지요. 水의 운은 별로 도움이 되지 않을 것으로 해석해야 할까 봅니다. 사주의 주인공이 옆에 있다면 좀더 살펴보시기 바랍니다.

329 상관생재가 맞는지요?

```
時 日 月 年
乙 壬 庚 丁      乾命 六大運
巳 申 戌 酉
```

　무토 당령의 임수 일간이 비록 실령했다고는 하나 水로 진기하는 계절이고 술월의 경금과 유금, 일지 신금의 세력을 얻었으니 약하지 않다고 보여서 상관생재로 보는 것이 옳지 않나 생각해봤습니다. 그러나 한편으로는 유금이나 신금은 정면으로 火의 극을 받고 있어 세력이 약하므로 신약용신격으로 봐야 하는 것은 아닌가 하는 생각도 듭니다.
　인성이 많아도 약해서 인성을 쓸 수밖에 없는 사주라면 여러 곳에 튀어나온 용신 덕에 사주가 나빠질 가능성도 있을 것 같습니다. 느낌대로라면 상관생재일 것으로 보입니다. 가르침을 기다리겠습니다.

 상관생재로 봐서 무리가 없겠습니다

火의 세력이라고 해도 지리멸렬해서 흩어진 세력은 위력적이지 못하다고 봅니다. 그대로 상관생재로 흐름을 타면 좋겠네요. 木·火운에서 발하게 될 형상입니다.

330 종격에서의 육친통변은?

時	日	月	年	
癸	丁	丁	甲	乾命
卯	卯	卯	寅	

癸	壬	辛	庚	己	戊	
酉	申	未	午	巳	辰	三大運

시간의 한 점 계수를 제하고는 온통 木·火입니다. 편관이 있다고는 하나 묘목에 흡수되어버린 것 같습니다. 그래서 木·火를 용하고 土를 한신으로 보았는데, 맞는지요?

그런데 종격이라는 전제하에 이 명조에서 육친해석이 궁금합니다. 종격사주에서 육친의 통변이 있는 경우는 본 적이 없습니다. 정격에서와 같은지요? 정격과 같다면 이 명조에서는 지나친 어머니의 잔소리와 인생에 전혀 도움이 되지 않는 아버지, 귀찮게 하는 형제가 있겠으나, 자식과 명조에 없는 처는 위안이 되겠군요. 선생님의 의견을 기다립니다.

종격이라고 해서 달라질 것은 없지요

종격으로 본다고 해서 달리 생각하실 필요는 없습니다. 인성이 용신이면 어머니의 도움이 크다고 보고 하시는 말씀을 모두 수용하고 그대로 따른다면 전혀 문제가 없지요. 어머니가 싫어하는 소리(재성의 이야기겠지만)는 하지 않는 것이 당연하다고 보면 그만이겠네요. 달리 움직여야 할 원리는 없다고 봅니다. 있는 그대로 이해를 하면 되지 않을까 싶네요.

그런데 이 사주가 종격이 맞기는 맞던가요? 아무래도 시간의 계수가 영 걸려서……. 좀더 참고해보시기 바랍니다.

331 남자의 인연이 많은 경우는?

공부가 시원치 않아 어리석은 질문이 되지나 않을지 염려가 되는군요. 관살이 혼잡된 사주에서 어떤 경우에 남자의 인연을 여럿이라고 보는지 알고 싶습니다. 관살이 혼잡되었다고 모든 경우가 다 그런 것은 아닐 거라고 여겨지거든요.

 결론은 없습니다

당연히 궁금한 질문이지요. 특히 좋아하는 여자친구의 사주에 관살혼잡이라도 되어 있다면 이러한 궁금증이 더욱 발생하지요. 생각해봅시다.

그런데 역시 결론은 없지 않은가 싶네요. 일단 사주가 탁하고 흐름이 불량하면 아무래도 남자의 인연이 겹칠 가능성이 있다고 볼 수 있겠습니다.

그런데 중요한 것은 그렇다고 해서 반드시 그렇게 되는 것은 아니라는 점이 문제지요. 이러한 경우에는 특히 월지에 관살이 있으면 스스로 정숙하려고 노력한다고 보시기 바랍니다.

그러니까 월지에 상관이 있다면 자유로울 수도 있으므로 여러 번 남성의 인연이 바뀔 수도 있다고 보겠습니다. 도움이 되셨을까요?

332 약간은 종을 하지 않나요?

```
        時 日 月 年
        庚 丙 壬 丁        乾命
        寅 午 寅 巳

    乙 丙 丁 戊 己 庚 辛     四大運
    未 申 酉 戌 亥 子 丑
```

임수가 있지만 정임합이 되니 종격의 조건은 갖추었다고 생각합니다. 그런데 양간은 종을 잘 하지 않는다니…… 어떻게 생각하시는지요?

 그래도 시간의 재가 걸리네요

양간이 종을 하지 않을 이유는 없습니다. 종을 할 환경만 된다면 음간과 같이 양간도 종을 한다는 것이지요. 종을 하는 데에 음양이 다른 것은 아니고, 다만 음양의 차이가 좀 있지 않을 뿐입니다.

이 사주의 경우 인성과다로 인해서 재성이 용신이 되는 형상입니다. 희신은 土가 되어야 하겠고요. 즉 기인취재격이 아닌가 싶습니다. 살펴보시기 바랍니다.

333 종격에 관해

선생님께서 보내주시는 사주는 대부분 좋지 않고, 종격은 드물며 책에는 종격 같지 않은 명식이 종격으로 살았다는 말씀에 이런 생각이 들었습니다.

①사주를 의뢰하는 사람은 사주가 좋은 사람보다는 좋지 않은 사람이 많다.

②종격 사주인 사람은 전부는 아니더라도 보통 사람보다 사주가 좋다. 그러므로 사주보러 올 일이 없다.

①과 ②를 종합해보면 자연스럽게 통계 집단에서 종격이 빠지게 됩니다. 이렇게 될 가능성은 없는지요?

 그럴 수도 있겠네요

그런 생각을 하실 만하겠습니다. 실제로 임상을 해보면 그렇게 되는 것이 명확합니다. 요즘은 종격이 흔치 않다는 것은 낭월의 개인적인 경험이므로, 소위 잘 나가는 사람의 사주에서는 종격이 많이 존재할 수도 있다는 생각은 매우 합리적입니다. 제가 임상하지 않은 것에 대해서는 뭐라고 말씀을 드릴 수가 없네요. 현재까지는 어쨌든 종격은 잘 성립되지 않는다는 것입니다.

이유를 생각해보니 시대가 바뀌어서 삶의 방식도 달라졌기 때문이 아닐까 싶기도 합니다. 예전에는 대체로 여건에 따라 살다보니 강력한 세력에 그대로 따라갔기 때문에 종격이 많이 존재했는데, 요즘은 자기 주장이 강하니 여건도 그렇게 되어가고 그래서 극히 신약해도 그냥 버티고 인운을 기다리고 있는 것이 아닐까 하는 생각을 해보았습니다. 그냥 혼자 생각일 뿐이므로 그 원인을 정확히 판단했다고는 책임질 수 없습니다. 참고하시기 바랍니다.

334 실지의 예외에 관한 질문입니다

"갑진·을미·병술·정미·임진·계축일 등은 예외로서 득지 일진으로 특수하게 취급한다"는 구절에 대한 질문입니다. 물론 주변 상황을 고려하지 않았을 경우입니다. 이 구절은 『자평진전』에서도 본 듯하지만 확실하지는 않습니다.

모두 천간에 대해 지지가 삼합의 고지로서 왕이나 상에 해당하는 군요. 그렇지만 이 모두를 득지의 일진으로 보기는 어렵다는 것이 제 생각입니다. 삼합의 생지나 왕지가 일간의 왕이나 상에 해당된다면 당연하겠지만, 고지라는 이유만으로 득지했다는 것은 왠지 억지인 것처럼 보이기 때문입니다.

- 갑진 : 12/30의 통근이며 목왕절 말미의 기토에 뿌리를 내리고 있는 모습이 편안해 보입니다. 득지했다고 봅니다.
- 을미 : 3/30의 통근이며 화왕절 말미의 기토라서 득지했다고 보기 어렵지 않나 봅니다. 미토가 木의 고지여서 득지했다는 것은 납득하기 어렵군요.
- 병술 : 3/30의 통근이군요. 이 경우는 본기가 무토라서 설기가 쉽지 않은 구조일 뿐 득지했다고 볼 수 없습니다.
- 정미 : 12/30의 통근이며 화왕절 말미의 기토로 역시 설기가 쉽지 않은 구조일 뿐이라는 생각입니다.
- 임진 : 3/30의 통근이며 목왕절 말미의 무토인데 신자진삼합의 고지라서 득지했다는 주장이 어색하기만 하군요.
- 계축 : 12/30의 통근이며 수왕절 말미의 土, 사유축삼합에서 金의 고지이군요. 축토가 계수를 손쉽게 극하지는 못한다 하더라도 기토의 극은 유효할 것이며 득지까지는 무리라고 봅니다.

도무지 이해가 되지 않아 질문을 올립니다. 가르침을 받고 싶습니다.

 일리 있는 의견이네요

일리는 있지만 미월이라는 개념을 넣으면 안 된다는 점을 주의해야 합니다. 주변상황을 고려하지 않은 상태에서 본다면 고근에 통근이 됩니다.

『적천수징의』에도 고근을 얻은 것이 천간에 비견을 얻은 것보다 강하다고 한 부분이 있는데, 『십간체성』에 보면 '을목수유 규양해우(乙木雖柔 刲羊解牛)'라고 해서 비록 음목이지만 축미에 통근을 한다고 했습니다. 제가 생각하기에도 타당성이 있어 보이네요. 더 궁리해보시기 바랍니다. 같은 이유에 해당하는 것은 미루어서 짐작하시기 바랍니다.

그리고 합충변화에 정리되어 있는 것을 참고하는 것이 좋겠다는 말씀을 드리고 싶네요. 정리된 것을 보면 9급으로 되어 있습니다. 갑진은 8급, 병술은 9급으로 정리되어 있습니다. 총 10급에서 8~9급이라고 한다면 그 정도는 상당히 약하다고 이해해야 하지 않을까요? 살펴보시기 바랍니다.

335 용신이 합거되면 생명이 위태롭다?

時	日	月	年
甲	甲	丁	甲
子	子	卯	辰

乾命

| 癸 壬 辛 庚 己 戊 | 六大運 |
| 酉 申 未 午 巳 辰 | |

묘월의 갑목이 인겁이 중중하여 월간의 정화를 용신으로, 土를 희신으로 삼았습니다.

용신이 월령을 얻고 일간 가까이 있으며 용신을 극하는 기운이 없으니 6급 정도로 보입니다. 단지 연지 진토는 희신이나 용신에서 멀고 묘월이라 木으로 화한 듯하니 식신생재가 원활하지 않은 것이 흠입니다.

이 명조를 보고 모 철학관에서 45세 즈음해서 사망한다고 했다는데 과연 가능성이 있는 말인지요? 46세 이후 임신대운은 임수가 용신을 합거하고 지지로 신자반합하여 수기가 강화되니 불미스런 운은 분명한데, 세운까지 水운을 만난다면 심각해지리라는 추측은 됩니다. 그러나 과연 이것이 죽음을 논할 상황인지는 가늠하기가 힘듭니다.

그리고 좋은 운이 끝나고 나쁜 운이 들어오기 직전이 위험한 시기라는 주장을 하는 사람도 있는데 그 진위도 궁금합니다.

 낭월의 능력 밖이군요

잘 판단하신 것으로 보입니다. 어렵다는 말은 가능하겠지만 죽는다는 것에는 뭐라고 드릴 말씀이 없습니다. 실제로 죽는 사람과 병석에 있는 사람의 차이는 느끼지 못하고 있습니다. 즉 죽는다는 말은 할 수가 없겠다는 생각이 드네요.

336 木과 土 중 어느 것이 희신인가요?

```
時 日 月 年
辛 甲 己 辛      乾命
未 寅 亥 亥
```

겨울나무라고 보고 火 용신으로 생각했습니다(寅 중 병화). 장되어 있어 옆의 해수로부터 보호되니 좋다고 봤습니다. 실제로 火운이 좋았다고 합니다.

그런데 희신은 火를 생하는 木으로 봐야 하나요, 아니면 水를 막는 土로 봐야 하나요?

火 입장에서는 木이 절대적이네요

그러니까 희신은 木이 되어야 하는 것으로 보겠습니다. 만약 火가 노출되었다면 土가 희신이 될 가능성이 많다고 보면 되지 않을까 싶습니다.

337 水·木의 상관생재인가요?

```
時 日 月 年
辛 辛 癸 丁      乾命
卯 亥 丑 丑
```

| 丁 | 戊 | 己 | 庚 | 辛 | 壬 | 四大運 |
| 未 | 申 | 酉 | 戌 | 亥 | 子 | |

생시가 다소 불분명하지만 신묘로 보고 질문드립니다. 축월이 신해 일주에 4대운이면 계수 당령이므로 금수상관으로 볼 수도 있을 것 같아 다소 신약해 보입니다. 그렇다면 한습하지만 월지의 축토(인성)를 용하고 원국의 한습한 기운을 덜어주는 火를 희신으로 하는 신약용인격으로 생각해봅니다. 그렇지만 살아오신 생을 유추해 보면 水·木의 상관생재로도 볼 수 있을 것 같아 판단이 어렵습니다. 가르침 부탁드립니다.

참고로 이 사주의 주인공은 부유한 가정의 장남으로 태어나 일찍이 어머님을 여의고 서울의 유명대학 법학과를 졸업했습니다. 경대운 말에 아버지의 사업이 완전히 기울어 결혼 후부터 청계천 세운상가에서 전기제품의 유통판매업을 오랫동안 해오셨습니다. 무인년(1998년)과 기묘년(1999년) 모두 어려운 듯하며, 현재 하고 있는 사업을 그만두고 은퇴하려고 하는데 어떤 조언을 해드려야 할지 모르겠습니다.

 인성으로 볼 수는 없을까요?

신약용인으로 土를 쓰고 희신으로는 火를 보면 될 형상이 아닌가 싶습니다. 월지 계축은 土로 보기 어렵겠네요.

그리고 신약한 사주의 경우에는 세운의 영향이 민감하므로 무인년과 기묘년에 불리했다는 점을 고려한다면 인성이 필요할 수도 있겠다는 생각이 듭니다. 그렇게 되면 내년부터는 운이 호전되므로 좀더 견디라고 조언해드리고 싶습니다.

아직 나이가 있는데 물러나면 패배감만 안으실 것으로 생각되어서 한 번 더 기회를 보는 것이 생기운을 만드는 게 되지 않을까 싶습니다. 참고하시기 바랍니다.

338 월지 계축이 土가 아닌 이유는?

Q337의 추가질문입니다

時	日	月	年	
辛	辛	癸	丁	乾命
卯	亥	丑	丑	
丁	戊	己	庚	辛	壬	四大運
未	申	酉	戌	亥	子	

월지 계축은 土로 보기 어렵다고 하셨는데 잘 이해가 안 됩니다. 왜 土로 볼 수 없는 거죠?

 土로서의 기능을 상실한 것으로 보여서요

土의 역할이 水를 제하는 것이라고 한다면 이 축토는 전혀 水를 제어할 것으로 보이지가 않네요. 오히려 水와 한 덩어리가 되어 있는 형상이 아닌가 싶습니다. 기본적으로 土인 것은 확실하지만 기능적인 면에서 水를 닮아 있는 것으로 보여서 드린 말씀입니다. 이해가 되시는지요?

339 한신의 작용

	時	日	月	年		
	壬	戊	丙	庚		坤命
	戌	子	戌	辰		
庚	辛	壬	癸	甲	乙	一大運
辰	巳	午	未	申	酉	

을대운 4세에 고아가 되어 삼촌 밑에서 성장하여, 갑대운 13세에 공장에서 일했습니다(학교는 다니지 못했습니다). 오대운 37세에 신내리는 굿을 하고 무당이 되었고, 부부생활에 불화가 이어지던 중 39세에 남편과 사별했습니다.

신대운 45세 이후 만성위장병으로 피골이 상접해 있으며, 현재 60세인데 지병으로 늘 고통을 받고 있습니다. 양팔통이라 그런지 남자가 기를 못 펼 정도로 성격이 강하고, 교육은 받지 못했으나 머리는 아주 좋고 처세에 능한 분입니다.

신강한 사주라 극설을 보니 木은 진술충으로 완전히 소멸된 상태이고 연간의 경금이 득지하고 월령을 얻어 용신이라 보겠습니다. 재가 멀어 식신·생재가 원활하지는 않으며 용신이 월간 병화의 극을 받고 일간에서 멀지만 용신이 힘이 있으니 최소한 8급쯤으로 보면 어떨까 합니다.

그런데 경금이 용신임에도 초년운 서방금국에서 고아로 어렵게 생활한 이유는 무엇일까요? 51세 경진대운도 지병으로 고생이니 좋다고 말하기는 어렵습니다. 또한 木운은 한신이지만 지지에서 들어

오면 약신의 역활을 하리라고 생각되는데 어떤지요? 61세 기묘대운
이 과연 이 명조에서 지병을 완화시켜주는 역활을 할 수 있을지 조
언을 부탁드립니다.

 영적인 장애라면 잘 맞지 않을 수도 있어요

초운에 을목이 부담이라고는 해도 유금과 신금이 지지로 들어온
다면, 운으로 봐서는 고아로 지내며 학교도 못 다닐 정도로 고통 받
을 것 같지는 않아 보이네요.

그런데 임상을 하면서 어려서의 운은 부모의 영향을 고려하는 것
이 좋겠다는 느낌이 듭니다. 부모의 사주가 본인의 사주보다 더 강
하게 작용할 것은 당연하므로 그에 눌려서 자신의 운은 도움이 되
지 않았다고 봐야 하지 않을까 싶습니다. 상당히 나쁜 운이라고 해
도 부모의 운이 좋다면 무난하게(다소 아픈 정도로) 넘어갈 수도 있
겠지요.

그리고 중요한 것은 영적인 영향을 받고 있는 명식의 경우에는
대운과 세운을 대입했을 경우 적중되지 않을 수도 있다는 점입니
다. 개인적인 운의 작용도 강하겠지만, 어떤 상념을 갖고 있는 영혼
들이 간섭하고 있다면 개인의 운이 작용하지 못할 수도 있겠기 때
문입니다. 거의 무시할 수 없는 것으로 봅니다.

질병에 대한 운으로 본다면 기묘운은 크게 기대할 정도는 아닙니
다. 경진대운을 통해서 완치되지 못한 병이라면 기묘운으로는 어렵
지 않을까 싶네요. 게다가 영적인 장애로 생긴 병(신병)이라면 더욱
어렵다고 봅니다. 오히려 영적인 방법을 통해서 치유해보는 방향이
어떨까 싶습니다.

참고하시기 바랍니다. 아마도 가까운 분인 것 같은데 좋은 일이
생기기를 기원드리겠습니다.

340 木·水로 볼 수는 없을까요?

```
    時 日 月 年
    己 甲 丁 戊        乾命
    巳 寅 巳 戌

甲 癸 壬 辛 庚 己 戊
子 亥 戌 酉 申 未 午
```

"갑인 일원이 사월에 생하니 병화가 사령한다. 비록 일지 녹에 앉았으나 그 정신이 매우 설되었다(木·火 상관). 火가 왕하니 木은 타오르고, 기쁜 것은 土로 감이라. 이것을 일러서 '쇠극종약(衰極從弱)'의 이치라. 초 대운 무오·기미에 그 火의 성질에 순응하니 부모님이 남기신 유산이 매우 풍성하더라. 또한 하나의 보잘것없는 벼슬을 얻었으나 경신운에 이르러 火의 성질을 역으로 자극하고(土의 기운을 설하니), 계해년에 왕한 화세를 충격하니 그래서 망하더라"라고 교재에 설명하고 있습니다.

이 설명으로는 火·土로 보시는 것 같은데, 木·水로 볼 수는 없는지요?

 그럴 수 있겠네요

어느 교재인지 모르겠으나 내용으로 봐서는 철초님께서 상담하신 것을 인용한 내용이 아닌가 싶습니다. 낭월의 개인적인 생각으로는 木으로 의지를 하고 水가 오기를 기다리고 싶습니다. 질문하신 분의 의견과 같습니다.

그래도 인용을 한 것은 그대로 자료로서의 가능성이지요. 이러한 부분은 나중에 『적천수』 강의가 진행되면서 사견을 언급하도록 할 생각입니다. 참고되시기 바랍니다.

341 사주 구조에 대한 질문

```
        時 日 月 年
        癸 丁 癸 丁         乾命
        卯 亥 卯 未

    丙 丁 戊 己 庚 辛 壬
    申 酉 戌 亥 子 丑 寅     六大運
```

지지가 온통 나무로 꽉차 있습니다. 편관이 양쪽으로 버티고 있어서 종할 것 같지는 않고 결국 계수가 해수에 뿌리하여 용신으로 쓰이고 金을 기다릴 것 같습니다.

그런데 용신이 水가 맞다면 지지로 드는 水의 경우 木을 생하니 좋지 않을 것 같습니다. 그렇게 본다면 한창 일할 나이에 운이 좋지 않습니다. 옳게 보았는지요?

현재 33세로 자수대운인 이 사람은 유복한 집안 출신으로 명문대를 졸업한 후 대기업에 근무 중이며 학창 시절에는 줄곧 반장, 학생회장 등을 했다고 합니다. 대학에 다닐 때 여자 관계가 복잡했다는데 재성대운이라 그러지 않았나 싶군요.

지나친 걱정입니다

水가 용신이고 金이 희신인 것으로 생각되는데, 지지의 水운이 木을 생해주는 점에 대해서 염려를 하셨군요. 그래도 水운은 좋습니다. 사회적으로 자신의 위치를 확인받지 않을까 싶네요. 수생목이 되기도 하겠지만, 그래도 남음이 있을 것으로 봐서 나쁘지 않을 것 같습니다.

행운의 사나이로군요. 염려하지 않아도 되지 않을까 싶습니다. 참고하시지요.

342 묘신암합의 의미가 궁금합니다

時	日	月	年	
戊	戊	甲	乙	坤命
午	申	申	卯	

庚	己	戊	丁	丙	乙	二大運
寅	丑	子	亥	戌	酉	

무토 일주가 극설이 심하여 신약합니다. 시지 오화를 용신으로 보고 비겁을 희신으로 보았습니다.

그런데 혹시 식신제살격으로 볼 수도 있지 않을까 싶은 생각이 듭니다. 일간도 심약하지는 않고, 식신과 살이 대립된 배치로 보이기 때문입니다. 살이 식신에 크게 밀릴 것 같지도 않고요. 만약 식신제살격이라면 귀격으로 봐야겠지요. 어쨌든 일간과 식신과 칠살이 서로 대치하면서 기울어지지 않은 형상으로 보이는데, 제대로 본 건지요?

그리고 묘신암합의 의미가 궁금합니다. 어떤 사람은 묘신암합이 있으면 불륜관계에 처하게 된다고 하는데, 저는 식신이 관살과 합을 하여 식신제살격이라면 제살하는 맛이 소실되므로 격이 떨어지고, 신약용인격이면 육친해석상 남편을 깔보는 마음이 줄어드는 정도로 해석하고 싶습니다. 진위가 궁금합니다.

 단결력 정도로 볼까요

구조상 처음 생각대로 신약용인격으로 보는 것이 좋겠습니다. 인성을 두고 식신제살을 하는 것은 이치에 합당하지 않기 때문입니다. 만약 무술시라고 가정한다면 가능할지도 모르겠지만, 지지의 식신이 천간의 살을 제하는 것도 이치에 어긋난 것으로 생각되는군요.

묘신암합으로 불륜관계가 된다는 말은 논리적으로 타당성이 없다고 생각합니다. 일지에 연결된 것도 아니고, 식신과 정관의 합으로 인해서 불륜이라기보다는 차라리 자식과 남편이 서로 사이가 좋다고 해석하는 것이 더 논리적이지 않을까 싶습니다. 염려하지 않아도 될 것으로 보이네요. 질문하신 분의 판단이 옳다고 봅니다.

343 반려자가 없는 사주인가요?

時	日	月	年
乙	庚	甲	庚
酉	寅	申	子

乾命

```
己 戊 丁 丙 乙        三大運
丑 子 亥 戌 酉
```

어떤 전문가께서 이 명조를 보고 "아무리 많은 여성을 만나도 결국은 혼자 남게 되는 운세이다. 오복 중 부인복은 포기해야 한다"고 하셨습니다.

신강한데 金·木이 쌍전하니 용신은 水로, 희신은 木으로 봤습니다. 틀렸는지요? 그런데 어떻게 해서 반려자가 없는지 모르겠습니다.

 글쎄요, 결혼할 수 있을 것 같은데요

그분의 의견을 미루어 짐작해보면, 월간의 갑목은 연간의 경금이 쳐버리고, 일지의 인목은 월지의 신금이 쳐버리며, 시간의 을목은 유금이 차지해서 그렇게 본 것 같습니다.

그래도 시간의 을목은 일간 경금이 차지할 수 있지 않을까 싶기도 하네요. 水 용신에 木 희신으로 본 것은 옳다고 생각됩니다.

344 제 생각이 어떤지요?

```
時 日 月 年
癸 丁 癸 丁        乾命
卯 亥 卯 未
```

Q341의 추가질문입니다. 지극히 평탄한 사람이 왜 문의를 했을까 의아하여 성격을 보니 편관이 두 개에 정관이 일간과 암합을 하고 있습니다.

많으면 왜곡된 형태로 나타난다고 하셨듯이 자신의 (관에 의한) 억제가 심하게 나타나는 모양입니다. 재미있는 것 같아서 본인의 말을 인용해 봅니다.

"평범하면서도 평안할 것 같은 삶 속에서 자꾸 자신에 대한 회의가 드는군요. 직장생활이 재미없고, 다른 삶과 부딪히며 사는 삶도 싫고, 빵집이나 서점 같은 걸 운영하면서 욕심부리지 않고 나만의 세계 속에서 살고 싶은 생각이 많습니다. 현실생활은 그렇지 못하니까 의기소침해질 때도 많아요. 저는 대그룹의 기획실에 있는데 업무는 아주 단순하죠. 내가 갈 길이 아닌 것 같기도 하고, 어떤 형태로든 계속 직장생활을 하는 게 싫은데, 그렇다고 직장생활에 적응하지 못하는 것은 아니랍니다. 사람들과도 잘 어울리고 특히 업무 면에서는 꼼꼼한 성격 탓에 인정도 받고 있는 편이죠."

질문이라기보다는 의견처럼 되었는데 어떻게 생각하시는지요? 또 하나 이상한 것은 이 사람이 작년에 결혼했는데 재성운이 아닙니다. 이런 경우 어떻게 해석을 하는지 궁금합니다.

 나름대로 일리가 있습니다

앞부분에 대해서는 질문하신 분의 해석이 나름대로 일리가 있다고 생각됩니다.

작년에 결혼을 했다면 재성의 운은 아니지만 자수대운이 작용하고 있는 것으로 봐서 자식의 운이 틀림없네요. 진작에 남자가 여자를 만나는 운은 재성운이거나 관살운이라는 말을 해두지 않았다면 드릴 말씀이 없을 뻔했습니다.

345 대운수의 시작은?

너무 빨리 오다 보니 기초가 부실한 것 같습니다. 12절기가 시작하는 날의 대운수는 남녀 모두 0부터 시작하는지요? 아니면 양남의 경우는 10부터, 음남의 경우는 0부터인지 궁금합니다.

 1운이거나 10운이 됩니다

절기가 들어온 날에 태어난 사람은 절입시가 어떻게 되는가를 확인해야 합니다. 가령 기묘년의 절입시가 오전 10시라고 가정한다면, 낮 12시에 태어난 사람은 절기가 지나서 태어난 게 됩니다. 그렇게 되면 남자는 음남이므로 과거절로 따져서 1운이 되고 여자라면 미래절로 따져서 10운이 됩니다. 참고하여 따져보기 바랍니다.

346 土 · 火로 가야 하지 않을까요?

```
        時 日 月 年
        庚 戊 甲 癸         乾命
        申 戌 寅 丑

   戊 己 庚 辛 壬 癸
   申 酉 戌 亥 子 丑
```

"무술일이 경신시를 만나니 식신이 힘이 있더라. 살은 왕한데 인성이 없으니 강제로 제어하더라. 8~9명의 아들을 나아 3~4명이 귀하게 되어 일품의 봉전을 받으니 土 · 金이 유정하기 때문이라.

그 위인됨이 탐욕과 악함 모두 있으니, 이는 살을 화하지 못한 연유라. 음탕하고 무례한 것은 火운이 아닌 水가 득지한 연고로다……"
하고 교재에 나와 있습니다.

제가 보기에는 土·火로 가야 할 것 같은데 金·土로 가야 하는 것처럼 설명하고 계셔서 잘 이해가 되지 않습니다. 어느 것이 옳은지요?

 土·火가 옳다고 봅니다

잘 판단하셨습니다. 책을 의지해서 익혀나가시되 책에 현혹되지 않으니 올바른 공부법인가 합니다. 잘하고 계신 것으로 여겨집니다. 계속 발전하시기 바랍니다.

347 억부보다 조후가 급해 보이는데……

時	日	月	年	
甲	己	辛	辛	坤命
戌	丑	丑	酉	
丁	丙	乙	甲	癸	壬	十大運
未	午	巳	辰	卯	寅	

신강하니 우선 신금이 눈에 띄는군요. 문제는 사주가 너무 한습하여 생기가 부족한데 戌 중의 정화를 희신으로 봐야 하는지, 용신으로 삼고 木을 희신으로 봐야 하는지 모르겠습니다. 제 생각에는 억부보다 조후가 급해 보입니다. 고견을 기다립니다.

조후나 억부나 火가 필요할 듯싶습니다

일지가 미토라면 모르겠으나 기축이라면 축월 특히 신축월의 기축 일주는 약해 보이네요. 土를 생조해주는 火도 없고 말이지요. 그래서 인성이 필요한 사주라고 생각됩니다.

남방운을 만나면 크게 발할 것으로 보입니다. 운이 상당히 좋아 보이네요.

348 남자가 여자를 만나는 운은?

남자가 여자를 만나는 운, 혹은 결혼운이란 어떤 해가 되는지요. 지금까지 제가 살펴본 바는 재성운이나 관살운, 즉 신강·신약을 봐서 용신이 식상이면 식상운 혹은 재성운, 용신이 관살이면 관살운 혹은 재성운인 것 같습니다. 용신과는 관계가 없는지, 일지와 합되는 해와는 무관한지 정리가 안 되고 있습니다. 정확하게 어떤 해라고 찍어서 말할 수 있을까요?

 재성운과 관살운이 기준입니다

일지의 합과는 무관한 것으로 보이며, 용신과도 직접적인 연결고리를 찾지 못하겠습니다.

그리고 〈낭월명리학당〉에서는 찍어서 말하는 것에는 별로 묘안이 없다고 보셔야 하겠습니다.

349 木 용신이 맞나요?

```
        時 日 月 年
        甲 丁 癸 甲        乾命
        辰 巳 酉 寅

      己 戊 丁 丙 乙 甲    九大運
      卯 寅 丑 子 亥 戌
```

신강인지 신약인지 구별이 힘듭니다.

인성이 많으니 강하다고 보아 유금을 용신으로 土는 희신으로 봐야 할지, 아니면 재관이 강하다고 보아서 木 인성을 용신으로 봐야 할지 자신이 없습니다.

 재관을 쓰면 되겠네요

'강하다, 약하다, 약하지 않다, 강하지 않다'의 네 가지 경우를 생각하면서 저울눈으로 보면 훨씬 편할 겁니다.

약하지 않으면 극설을 쓸 수 있을 것이고, 강하지 않다면 생조를 써야겠네요. 이 경우에는 약하지 않다고 보면 되겠습니다. 그대로 재관을 쓰고 싶네요.

Q 350 우의정 그릇은 아닌 것 같은데요?

	時	日	月	年	
	辛	庚	壬	丁	乾命
	巳	子	子	亥	
丙	丁	戊	己	庚	辛
午	未	申	酉	戌	亥

"경금이 추운 겨울에 나서 상관이 매우 왕하다. 지나치게 일간을 설기하니 용신은 火가 아닌 土에 있다. 주 중의 火는 원국을 따뜻하게 함에 불과하다. 사주에 土가 없으니 巳 중의 무토를 취한다. 水가 왕하고 火를 극하니 火가 능히 土로 변한다. 역시 '원기암리존(元機暗裏存)'이라. 무대운 병진년에 火·土가 서로 생하고 巳 중의 원기 역시 발해서 우의정이 되었다."

교재에 나와 있는 내용입니다. 金·水 상관이니 火를 쓸 것 같으나 일간이 너무 약하고 극설이 교차하니 土 인성을 쓰고 金을 희한다고 하겠지만, 이렇게 무력한 용신이면 대략 9급의 사주라고 보여지는데 운이 좋다 하더라도 과연 우의정까지 될 수 있는 그릇인지 납득이 되지 않습니다. 가르침 부탁드립니다.

혹시 시간이 사시 중 土가 사령하는 여기경에 난 것이 火인 본기에 난 것보다 더 영향을 줄 수 있을까요?

 인생등급과 사회적 지위가 같을까요?

교재의 설명에는 하자가 없습니다. 영의정이라고 해서 다 행복하다고 생각할 필요는 없겠지요?

중요한 것은 사회적으로 인정받는 지위가 아니라 스스로 느끼는 행복이며 여기에서 등급이 정해진다고 생각합니다. 즉 대통령의 사주가 1급이 아니고 장관의 사주가 2급이 아닌 것을 보면서 그렇게 느끼고 있습니다. 그러니까 영의정도 될 수 있다고 보는 것이지요. 부의가 황제라고 합니다만, 과연 황제의 즐거움이 있었을지 의문스럽거든요.

영의정이라도 1년짜리도 있을 것이고, 운이 좋으면 비록 하격이라도 자신의 소임을 할 수 있지 않을까 싶습니다. 모 그룹의 회장은 등급이 8급 이하이더군요. 그는 항상 거지처럼(?) 돈을 찾으러 다니고 있는 모습일지도 모릅니다. 생각할 나름이지요.

351 몇 급 정도 될까요?

```
時 日 月 年
甲 丁 癸 甲        乾命
辰 巳 酉 寅

戊 丁 丙 乙 甲    九大運
寅 丑 子 亥 戌
```

Q349의 명조에 대해 좀더 여쭙고 싶습니다. 선생님께서 재관을 용신으로 보셨는데 몇 급쯤 될런지요. 월주에 희·용신이 다 있거든요.

이 사람은 기묘년 해대운 중이며, 대학을 졸업하지 못했고, 정축년 12월쯤 교통사고로 목(경추)을 다쳐 무인년에는 거의 6개월을 병원에서 지냈습니다.

 약 4급 정도 되지 않을까 싶네요

상황이 여의치 못한 것을 보니 신약일지도 모르겠군요. 북방운에서 공부를 중단할 정도라면 어울리지 않는다는 생각이 듭니다. 본인이 공부하기를 싫어했다면 또 몰라도 말이지요. 다시 확인해보는 게 좋겠습니다. 신약이 될 수도 있습니다. 가을의 금왕절이기 때문에 木의 세력이 생각보다 강하지 못할 수도 있겠다는 생각이 들어서 드리는 말씀입니다. 참고하시기 바랍니다.

352 용신, 천간과 지지의 차이는?

용신이 천간에 투출하여 좋다는 것은, 지지에 있을 때와 비교해 볼 때 어떤 의미의 차이가 있는지요?
그리고 재성이 천간에 있을 때와 지지에 있을 때 어떤 의미의 차이가 있는지요?

 지지에 비해서 천간이 빠르다고 봅니다

천간의 작용은 기운의 전달이 빠르다는 정도의 의미가 있습니다. 그러나 그것은 다만 이론에 불과하고요, 결과적으로는 어디에 있든 상관이 없습니다. 중요한 것은 운이 들어왔을 때 작용하기 편리하다면 지지든 천간이든 상관이 없다고 봅니다. 재성도 역시 마찬가지입니다.

353 가용신을 택하는 편이 낫지 않을까요?

```
時 日 月 年
辛 乙 辛 己
巳 未 未 未
```

재다신약에 신약용겁으로 未 중 乙木을 용하고 운에서 水를 기다려야 할 것으로 판단했습니다. 그런데 어떤 분이 원국에 없어도 水를 용해야 한다고 하시더군요. 어떻게 봐야 하는지요? 원국에 용신이 없을 경우 운에서 기다릴 수는 없는지요?

木 용신에 水 희신과 水 용신에 木 희신은 비슷해 보이지만 분명 차이가 있다고 봅니다. 진용신은 水로 생각하지만 원국에 없으므로 가용신으로 木을 용해야 한다고 생각합니다. 원국에 진용신이 없어 가용신을 택했지만, 그래도 원국에 용신이 없는 것을 운에서 기다리는 것보다는 등급상 높은 것이 아닌가 생각됩니다. 가르침을 받고자 합니다.

 말이야 옳다고 봐야겠네요

水운이 왔을 때 발한다는 점이 같으므로 그 논리가 옳다거나 틀렸다고 판단할 수는 없겠습니다. 다만 원국에 용신이 있느냐 없느냐, 있으면 절대적인 용신인가 임시로 정한 용신인가를 구분하는 것이 필요하다면, 있는 대로 용신을 삼아놓고 그 기준으로 등급을 정하면 되지 않을까 싶습니다. 질문하신 분의 의견이 타당할 것으로 보입니다.

그러나 이로 인한 차이점이 사회적으로 운을 받아 쓰이는 정도로는 구분하기 어려우므로 단지 논리적으로는 성립될 수도 있다는 것을 고려하는 것이 좋겠습니다. 부질없이 다투지 말라는 말씀이지요.

❓ 354 사주가 온통 물바다입니다

```
      時 日 月 年
      癸 癸 辛 丙         坤命
      亥 亥 丑 辰

   甲 乙 丙 丁 戊 己 庚    ─大運
   午 未 申 酉 戌 亥 子
```

현재 24세로 무토대운인 사람의 사주입니다. 온통 물바다에 재성은 합이 되어 있는데 당령까지 계수입니다. 쓰고 싶지는 않지만 연지의 진토를 쓰고 합되어 있는 병화를 희신으로 한다고 생각했습니다. 현재 무토대운은 기신을 합해서 좋아 보입니다.

그런데 이 사주에서 木의 운이 어떤지 알 수가 없습니다. 천간의 木은 水를 유통하고 병화를 도울 것 같아 나쁘지 않고, 지지로 드는 木은 묘목이 해수를 묶으니 좋을 것 같은데 갑목은 진토를 극합니다. 그리고 火는 희신이긴 하지만 비겁에 눌려서 제 역할을 해낼지 의심스럽습니다. 가르침 부탁드립니다.

 그래도 火가 좋지 않을까요?

아무래도 연간의 병화를 용신으로 하고 木운을 기다리는 것이 좋

을 것으로 생각되는군요. 그래야 사주의 냉기를 몰아내고 편안하게
평정이 될 것으로 생각됩니다. 진토를 쓰나 병화를 쓰나 마찬가지
이지만, 木의 용도에 생각이 머물면 확연하게 차이가 나지요.

 火를 용신으로 하고 木은 희신, 金은 합이 되어 기신으로 보면 좋
겠습니다. 역시 용신이 기반이니 정화가 와서 깨주는 것을 가장 반
긴다고 봅시다.

355 일간의 합이 안 되는 이유는?

時	日	月	年
壬	丁	甲	庚
寅	卯	申	戌

坤命 二大運

 갑신월의 정묘 일주입니다. 월령은 얻지 못했으나 일지는 얻은
것으로 보입니다. 월간의 甲은 연간의 庚과 충을 해서 힘이 미약하
겠고, 시주의 역할이 이 사주의 강약을 구분하는 데 중요하다고 생
각합니다.

 그런데 일간의 합이 왜 성립되지 않는지 잘 모르겠습니다. 시간
의 임수가 월지의 신금에 뿌리를 두고 있기 때문인가요? 그렇다면
이 임수는 수생목하여 木을 생해주니, 결과적으로는 인성이 강한
사주로 보고 월지의 신금을 용해야 하는 게 아닐까요? 만약 시지의
임수가 뿌리가 없어 일간과 합이 된다면 木의 힘은 어느 정도로 판
단해야 하나요?

임수 일간과 정화 일간의 각기 다른 입장

　임수 일간에서 木 기운이 강하다면 火·木이 될 가능성도 있겠지만, 이 경우에는 정화 일간이어서 그렇게 되기는 어렵다고 봐야겠네요. 즉 시간의 임수가 木으로 화하기는 어렵다는 말씀입니다.

　정화의 입장에서 볼 때 월령을 얻지 못한 상태에서 木을 써야 한다면 용신은 보지 않고 한신을 쳐다보고 있다는 말을 해야 할 형상이 아닌가 싶습니다. 수생목·목생화의 의미는 있지만, 합을 한다는 조건이 더 부담스럽다는 생각이 됩니다. 그냥 일지의 木을 의지하고 용신 木의 힘은 약하지 않다고 봐도 되겠네요.

356 인신충의 선악판단은?

時	日	月	年	
庚	丁	甲	戊	乾命
子	巳	寅	申	

庚	己	戊	丁	丙	乙	六大運
申	未	午	巳	辰	卯

　월령과 일지를 득하여 신강한 사주입니다. 무토는 무력하고 설기가 원활하지 못하니 자수를 용신으로, 경금을 희신으로 봤습니다.

　그런데 이 사주의 경우 인신충은 기신인 갑목의 뿌리를 충하니 좋을 것 같으나, 희신인 경금의 뿌리도 손상받아 선악을 구별하기가 쉽지 않군요. 신금이 충을 받는 게 아니라 충을 한다는 면까지 고려해서 판단해볼 때, 인신충이 있어 사주가 좋아졌다고 보고 싶은데 어떤지요?

 직접적으로 나쁜 작용은 없을 듯싶네요

木을 제어한 공덕만 있고 경금 뿌리가 손상된 허물은 없다고 봐도 되겠습니다. 잘 생각하셨네요. 실제로 경금에게 그다지 큰 도움이 되지 않는 신금이라고 본다면 별로 부담이 될 것은 없어 보입니다. 너무 멀어서 말이지요. 오히려 왕한 木을 잡아주므로 도움이 된다고 생각해야겠습니다. 경금의 뿌리가 아닌 도움을 주는 작용으로 이해하면 좋겠습니다.

357 용신기반에 어떻게 정화가 와서 깰 수 있을까요?

Q354에서 "역시 용신이 기반이니 정화가 와서 깨주는 것을 가장 반긴다고 봅시다"라고 말씀하셨는데, 병화 용신이 합이 되어 있는 것과 정화가 와서 정계충이 되는 것은 무슨 연관이 있는지요? 정화를 가장 반기는 이유를 잘 모르겠습니다. 굉장히 중요한 것 같거든요. 부탁드립니다.

 소를 때려야지 쟁기를 때리다니요

잘못 이해하셨네요. 제가 설명을 잘못 드렸나 봅니다. 병신합이면 신금을 때릴 연구를 해야지요. 계수는 전혀 필요가 없는데 무슨 얘긴가 했습니다.

신금을 치는 데에는 정화만 한 게 없습니다. 한 대만 때리면 병화는 자신의 일을 할 겁니다. 그런데 정화가 와서 신금을 치다가 계수에게 되려 얻어터지지는 않을까, 그 점이 염려스럽군요.

358 희신은 火인가요?

```
時 日 月 年
壬 丁 甲 庚      坤命 二大運
寅 卯 申 戌
```

Q355의 추가질문입니다. 신월의 정묘 일주가 실령하고, 묘목은 암합으로 정화를 생할 마음이 적으며, 연간 갑목은 경금에게 얻어터지고 있어 득지·득세했음에도 허장성세를 이룬 것으로 판단됩니다. 강하지 않은 사주이므로 인성인 木을 용하고 희신은 火로 판단됩니다.

1) "정화의 입장에서 볼 때 월령을 얻지 못한 상태에서 木을 써야 한다면 용신은 보지 않고 한신을 쳐다보고 있다는 말을 해야 할 형상이 아닌가 싶습니다"라고 답변하신 점을 보면 정임합에서 임수를 한신으로 본다는 뜻으로 이해되지만, 혹시 묘신암합에서 용신의 마음이 일간이 아닌 신금(한신으로 판단합니다만)에 가 있다고 말씀하신 것을 제가 잘못 이해한 것이 아닌가 생각됩니다.

2) 사주에 용신이 많다는 것을 어떻게 이해해야 하는지요? 용신이 木이고 여러 곳에 산재해서 공격받기 쉬우므로 인생에서 굴곡이 많아질 수 있다고 이해해도 될런지요? 한 가지씩 질문을 드려야 하는데 연관된 질문이어서 같이 올렸습니다.

 火가 희신 맞습니다

1) 장고 끝에는 악수를 두게 되는 게 일반적인 현상인가 봅니다.

처음 생각이 정답입니다. 너무 복잡하게 생각하면 사주공부하다가 돌아버렸다는 혐의를 받을지도 모르겠어요.

2) 용신이 많으면 하나가 깨어져도 또 하나가 있어 언제라도 쓸 수 있으니 나쁠 이유가 없지만, 그 세력(많다는 것)을 믿고 함부로 할 암시는 있겠습니다. 하나만 있어야 집중감이 있지요. 이것저것 하다가 기회를 놓친다면 운을 떠나 추진력이 약해서 그렇다고 볼 수도 있지 않을까 싶습니다.

359 외도 가능성은?

```
        時 日 月 年
        乙 癸 癸 戊         坤命
        卯 巳 亥 申

        丁 戊 己 庚 辛 壬    四大運
        巳 午 未 申 酉 戌
```

해월의 계사 일주입니다. 월령을 득하고 겁인이 있지만 실지·실세하여 조금은 신약해 보입니다. 무토가 힘은 없지만 비견을 묶고 사해충으로 인해 신약해지므로 金을 용신으로 삼고 水를 희신으로 보았습니다.

전에 스님께서 인겁이 세 개만 있어도 득세로 본다고 말씀하신 기억이 나는데, 이 사주 역시 득세한 것인가요?

그리고 무계합이 외도하는 남편의 상징이라고 여겨지는데, 관이 기신이라 그런지 부부 싸움이 정도가 지나쳐 보입니다. 이 명조의 주인공은 화통한 성격인데 남편은 그것이 늘 불만이어서 인내심의 한계를 느끼는 듯한 상황이 연출되곤 하더군요. 여필종부하는 여인상을 이 명조의 주인공에게 요구하는 것은 무리라는 생각이 드는데, 어떤지요?

다행스럽게도 34세까지는 金운인지라 그럭저럭 유복한 생활을 하고 있는데 기미대운부터가 문제입니다. 과연 남편의 외도 가능성이 절대적인지, 이혼의 가능성이 농후한지 조언을 부탁합니다. 참고로 남편의 명조는 정미년 을사월 을미일 병자시 8대운 임인대운입니다. 남편은 좋은 대운으로 가고 부인은 나쁜 대운으로 가는 게 더욱 마음에 걸리는군요.

 질문다운 질문입니다

진지하게 접근하는 모습이 참 보기 좋습니다. 세력은 얻은 것으로 보는 게 좋겠습니다.

그러나 구조에 따라서 세력과 월지를 얻었더라도 약해지는 현상이 발생한다는 것을 자주 확인하고 있습니다. 이 사주의 세력은 월간의 계수가 무토와 합을 함으로써 집중되지 않아 별로 견고하지 않다고 봐야 할 것 같습니다.

그리고 남편의 외도는 자신의 팔자이므로 누구를 탓할 것이 못 된다고 하겠습니다. 말하자면 전생에 지은 업보라고 봐야 한다는 것이지요. 이혼을 한다고 해서 없어지는 게 아니므로 혼자서 살기를 작정한다면 이혼도 좋겠지만, 인연이라는 게 또 묘해서 혼자 살려고 해도 남자가 나타나 바람을 피우더라는 극히 숙명적인 상황이 떠오르네요.

그래서 그냥저냥 포기하고 살아가는 것을 깨닫는 것이 자유로워지는 해탈법이 아닌가 싶습니다. 운이 나빠지기 때문에 더욱 그렇군요. 남자가 을목이고 수생목하는 구조여서 헤어지기도 쉽지 않을 거라는 생각이 듭니다. 더 두고 관찰해보시기 바랍니다.

360 종재가 가능할까요?

	時	日	月	年	
	丙	癸	丙	甲	乾命
	辰	巳	寅	辰	

57	47	37	27	17	7
壬	辛	庚	己	戊	丁
申	未	午	巳	辰	卯

무토 당령 인월의 계사 일주가 의지할 곳이라고는 辰 중 계수밖에 없군요. 의지할 곳이 너무 무력해서 종을 할 수도 있는 상황이라고 보는데, 과연 종했겠는가 하는 점이 의문입니다.

이 사주가 종을 한다고 했을 때 가장 걸리는 것이 상관과 정관의 대립이라고 생각합니다. 재를 따라 관과 합을 하려고 하는데 상관이 방해를 하고 있는 모습이 아닌가요? 무토대운에 대학 진학과 토대운에 계속되는 승승장구를 기준으로 종으로 해석하는 모양인데, 약한 사주는 대운보다는 세운의 영향을 더 많이 받는다고 볼 때 경신(고 1)·신유년(고 2)의 인성운에서 공부를 열심히 하여 임술년(고 3)에 결과가 나타난 것이 아닌가 생각합니다. 진용신을 金으로 가용신을 水로 볼 수는 없을까요?

가능하겠습니다

이 정도의 구조라면 종재라고 보는 데 무리가 없겠습니다. 식상과 관살의 대립도 크게 두드러지지 않는다고 하겠네요. 서로 생조가 된다는 이야기지요. 연지의 진토는 이미 갑목에게 제어를 당하고 있으므로 문제가 없다고 봅니다. 종재가 가능합니다.

361 다른 의견인데요

時	日	月	年
乙	癸	癸	戊
卯	巳	亥	申

坤命

Q359에 대한 추가질문입니다. 이 사주를 신약으로 봐서 金·水를 희·용신으로 하셨는데, 제 생각은 좀 달라서 의견을 묻습니다.

해월에 신금이 생하며 계수가 투출하니 수기가 강하다고 판단됩니다. 무토가 월간의 계수를 합하긴 하나 힘은 무토보다는 계수 쪽에 쏠린 것 같습니다. 그래서 신강으로 판단되는데, 시에 을묘가 있어 설함이 좋으나 습목이라 설기가 잘되지 못함이 안타깝고, 천지가 습하니 조후를 먼저 봐서 용신은 일지의 사화가 되어야 된다고 생각합니다.

그리고 부부간의 마찰이 심한 것은 부궁의 해수가 일지의 용신인 사화를 극하니 어떻게 신강한 여성으로 가만히 참고만 있을 수 있을까 생각됩니다.

또 "남자가 을목이고 수생목하는 구조여서 헤어지기도 쉽지 않을 거라는 생각이 듭니다"라고 하셨는데, 어떻게 남자가 을목이 되는지요?

 이유 있는 항의시네요

이 사주가 火 용신인지 신약인지에 대해서는 달리 생각할 수도 있겠습니다. 구체적인 것은 주변에서 관찰하신 분께서 가장 근접하게 확인할 수 있다고 봅니다.

강하지 않은 것으로 생각해본 것은 처음 질문한 관찰에 그다지 하자가 없어 보여서 드린 말씀인데, 보기에 따라 이견이 있을 수도 있겠습니다. 이 상황에서는 질문하신 분의 판단이 틀렸다고 하기 어렵겠습니다. 그렇게 볼 수도 있다는 말씀이지요.

남자가 을목이라고 한 것은 아랫부분을 보면 을미일이라고 설명이 되어 있어서 생각해본 것입니다.

362 남자를 밝히는 사주도 있나요?

제게 질문이 들어온 사주입니다. 자기 소개를 잘 안 하는 사람은 신경 쓰지 않는데 호기심을 자극하는 말이 있어서요. 자기가 남자를 알 만큼 안다나요? 이게 무슨 말인지 자세히는 모르겠지만 흥미가 가는 말입니다. 관이 많아서 그런가 보다고 생각했는데, 특별히 뭔가 암시되는 게 있는지도 모르겠습니다. 현재 25세로 묘목대운인 사주입니다.

```
┌─────────────────────┐
│    時 日 月 年      │
│    乙 己 己 乙      │   坤命
│    亥 未 丑 卯      │
│                     │
│  丙 乙 甲 癸 壬 辛 庚  │  九大運
│  辛 未 午 巳 辰 卯 寅  │
└─────────────────────┘
```

土가 뭉쳐 있어서 왕성하니 극을 하고 싶기도 하고, 조후로 볼 때 장되어 있는 정화를 쓰고 싶기도 한데, 제 마음은 조후 겸 통관으로 火를 쓰고 싶다는 생각입니다. 나무들도 만만치는 않은 것 같고요. 그런데 해묘미목국이 형성되려다 말아서 통관은 아닌 것 같군요.

 명확하지 않은 자료는 중용하지 않는 게 좋습니다

본인이 분명하게 한 말을 임상에 응용해야지 추측과 확대해석을 하다 보면 엉뚱한 결과가 나올 수도 있다는 것을 항상 생각해야 합니다. 꼭 참고하시기 바랍니다.

이 사주는 火가 필요하네요. 통관의 의미가 포함됩니다. 물론 통관이 되지도 못하고 인성을 쓰기도 마땅치 않은 것은 축미충으로 인성이 손상당했기 때문이지요. 다만 관살의 구조를 봐서 인연이 많을 수는 있겠네요.

363 갑자에 대한 질문입니다

갑자를 상원·중원·하원으로 나누는 것으로 알고 있는데, 그렇게 나누는 기준이 무엇인지 궁금합니다. 또 180년(60갑자×3)에는 어떤 의미가 있는지요?

그리고 상·중·하원으로 구분되는 갑자가 사주를 추명하는 데 어떻게 적용될 수 있을까요?

 현재가 더 중요합니다

잘은 모르지만, 아마도 한 순위가 돌아가는 것을 180년으로 본 것에 불과하지 않을까 싶습니다. 그러니까 하원을 지나서 다시 상원이 되었을 때, 이 상원이 앞의 180년 전에 있었던 상원과 무슨 관련이 있느냐고 묻는다면 별로 없을 것이라는 생각이 듭니다.

기준은 특별한 것이 없고 예로부터 그렇게 따져왔기 때문이지요. 오늘이 신축일인 것을 설명하기 어려운 것과 같다고 하겠네요. 『자평명리』에서는 전혀 고려하지 않는 부분이기 때문에 별도로 대입할 기준은 없습니다. 그냥 현재의 기묘년만 중요할 뿐이지요.

364 부귀빈천을 판별하는 방법은?

일반적으로 말할 수 있는 직업에 관련된 인물의 크기(그릇?), 예를 들면 그룹 총수·고위 공직자·전문 직업인(의사·검사·변호사 등) 등 사회적으로 명리를 겸비한 사람들을 사주에서 판별하는 기준은 무엇인지 궁금합니다. "이 사주는 국가의 동량이 될 수 있는 큰 재목의 사주이다"라는 말을 들어보면 나름대로의 판단기준이 있을 것이라고 생각합니다.

실제로 알고 싶은 것은 소위 부귀빈천을 판별하는 방법인데, 너무 추상적이고 광범위하므로 그릇의 크기에 대해 질문하는 것이며, 그릇 크기의 판단기준을 직업에 맞춘 것입니다. 미련한 질문에 가르침을 받고자 합니다.

얼마나 어려운 질문인지 아세요?

그러한 것을 선명하게 가리는 방법이 있다면 얼마나 좋겠습니까? 일단 정답이 없다는 것을 전제로 해야 합니다.

1) 기준이 무엇인가요?

큰 그릇이라고 하는 기준은 누가 세워주는 겁니까? 사회가 부여합니까? 스스로 그렇게 느끼는 것입니까? 사회가 부여한다면 개인적인 느낌과는 다르게 선정되는 것이므로 명리가 감당하기에는 적절하지 않은 것으로 보입니다. 개인적으로 부여하는 것이라면 모두가 자신이 큰 그릇인 줄로 알겠지요. 그렇다면 결국 큰 그릇의 학문적인 기준은 없다고 하겠습니다.

2) 두드러진다면 큰 그릇일까요?

대통령·장관·운동선수 들은 모두 국가에서 무시할 수 없는 존재들입니다. 그렇다면 큰 그릇이라고 해야 할까요? 표면적인 관점에서 생각해볼 때 대통령은 그릇이 크다고 할 수 있을까요? 그렇지 않습니다. 그렇다면 대통령 급은 그릇이 크다고 하면 될까요? 그것도 역시 마땅치 않습니다. 즉 그릇이 크다는 것은 매우 추상적인 개념임을 인식하는 것이 좋겠다는 말씀을 드리고 싶습니다.

3) 그릇의 개념은 관찰에 있지 않을까?

봉사를 많이 하고 희생정신이 강하면 그릇이 크다고 말하고, 이기적으로 자신의 몫을 잘 챙기면 그릇이 작다고 말하지요? 가령 저녁을 함께 먹고 자원해서 계산하는 사람은 구두끈을 한참 동안 매고 있는 사람에 비해서 그릇이 커보일 수도 있습니다. 그렇다면 과연 그 사람이 (구두를 오래 신는 사람보다) 큰 그릇일까요? 이것 역시 증명하기가 곤란합니다.

다만 사주에서 관살의 작용을 많이 받는 사람은 자신보다 남을 먼저 생각한다고 판단한다면 식상에 비해서 큰 그릇이라고 할 근거가 되지 않을까 싶군요. 그렇다면 그 사람이 사회적으로 출세를 못하면 작은 그릇일까요? 그릇은 출세와 상관이 없을까요?

4) 그릇은 허상의 대입입니다.

이것이 낭월이 내린 결론입니다. 그릇은 실상이 아닙니다. 종지도 운이 좋으면 큰 그릇을 누르고 인기를 끌 수 있습니다. 그렇다면 그룹의 총수는 모두 그릇이 크다고 해야 하느냐는 질문은 이렇게 결론이 납니다. 그릇과는 상관이 없다는 것이지요. 언제 한번 세계 그룹의 총수들을 모아놓은 자료를 살펴보는 것도 생각을 정리하는 데 도움이 될 것입니다.

그릇은 타고난다기보다는 만들어지는 것이 아닌가 싶습니다. 나이팅게일이나 페스탈로치가 정치인보다 그릇이 작아 보이지는 않습니다. 즉 운과는 상관없이 남을 먼저 생각한다면 큰 그릇이라고 할 수 있지 않을까 싶습니다. 더 생각을 해봐야 하겠지요?

365 역시 土는 자신이 없습니다

時	日	月	年
丙	戊	乙	戊
辰	子	丑	申

坤命

己	庚	辛	壬	癸	甲
未	申	酉	戌	亥	子

二大運

무자 일주가 축월에 태어나 일지는 얻지 못했으나 월지와 세력을 얻었다고 생각하려니 좀 석연치 않은 부분이 있어 여쭙습니다.

월지 축토는 천간 을목을 이고 있으니 힘을 쓰기 어려울 것 같으며, 연간의 무토도 월간의 을목과 연지의 신금에 기운을 빼앗기고 있고, 시지의 진토는 일지 자수와 합을 하고 있어 별로 도움이 되지 않으므로 강하지 않은 것으로 보았습니다. 그래서 시간 병화를 용신으로, 지지가 신자진수국을 이루어 이를 통근할 木을 희신으로, 金·水를 기·구신으로, 土를 한신으로 보았습니다.

그런데 土가 세 개씩이나 있고 인성을 옆에 둔 사주를 신약으로 보려니 자신이 없어서 질문을 드립니다. 제대로 본 건가요?

 상당하시네요. 약합니다

잘 보셨습니다. 다른 말이 필요 없습니다. 낭월의 마음이 그 마음입니다. 한 고비는 넘기신 것으로 보이네요. 축하드립니다.

■ 나가는 말

　이렇게 해서 문답 자료를 모두 정리했습니다. 365개의 질문이라고 표시는 했지만 실제 담겨 있는 질문은 모두 천 개는 되지 않을까 싶습니다. 번호를 붙인 것은 이 책을 보다가 의문이 생겨 다시 질문할 때 몇 번 질문이라고 하면 이해가 빠르지 않을까 싶어서 생각해 본 것입니다.

　앞으로도 홈페이지는 계속 운영할 것이고, 그에 따라 문답실에는 회원들의 질문이 계속 쌓여갈 것입니다. 자료가 모이는 대로 다시 책으로 엮어서 인터넷을 사용하지 않는 벗님들과 공유하도록 하겠습니다. 1년에 한 권 정도의 자료가 될 수도 있겠다는 생각이 문득 드는군요.

　답변의 내용이 완벽하다고는 할 수 없지만, 낭월의 의견을 숨김없이 있는 그대로 소상히 밝혀드렸습니다. 이러한 자료가 쌓이도록 열심히 연구해주신 인터넷 홈페이지 〈낭월명리학당〉의 학구파 벗님들께 깊은 감사를 드립니다.

　자료는 공유할 때 더욱 가치 있다는 점을 생각하고, 앞으로도 많은 연구 정진이 있기를 기원합니다. 고맙습니다.

　　　　　　　　　　　　　　　庚辰년 元旦에 계룡감로에서
　　　　　　　　　　　　　　　낭월 두손 모음

사주문답 1

글쓴이 | 박주현
펴낸이 | 유재영
펴낸곳 | 주식회사 동학사

1판 1쇄 | 2000년 1월 5일
1판 10쇄 | 2018년 1월 31일
출판등록 | 1987년 11월 27일 제10-149

주소 | 04083 서울 마포구 토정로 53 (합정동)
전화 | 324-6130, 324-6131 · 팩스 | 324-6135
E-메일 | dhsbook@hanmail.net
홈페이지 | www.donghaksa.co.kr
　　　　　www.green-home.co.kr

ⓒ 박주현, 2000

ISBN 89-7190-061-X 03150
* 저자와의 협의에 의해 인지를 생략합니다.
* 잘못된 책은 바꾸어 드립니다.